# TECNOLOGIA 4
## SECUNDÀRIA

Jordi Regalés
Francesc Garófano
Roger Hoyos
Enric Abadal
Xavier Montagut
Manel Rivera

**Revisió tècnica**
Xavier Montagut
Manel Rivera
Federico Herencia

**Coordinació de l'àrea**
Francesc Garófano
Roger Hoyos
Jordi Regalés



McGraw Hill Education
BARCELONA · MADRID · BUENOS AIRES · CARACAS · GUATEMALA · LISBOA · MÈXIC · NOVA YORK · PANAMÀ · SAN JUAN · BOGOTÀ · SÃO PAULO · AUCKLAND · HAMBURG · LONDRES · MILÀ · MONT-REAL · NOVA DELHI · PARÍS · SAN FRANCISCO · SYDNEY · SINGAPUR · SAINT LOUIS · TÒQUIO · TORONTO

# TAULA DE CONTINGUTS

# COM S'UTILITZA AQUEST LLIBRE

## Presentació de la UNITAT

Aquí trobaràs els **objectius d'aprenentatge** de la unitat.

També trobaràs un sumari dels continguts...

...i una imatge i un text introductori.

## Desenvolupament de continguts

La unitat està estructurada en apartats i subapartats, en els quals la informació està perfectament organitzada. Al final de cada apartat trobaràs un seguit d'activitats.

**ICONOGRAFIA**

Continguts al marge per ampliar coneixements.

SABIES QUE...

RECORDA

WEB

EXPERIMENTA

## Al final de la unitat...

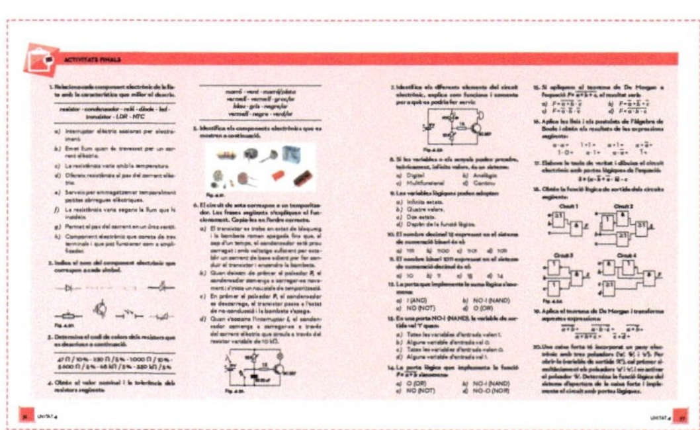


**Posa't a prova!**

Activitats orientades a reforçar els aspectes **competencials** de la unitat.

**Activitats finals**

Bateria d'activitats per avaluar els coneixements adquirits.

## Unitats singulars

Al final del llibre trobaràs dues unitats amb característiques especials:

*Aplicacions informàtiques TIC*, que et permetrà aplicar les noves tecnologies de la informació i la comunicació en el teu procés d'aprenentatge de la matèria.

*Projectes tecnològics*, on el coneixement neix a partir de la realització integral d'un projecte a l'aula de tecnologia.

A banda del llibre que teniu a les mans, McGraw-Hill Education us ofereix un seguit de material per complementar el vostre aprenentatge i per ajudar el professorat en la seva tasca docent.

### InteractiveBook (llibre digital)

Un projecte basat en la metodologia **d'objectes d'aprenentatge** sobre els quals hem definit l'estructura dels objectius curriculars de la matèria, i als quals hem associat una gran varietat de recursos didàctics, com ara activitats interactives, vídeos, propostes de treball en línia i animacions.

El llibre digital de McGraw-Education garanteix un rigorós tractament pedagògic i tècnic del cos teòric i pràctic de cadascuna de les matèries.

### TeachingBook (recursos per al professorat)

La teoria i les activitats incloses en cada unitat estan vinculades directament amb recursos multimèdia, com ara vídeos, activitats interactives, presentacions i banc d'imatges, pensats per ajudar a il·lustrar, a assimilar i a aprofundir en la matèria que s'està treballant.

# 1 L'HABITATGE

## Objectius

- ✓ Identificar i classificar els diferents tipus d'habitatges existents.
- ✓ Conèixer els elements bàsics que condicionen el disseny i la distribució d'un habitatge.
- ✓ Utilitzar l'ordinador com a eina de disseny d'habitatges.
- ✓ Valorar la importància de l'arquitectura bioclimàtica i la sostenibilitat energètica com a estratègies d'estalvi i de responsabilitat mediambiental.
- ✓ Distingir i conèixer els procediments i documents administratius d'accés a un habitatge.
- ✓ Identificar les despeses i els impostos associats a un habitatge.

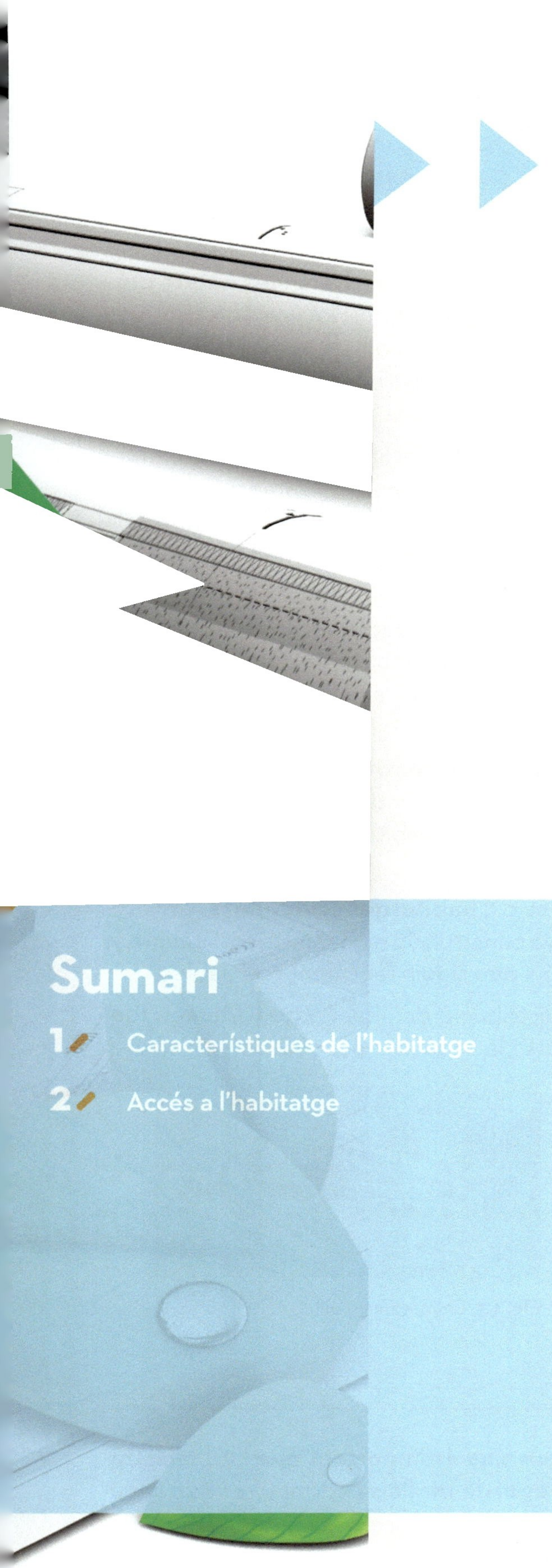

## Sumari



# QUÈ EN SAPS?

Abans de construir un habitatge s'han de tenir en compte aspectes molt diversos i importants ja que, una vegada construït, no els podrem canviar, o serà molt costós de fer-ho. Aquests aspectes són: l'emplaçament, l'orientació, els aïllaments, la distribució de les cambres, la utilització d'energies renovables, etc. Per tant, a la fase de disseny s'han de tenir presents aquests aspectes, a més de buscar el màxim confort amb el mínim cost.

Observa la imatge. Fixa't concretament en els elements de color fosc que hi ha a la teulada. Sabries dir què són? Per a què serveixen? Per què són de color fosc? Per què es troben situats a la teulada de la casa? Tens alguna idea d'algun altre element que es pogués instal·lar en la teulada de la casa per obtenir energia?

Conceptes com els tipus d'habitatge, la distribució interior, els aïllaments, etc., segurament ja els coneixes, però n'hi ha d'altres que és molt possible que et vinguin de nou, com per exemple, què és un habitatge energèticament sostenible? Què és l'arquitectura bioclimàtica? Quines són les formes d'accedir a un habitatge? Quins documents estan relacionats amb la compra i el lloguer d'un habitatge?

En aquesta unitat t'introduirem en el món de l'habitatge i aprendràs a relacionar els coneixements adquirits amb el teu pis o casa. Fins i tot, podràs dissenyar el teu habitatge ideal amb eines de disseny digital.

# 1 Característiques de l'habitatge

**Fig. 1.1.** Disseny d'habitatges

L'habitatge ha d'oferir a les persones que hi han de viure espais per a la relació, la comunicació i l'esbarjo, per a la intimitat i la higiene, per preparar el menjar, per treballar, etc. També ha de garantir una bona il·luminació, temperatura, nivell d'humitat, baix nivell de soroll, etc.

En la fase de disseny s'han de tenir presents les **necessitats** i els **hàbits** dels futurs ocupants en relació amb les seves activitats diàries. Les característiques que ha de reunir un habitatge depenen de factors com el nombre de persones que hi han de viure, si hi ha nens o gent gran, si s'hi ha de treballar o d'estudiar, el clima, si és un entorn urbà o rural, etc.

És fonamental tenir en compte les circulacions que hi haurà dins de l'habitatge, ja que condicionen la distribució de les estances. S'ha d'intentar que la cuina estigui a prop de la zona de menjar, que el menjador comuniqui amb la sala d'estar, que les cambres de bany estiguin a prop dels dormitoris i, també, reduir la superfície destinada a passadissos.

A més, la distribució dels espais condicionarà la ubicació del mobiliari. Aquest ha d'estar a prop del lloc on es realitza l'activitat amb què està relacionat. És important que la distribució dels mobles no dificulti els recorreguts dins l'habitatge.

L'Administració és l'encarregada de fer **lleis i normatives** que regulin la construcció d'habitatges, i els arquitectes han de respectar-les a l'hora de dissenyar-los. Inclouen aspectes com les condicions d'habitabilitat, la superfície mínima dels habitatges, etc.

Cada cop té més importància la construcció d'**habitatges sostenibles.** Cal procurar que els materials utilitzats en la seva construcció no hagin necessitat grans quantitats d'energia durant la fabricació, i que siguin fàcilment reciclables.

Les preferències d'emplaçament i de distribució de l'habitatge varien en funció de les persones, les seves necessitats i la capacitat econòmica.

**Fig. 1.2.** Emplaçament cèntric

**Fig. 1.3.** Emplaçament aïllat

**VÍDEO**

sd europe
SOLAR DECATHLON

Competició europea d'habitatges sostenibles i bioclimàtics.

**vimeo.com/105108008**

**RECURS**

**Serveis geogràfics:**

- icc.cat
- maps.google.com
- earth.google.com
- es.goolzoom.com

## ACTIVITATS

**1. Enumera i raona alguns aspectes que s'hagin de tenir en compte a l'hora de dissenyar un habitatge, per tal de satisfer les necessitats de les persones que hi han de viure.**

**2. Per què creus que és important que l'Administració s'encarregui de fer lleis i normatives que regulin la construcció i el disseny dels habitatges que ens rodegen?**

## 1.1. Tipus d'habitatges

Et presentem una classificació dels tipus d'habitatges.

**Fig. 1.4.** Diagrama de blocs de la tipologia d'habitatges

**Fig. 1.5.** Habitatge unifamiliar aïllat

### A. Unifamiliar aïllat

És un edifici dissenyat per ser ocupat per una única família. No comparteix cap paret amb altres edificis. Acostuma a tenir un espai al voltant de la casa que pertany a la propietat, i que se sol destinar a jardí o a camps de conreu. Aquests tipus d'habitatges configuren zones de baixa densitat de població i poca densitat de trànsit, però disposen de poques infraestructures de serveis.

**Fig. 1.6.** Habitatge unifamiliar aparellat

### B. Unifamiliar aparellat

Aquest tipus d'edifici està format per dos habitatges unifamiliars simètrics que comparteixen una paret. Aquesta paret compartida s'anomena **mitgera.** L'interior de cada habitatge és independent del veí i té el seu propi accés des del carrer.

**Fig. 1.7.** Habitatge unifamiliar adossat o alineat

### C. Unifamiliar adossat o alineat

És un tipus d'edificació semblant a l'aparellada, però en aquest cas l'habitatge se situa al costat dels altres formant una filera, i compartint dues parets mitgeres laterals amb els habitatges contigus.

### D. Plurifamiliars

Són blocs de pisos destinats a ser ocupats per diverses famílies. Aquests habitatges són adients per ser construïts en zones urbanes, on el sòl és més limitat. Elements com el sòl, l'estructura de l'edifici, la teulada, l'antena, l'ascensor o l'escala d'accés estan compartits pels diferents propietaris.

En els casos on hi ha espais, instal·lacions i serveis comuns a diferents habitatges es crea la **comunitat de propietaris,** en règim de propietat horitzontal.

La normativa que estableix els drets, els deures i les normes en règim de propietat horitzontal està detallada a les **lleis 5/2006 i 5/2015** del llibre cinquè del Codi civil de Catalunya, relatiu als drets reals.

**Fig. 1.8.** Habitatge plurifamiliar

### ACTIVITATS

3. **Captura una imatge aèria del teu barri o municipi i marca-hi les diferents tipologies d'habitatge que hi pots trobar.**

4. **Consulta els articles 553-15 553-16 de la Llei 5/2015. Quins són els òrgans de la comunitat? I les funcions de la presidència?**

**Fig. 1.9.** Aspectes a valorar segons l'emplaçament

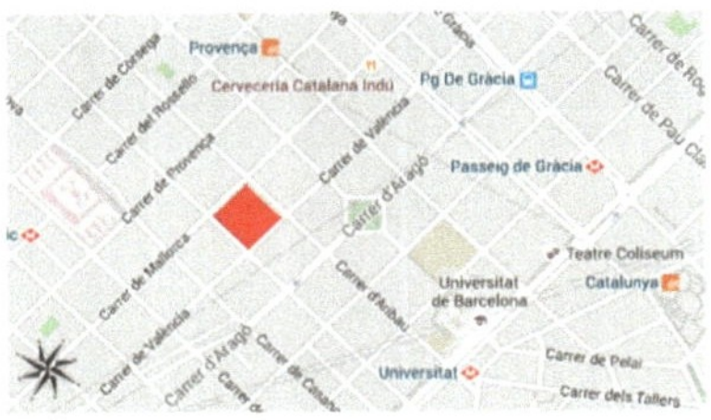

**Fig. 1.10.** Plànol d'emplaçament

**Fig. 1.13.** Ubicació de les cambres d'un habitatge en funció de l'orientació

# 1.2. L'emplaçament i l'orientació

Analitzarem dos dels aspectes fonamentals a l'hora de triar un habitatge:

## A. L'emplaçament

L'emplaçament, el lloc on s'ha construït l'habitatge, és sens dubte un aspecte molt important que determinarà la satisfacció de les nostres necessitats i preferències. Segons on s'emplaci, tindrà unes característiques i serveis diferents.

## B. L'orientació

El Sol és una font natural de calor i de llum. L'orientació d'una casa és essencial per gaudir d'una sensació de benestar i d'un estalvi energètic en il·luminació i climatització. Una mala orientació influirà en la despesa energètica. Una bona orientació aprofitarà els raigs del Sol en les diferents èpoques de l'any, i permetrà escalfar l'habitatge a l'hivern i evitarà que entrin els raigs del Sol a l'estiu.

El nivell d'insolació depèn de l'hora del dia i de l'època de l'any.

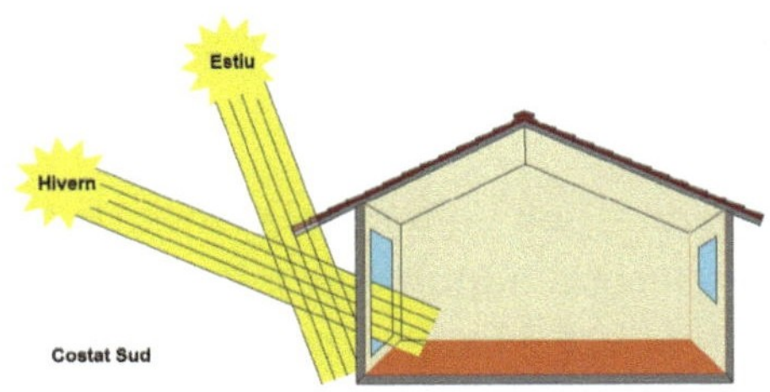


**Fig. 1.11.** Inclinació dels raigs solars en funció de l'estació de l'any

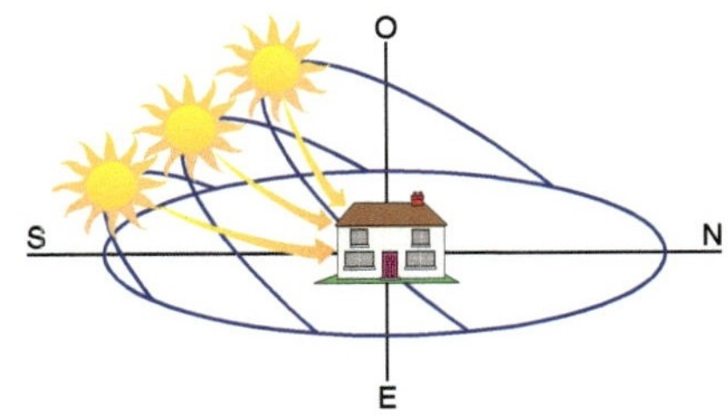


**Fig. 1.12.** Incidència dels raigs solars segons l'orientació

- **Orientació nord:** façana amb poca insolació. Disposarem de grans finestres si ha d'entrar la llum; zona freda a l'hivern, i fresca a l'estiu.
- **Orientació est:** els raigs del sol hi incideixen des del matí fins al migdia. A l'estiu proporciona escalfor i llum durant les primeres hores del matí. A l'hivern és fresca, ja que els raigs del sol no arriben a escalfar la façana.
- **Orientació sud:** és la façana que rep més insolació. És agradable a l'hivern, però a l'estiu la calor pot ser excessiva. És l'orientació més valorada perquè li toca el sol i disposa de llum durant tot el dia. Hi ha una bona assolellada durant el migdia, favorable en temps freds, però desfavorable a l'estiu.
- **Orientació oest:** rep la insolació des del migdia fins que es pon el sol. A l'estiu és molt calorosa, ja que els raigs hi incideixen quan la temperatura ambient és alta. És una orientació lluminosa.

## ACTIVITATS

**5.** **Descriu els avantatges i els inconvenients de l'emplaçament de casa teva. Per a una millor comprensió, inclou un plànol de situació obtingut d'alguna aplicació cartogràfica.**

**6.** **Amb un plànol del teu entorn o barri, situa el punt on, segons les teves preferències, es dóna el millor emplaçament i la millor orientació. Raona la teva elecció.**

## 1.3. La distribució interior

La distribució dels espais de l'habitatge determina les activitats que podrem realitzar-hi. Els espais estan dividits per parets o envans, i reben el nom en funció de l'activitat que s'hi desenvolupa. La distribució interna dels habitatges ha anat variant al llarg de la història. Actualment, les cambres d'un habitatge acostumen a ser: rebedor, menjador, dormitoris, bany, cuina i safareig, i espais exteriors no coberts, com balcons, patis, terrasses, etc.

És convenient que totes les cambres tinguin finestres o portes cap a l'exterior per on poder ventilar-se i rebre la llum. Això no és sempre possible, i en aquests casos es fan patis interiors als edificis, o conductes de ventilació en el cas dels lavabos. Les cambres de l'habitatge es poden agrupar en quatre zones:

- **Zona de treball i serveis:** aquests espais necessiten instal·lacions, com ara ventilació, extracció de fums, subministrament d'aigua, de gas, d'electricitat i desguàs. S'hi realitzen les tasques domèstiques i d'higiene personal, com cuinar, rentar, planxar, tenir cura de la higiene personal, etc. Formen part d'aquesta zona la cuina, el rebost, el safareig, el lavabo, el bany, etc.
- **Zona per dormir i aïllament:** són zones apartades per poder descansar. Principalment, els dormitoris pertanyen a aquesta zona.
- **Zona per relacionar-se i estar:** són espais per a la vida comunitària. Comprèn les cambres on mengem, estudiem, mirem la televisió, conversem, etc. Pertanyen a aquesta zona la sala d'estar, el menjador, l'estudi, etc.
- **Zona d'accés i de circulació:** permet l'accés des de l'exterior de l'habitatge, la circulació interior i la connexió entre zones. Pertanyen a aquesta zona el rebedor, els passadissos, el porxo, etc.

### SABIES QUE...

El disseny modular d'habitatges és una tècnica que es basa en l'assemblatge reticular de mòduls bàsics prefabricats.

Els temps de construcció són menors, adaptables a les necessitats del client, i són fàcilment transportables.

**Fig. 1.14.** Habitatge modular

**Exemples comercials:**

- resanmodular.com
- casasinhaus.com
- theblochouse.com

**Fig. 1.15.** Distribució interior d'un habitatge

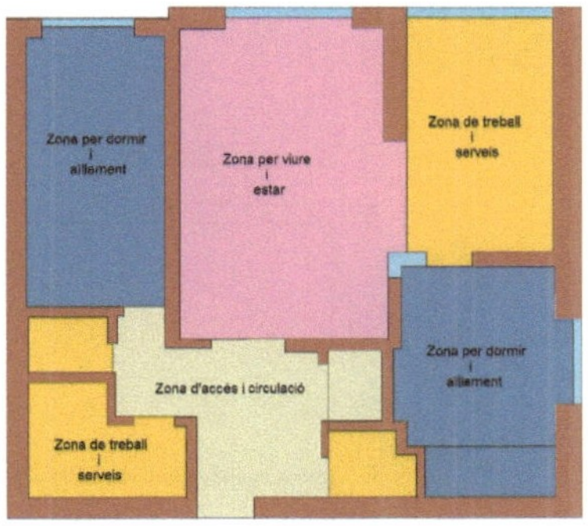


**Fig. 1.16.** Distribució per zones d'un habitatge

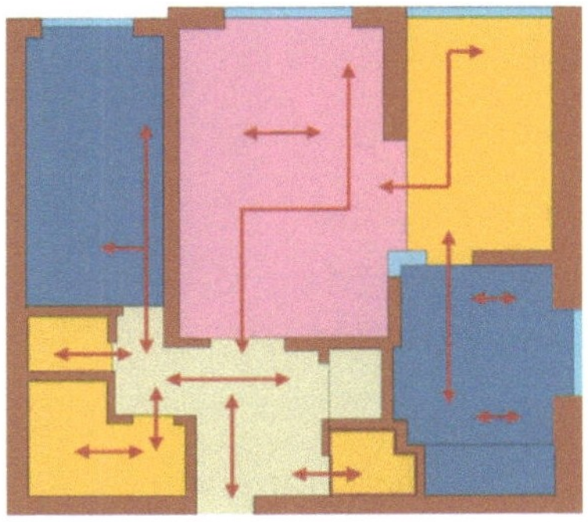

**Fig. 1.17.** Recorreguts interiors d'un habitatge

### ACTIVITATS

**7.** **Si haguessis d'escollir un habitatge, quins serien per a tu els aspectes més importants: l'emplaçament, l'orientació o la distribució? Justifica la resposta.**

**8.** **Dibuixa un plànol de planta del teu habitatge i acoloreix amb colors diferents els espais de les quatre zones estudiades. A continuació, descriu els avantatges que creus que tenen les diferents orientacions de cada cambra. Per fer aquest exercici pots ajudar-te d'una brúixola i de l'aplicació:**

**edu365.cat/eso/muds/tecnologia/pis**

## Disseny de l'interior d'un habitatge

Ara t'explicarem com fer la distribució interior d'un habitatge amb un programari de disseny específic. Amb aquest programari de disseny pots crear imatges virtuals d'un habitatge i personalitzar mobiliari, com ara finestres, portes, llits, taules..., i també les habitacions, el bany, la cuina, etc.

**Fig. 1.18.** Pantalla de treball de HomeByMe

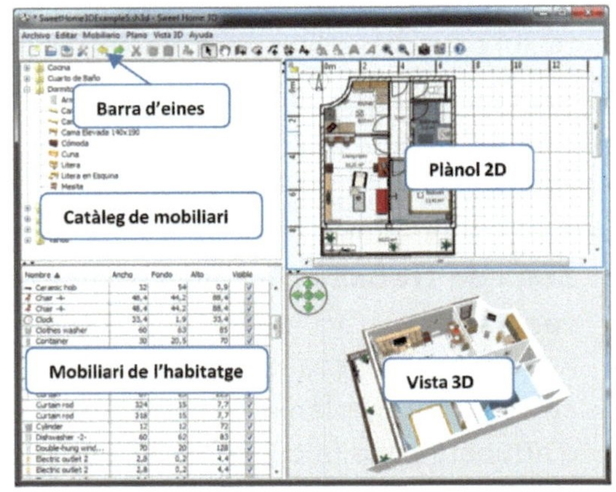


**Fig. 1.19.** Pantalla de treball de Sweet Home 3D

### RECURS

**Web:**

sweethome3d.com

**Aprenentatge:**

sweethome3d.com/documentation.jsp

**Llicència:**

GNU Pública general

T'iniciaràs amb el programa **Sweet Home 3D.** S'obrirà una finestra amb la interfície del programa, on pots observar quatre zones. Desplaçant les línies divisòries de les zones pots variar-ne les dimensions. A la part superior hi ha el menú textual i la barra d'eines.

Per iniciar un dibuix has de prémer *Archivo/Nuevo*. Seguidament hauràs de fer les parets: fes un clic a *Plano/Crear paredes* o a la icona de crear parets. Has de començar a dibuixar les parets sobre la zona 2D, seguint les dimensions del plànol de la imatge.

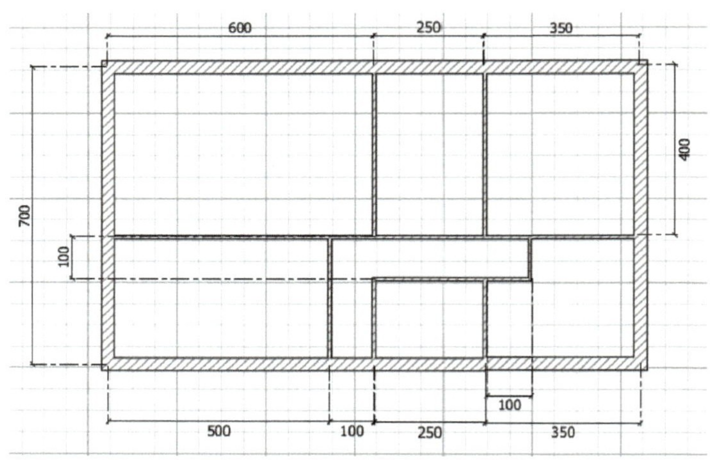


**Fig. 1.20.** Plànol de planta d'un habitatge

Amb la icona de selecció i fent dos clics amb el botó esquerre del ratolí sobre una paret, s'obre una finestra amb tota la seva informació. En aquesta finestra pots modificar la longitud d'una paret si no fos correcta, l'alçada, el gruix, etc.

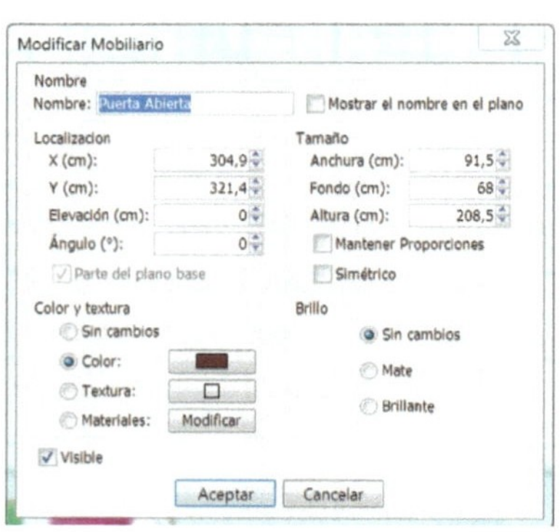


**Fig. 1.21.** Modificació d'objecte

Quan selecciones una de les 4 zones de la interfície del programa, aquesta queda emmarcada de color blau. Seleccionant la zona 3D pots veure com queda el dibuix en vista panoràmica. Comprova que pots girar el dibuix fent servir el ratolí o amb les fletxes del teclat i les tecles *RePàg* i *AvPàg*.

Amb l'eina *Plano/Crear dimensiones* podràs acotar el dibuix. Clica en els extrems de les parets i separa el punter del ratolí de la paret i torna a prémer per fixar la cota.

A l'hora de dibuixar, pots ajudar-te amb l'eina *Plano/Acercar/Alejar*.

Ara has de donar gruix a les parets: selecciona una paret exterior i fes doble clic amb el botó esquerre del ratolí. A la finestra que s'obre has de posar 30 cm com a gruix de la paret. Fes aquesta operació en totes les parets exteriors. Les parets interiors les deixarem amb el gruix que tenen per defecte, de 7,5 cm.

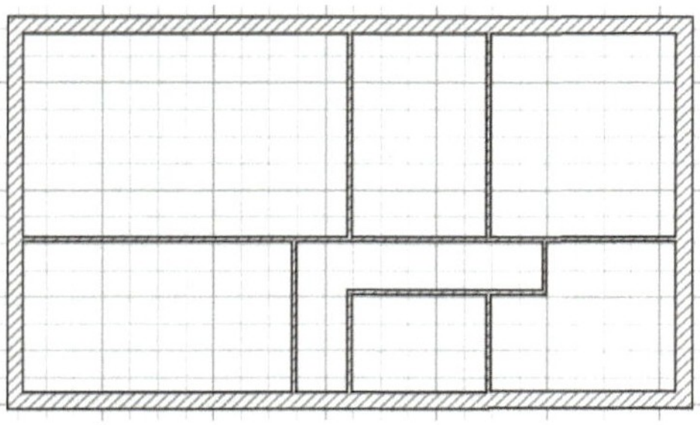

**Fig. 1.22.** Vista 2D de l'habitatge

**Fig. 1.23.** Vista 3D de l'habitatge

De la zona de catàleg de mobiliari podràs seleccionar les portes i finestres. Selecciona i arrossega les portes als llocs corresponents de les parets. Per modificar propietats com l'elevació del terra, el color, la simetria, etc., has de clicar dues vegades damunt la porta.

Si selecciones la porta, apareixen quatre indicadors de color blau en els vèrtexs. Aquests serveixen per rotar, situar a una altura determinada respecte del terra, canviar l'alçada i modificar l'amplada de la porta.

Per situar les finestres hauràs de seguir el mateix procediment que has utilitzat amb les portes.

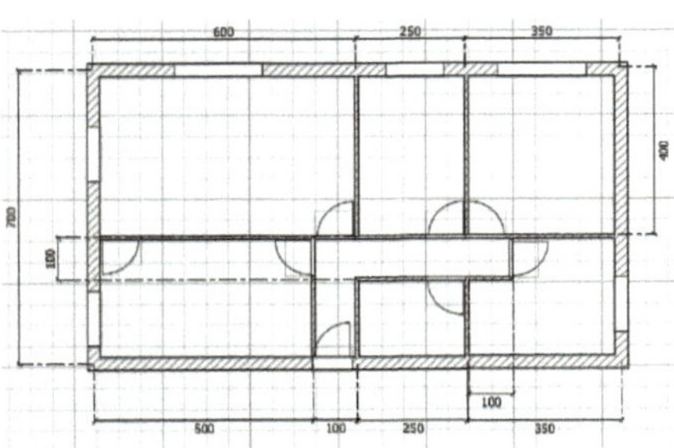

**Fig. 1.25.** Plànol de l'habitatge amb portes i finestres

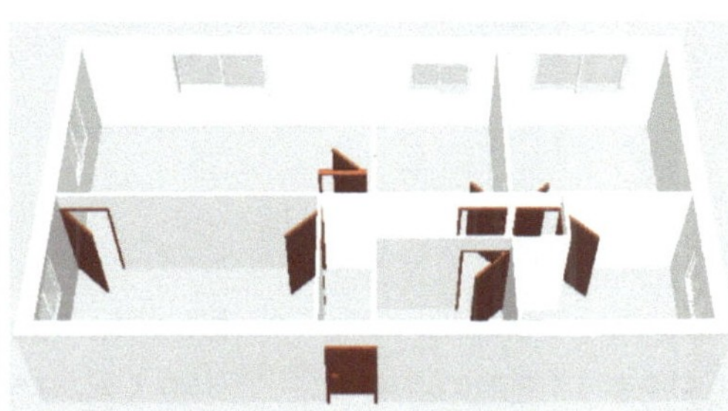

**Fig. 1.26.** Vista en 3D de l'habitatge amb portes i finestres

A continuació has de crear la superfície de l'habitatge. Ho has de fer amb l'eina *Plano/Crear habitaciones*. Has de clicar en les quatre cantonades interiors de la superfície de cada cambra de l'habitatge, és a dir, a la cuina, al menjador, al bany, a cada habitació i al passadís. Una vegada hagis creat aquestes cambres, clica dues vegades en l'interior de la superfície. En la finestra que se t'obrirà

RECURS

**HomeByMe**

**Web:**
home.by.me/es

**Aprenentatge:**
home.by.me/es/academia

**Galeria:**
home.by.me/es/galeria

**Disseny en línia:**
home.by.me/es/login

**Llicència:**
Programari propietari. Disposa també de versions de lliure ús.

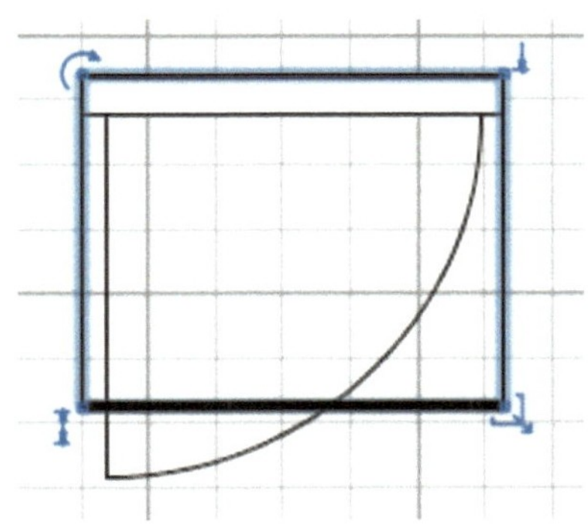

**Fig. 1.24.** Indicadors per a la modificació d'objectes

## SABIES QUE...

Pots obtenir mobiliari i textures important models 3D lliures.

Per fer-ho has d'anar a l'eina *Mobiliario/Importar* i clicar al botó *Encontrar Modelos*.

apareix un quadre de diàleg, on podràs donar color o textura al terra, a les parets, al sostre o al sòcol. Després, selecciona les parets, clica dues vegades i dóna color o textura a les parets interiors i exteriors.

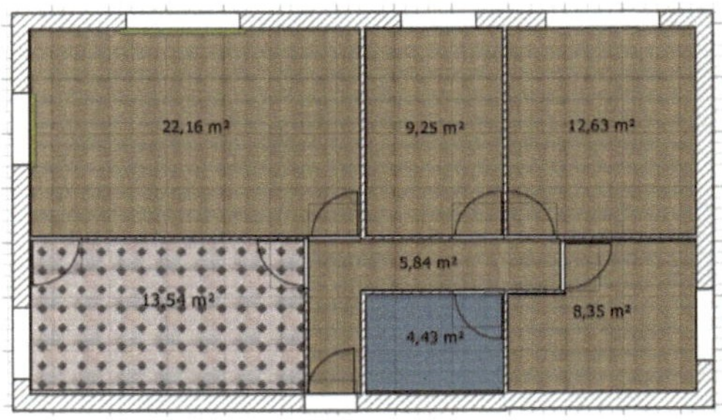


**Fig. 1.27.** Plànol de l'habitatge amb parets i terra acolorits, vista en 2D

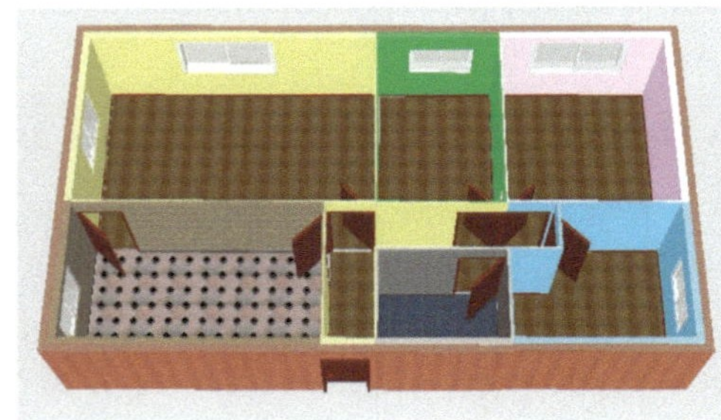

**Fig. 1.28.** Plànol de l'habitatge amb parets i terra acolorits, vista en 3D

Has finalitzat la distribució interior d'un habitatge. Per donar-li un acabat més complet, pots distribuir el mobiliari pel seu interior.

Pots triar el mobiliari que vulguis: taules, llits, cadires, cortines, etc., de la zona de catàleg de mobiliari, arrossegar-lo al plànol 2D i observar com queda col·locat en la zona vista 3D.

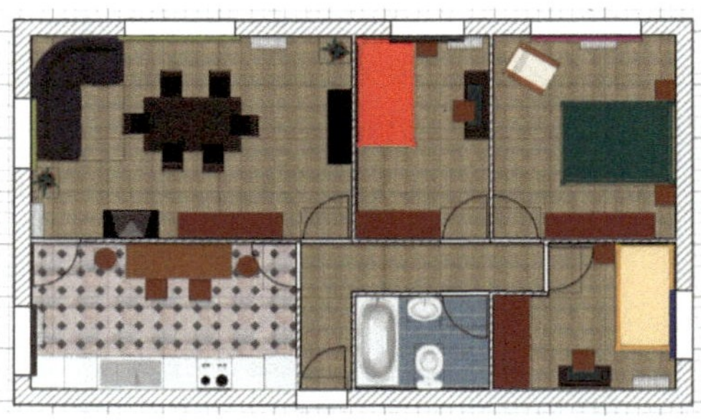

**Fig. 1.29.** Plànol de l'habitatge amb mobiliari, vista en 2D

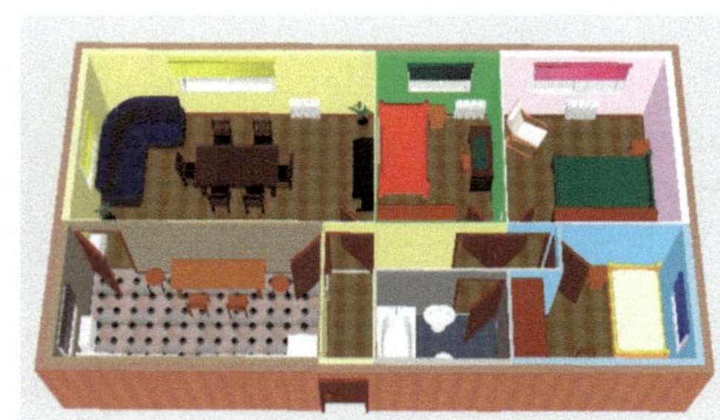

**Fig. 1.30.** Plànol de l'habitatge amb mobiliari, vista en 3D

**Fig. 1.31.** Interfície de creació de vídeo

Sweet Home 3D imprimeix la llista de mobiliari, el plànol en 2D i la vista 3D. A *Archivo/Vista preliminar* pots veure com queda la impressió abans de fer-la.

## PRACTICA I EXPERIMENTA

**La Direcció del teu centre educatiu ha demanat a la teva classe col·laboració per crear una simulació d'una visita virtual per l'institut. Cal que cadascú agafi una de les aules o espais del centre per fer el seu disseny.**

**Amb els coneixements adquirits en l'ús del programari de disseny d'habitatges, cal que dissenyis i realitzis un enregistrament en 3D de l'espai assignat.**

**Has de saber que amb l'opció *Vista 3D/Crear Vídeo* t'apareixerà una finestra de control per poder fer l'enregistrament del vídeo de la vista 3D. A continuació, situa la càmera que apareix en el disseny 2D en els punts principals de l'aula o espai que vols enregistrar i vés fent un clic en el botó vermell que hi ha a la finestra. Abans de crear el vídeo i desar-lo, el pots veure clicant en el botó *Reproduir*.**

# 1.4. Sostenibilitat energètica

Un **habitatge energèticament sostenible** és aquell que redueix al màxim les seves necessitats de consum d'energia externa.

Majoritàriament, el consum energètic de l'habitatge es destina a climatització, aigua calenta sanitària,consum dels electrodomèstics i il·luminació. La reducció del consum energètic es pot aconseguir:

- De **manera passiva** en el moment del disseny de l'habitatge tenint en compte tècniques d'arquitectura bioclimàtiques, aïllaments tèrmics, etc.
- De **manera activa** amb l'ús preferent d'energies procedents de fonts renovables i amb l'ús d'electrodomèstics amb una eficiència energètica elevada.

Hi ha energies renovables que es poden integrar en els edificis, com ara l'energia solar tèrmica i fotovoltaica, l'energia eòlica i l'energia geotèrmica.

Com a complement a la sostenibilitat energètica, podem parlar de la utilització racional dels recursos naturals. Dins d'aquest concepte hi hauria el consum racional d'aigua, gas i electricitat i la utilització de materials de construcció que s'hagin obtingut amb tècniques que provoquin un baix impacte ambiental i que tinguin un fàcil reciclatge una vegada acabada la seva vida útil.

*a)*

*b)*

*c)*

**Fig. 1.33.** *a)* Energia solar tèrmica; *b)* Energia solar fotovoltaica; *c)* Energia eòlica

## Aprofitament de les aigües d'un habitatge

Les **aigües pluvials** es poden captar de les teulades. Una vegada filtrades, s'emmagatzemen en un dipòsit i es poden utilitzar per a la cisterna del vàter, per a reg de les plantes, per a la rentadora, per rentar el cotxe, etc.

Les **aigües grises** són les aigües residuals de les dutxes i dels lavabos. Tractades i emmagatzemades en un dipòsit, es poden fer servir per a la cisterna del vàter.

Les **aigües negres** procedeixen dels desguassos de la cuina o del vàter. Una vegada sotmeses a un procés de depuració biològic, es poden utilitzar per a reg.

SABIES QUE...

L'any 2011, la Comissió Europea va atorgar a la torre Agbar el títol d'Edifici Verd per la seva eficiència energètica.

**Fig. 1.32.** Torre Agbar a Barcelona

**Fig. 1.34.** Aerogeneradors. *World Trade Center* de Bahrain

RECURS

**Energia solar:**
- goo.gl/Mq7ozT
- goo.gl/XfU79Z
- goo.gl/wibHvl

**Edificis sostenibles:**
- goo.gl/nLKfoi

## ACTIVITATS

**9.** **Explica el funcionament d'un sistema d'escalfament d'aigua amb panells solars tèrmics.**

**10.** **Cerca en un servei meteorològic (per exemple, meteo.cat) les dades de pluviometria del teu entorn proper i, a continuació, calcula l'aigua que podria recollir la coberta del teu habitatge anualment. (Recorda que en pluviometria es donen en mm i equival a l/m$^2$).**

**11.** **Fes un diagrama de sectors dels consums diaris dels usos de l'aigua en un habitatge. Representa amb diferents tonalitats la necessitat d'aigua potable (blaves) i no potable (verdes).**

**Fig. 1.35.** Utilització de la vegetació com a reguladora de la radiació solar

RECURS

**Sistemes bioclimàtics:**

- goo.gl/nq4nkO
- goo.gl/HKyNAc
- goo.gl/u2ggEC
- goo.gl/RiojrW
- goo.gl/xvxdYW

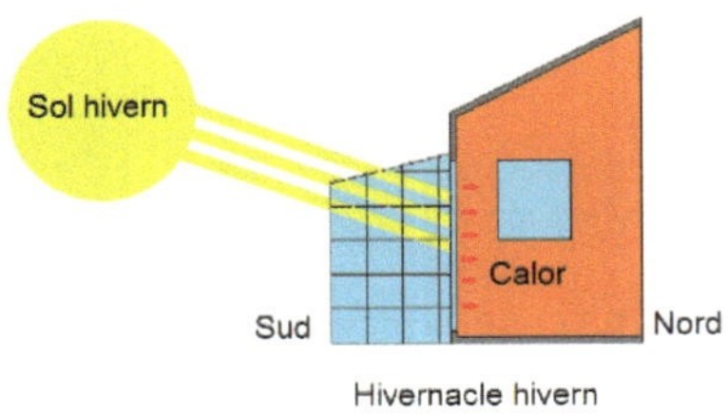


**Fig. 1.36.** Generar aire calent. Efecte d'hivernacle

**Fig. 1.37.** Aprofitament de l'efecte d'hivernacle

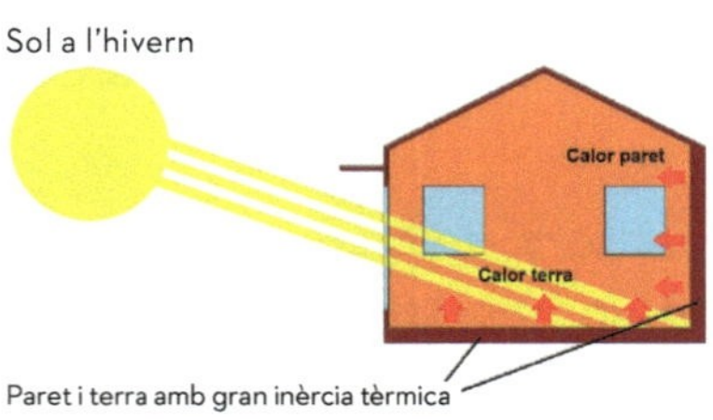


**Fig. 1.39.** Distribució d'aire calent. Inèrcia tèrmica interior

# 1.5. Arquitectura bioclimàtica

**L'arquitectura bioclimàtica** es basa en la construcció d'edificis adaptats a les condicions climàtiques de l'entorn, aprofitant els recursos naturals per reduir el consum d'energia i l'impacte mediambiental.

Un edifici bioclimàtic ha d'aportar confort als seus usuaris. Per tant, ha de disposar d'estratègies per obtenir, acumular, i transmetre la calor i el fred.

## A. L'orientació

Per aconseguir la màxima radiació solar i crear corrents d'aire, l'habitatge ha de tenir una orientació nord-sud. La façana nord no rep radiació solar, és adequada per a trasters i rebosts. La zona est rep una calor agradable al matí, es destina a dormitoris. La façana sud rep sol tot el dia, s'hi ubiquen les cambres més socials.

## B. Nivell d'insolació i de protecció solar

Si al costat de la casa es posen arbres de fulla caduca en la zona sud, a l'estiu faran ombra, i a l'hivern, en perdre les fulles, deixaran passar el sol per escalfar la casa. A la zona nord es posen arbres de fulla perenne que faran de barrera als vents freds que arriben pel nord.

## C. Sistema per generar i distribuir aire calent

Consisteix a captar la calor i a distribuir-la per l'habitatge per ventilar.

- **Efecte d'hivernacle:** és una tècnica per produir calor. Es basa en la instal·lació de grans finestres en la façana sud, o la construcció d'un hivernacle adossat a l'habitatge. Durant el dia, l'aire s'escalfa i es distribueix per l'habitatge per convecció. A la nit, per evitar pèrdues de calor, s'han de baixar persianes o tancar contrafinestres.
- **Mur Trombe:** és un mur de massa tèrmica construït de pedra, formigó, toves o maons. Té unes obertures per la part inferior i superior per facilitar la circulació de l'aire, i davant hi ha un vidre per provocar l'efecte d'hivernacle. Durant el dia, els raigs solars creen un efecte d'hivernacle entre el vidre i el mur, escalfant l'aire que ve de la part inferior del mur i acumulant calor. A la nit, a causa de la inèrcia tèrmica del mur, la cedeix a l'interior de l'habitatge.

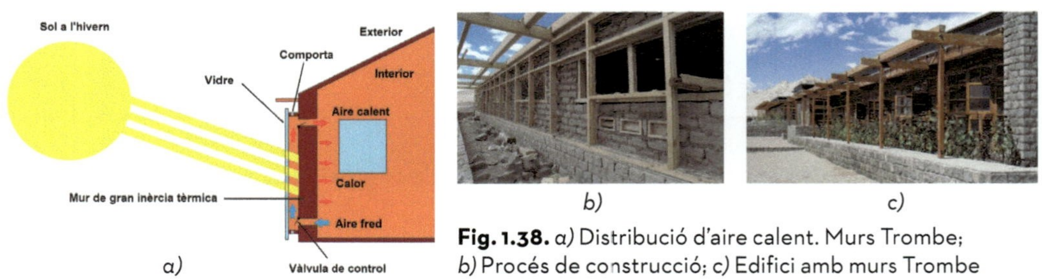


**Fig. 1.38.** *a)* Distribució d'aire calent. Murs Trombe; *b)* Procés de construcció; *c)* Edifici amb murs Trombe

- **Inèrcia tèrmica interior:** es basa a situar, en parets i terra de l'interior de l'habitatge, grans masses tèrmiques per captar i acumular la radiació solar. Aquestes masses s'han de situar a prop de grans finestres o hivernacles. S'han de repartir per l'edifici per obtenir una eficàcia més gran.

## D. Sistema per generar i distribuir aire fresc

La diferència de temperatura entre dues habitacions amb orientacions oposades provoca un corrent d'aire. Hi ha tècniques per forçar de manera natural la ventilació.

- **Xemeneies solars:** l'aire calent puja perquè té una densitat menor que el fred. Per provocar la circulació de l'aire, s'ha de fer una obertura en la part superior i interior de l'habitatge, que farà de xemeneia. Aquesta xemeneia es fa a la façana sud, que acumula més calor. Una finestra a la façana nord facilitarà la circulació de l'aire i refrescarà l'habitatge.
- **Patis:** aquesta tècnica consisteix en el fet que els patis acumulen fred a la nit i el cedeixen durant el dia a les habitacions que l'envolten. Quan l'aire s'ha escalfat, ascendeix pel pati per convecció, i es torna a refredar durant la nit. Aquesta tècnica millora la seva eficàcia si s'hi col·loquen fonts o pous d'aigua.
- **Façana ventilada:** consisteix a crear una cambra ventilada entre la façana de l'edifici i unes plaques exteriors muntades sobre una estructura ancorada a la façana. Aquestes plaques poden ser de pedra, de fusta, de panells sandvitx, etc. Aquest sistema permet un millor comportament tèrmic de l'interior de l'edifici. L'aire fred entra per la part inferior dels panells, s'escalfa en absorbir la calor produïda per la radiació solar, i surt per la part superior, dissipant aquesta calor a l'exterior de la cambra.

*a)* *b)* *c)*

**Fig. 1.42.** *a)* Xemeneia solar i ventilació encreuada; *b)* Refrigeració natural a través de patis; *c)* Sistema de façana ventilada

## E. Aïllament tèrmic

Aïllar tèrmicament un habitatge suposa utilitzar materials amb una baixa **conductivitat tèrmica** en parets, sostres, terres, portes i finestres.

Per a un aïllament òptim, totes les parets i sostres han de disposar de doble paret, amb una cambra d'aire i capa de material aïllant entre elles.

Les **cobertes verdes** és una tècnica que cobreix la teulada amb una capa vegetal enjardinada o un hort. Aquesta capa actua com un aïllant tèrmic, mantenint la temperatura interior constant i agradable. Durant el dia absorbeix la calor de l'edifici i durant la nit la dissipa a l'exterior.

**Fig. 1.40.** Façana ventilada en construcció

**SABIES QUE...**

Es poden detectar les pèrdues de calor en un edifici amb una càmera d'infraroigs.

**Fig. 1.41.** *a)* Càmera d'infraroigs; *b)* Imatge infraroja d'una casa

**Fig. 1.43.** Coberta verda

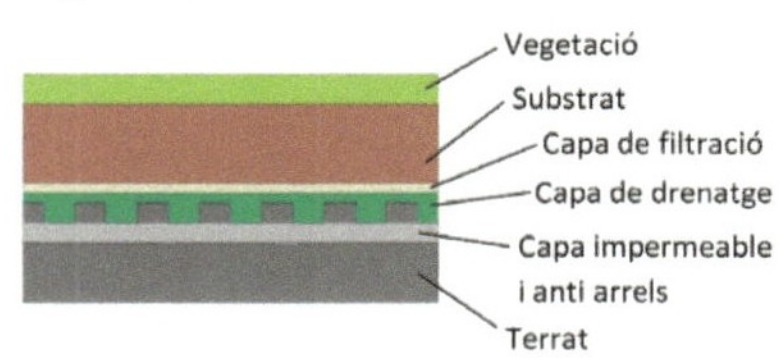


**Fig. 1.44.** Estructura d'una coberta verda

### ACTIVITATS

**12.** **Observa les teulades dels edificis del teu entorn. Esbrina si tenen algun sistema d'aprofitament d'energies renovables integrat en l'edifici. Quins?**

**13.** **Fes una relació de tasques que es puguin dur a terme en un habitatge del teu entorn per millorar-ne l'aïllament.**

SABIES QUE...

El **loft** té l'origen als anys cinquanta a Nova York. Els alts preus dels habitatges, la necessitat d'espai i el tancament de fàbriques van provocar l'adaptació d'aquests espais industrials.

Són espais oberts, alts i sense parets, i tenen grans finestrals i lluminositat.

Les zones estan determinades pel mobiliari, els colors i els diferents nivells.

**Fig. 1.45.** Loft

# 2 Accés a l'habitatge

Les formes més habituals d'accedir a un habitatge són el lloguer i la compra, ja sigui d'habitatge nou o de segona mà.

Les persones o entitats que impulsen la construcció d'un habitatge s'anomenen **promotors.**

- **Promoció pública.** Aquells habitatges en què l'Administració pública n'és la promotora (Administració local, Diputació, Generalitat, Estat...).
- **Promoció privada.** El promotor és un particular, una empresa o una entitat.

Hi ha habitatges de renda **lliure** i **de protecció oficial** (**HPO**). Els preus d'HPO tenen uns límits regulats per l'Administració per garantir l'accés a l'habitatge.

## 2.1. Accés a l'habitatge: compra i lloguer

Podràs accedir a un habitatge de lloguer lliure directament a través del propietari o d'un **API** (agent de la propietat immobiliària). Per a l'accés a un habitatge públic, ho faràs a través dels ens públics a qui l'Administració atorga competències per gestionar l'habitatge de protecció oficial.

Cal preveure les possibilitats econòmiques en cada cas. Es recomana que la renda mensual dedicada a habitatge no superi el 35 % dels ingressos. Cal tenir presents altres despeses associades: serveis i subministrament, taxes (IBI), despeses de la comunitat de veïns, etc.

### A. Lloguer

El **contracte de lloguer** és un document pel qual la part propietària d'un habitatge cedeix l'ús a una altra persona per un temps determinat, a canvi d'una compensació econòmica i amb unes condicions pactades per totes dues parts.

<table>
<tr><th colspan="2">En un contracte de lloguer, has d'identificar els apartats bàsics següents:</th></tr>
<tr><td>Identificació de la part arrendadora (propietari/ària) i de la part arrendatària (llogater/a).</td><td rowspan="3">Altres clàusules. Acords entre arrendador i llogater:<br>• Accés del propietari a l'habitatge.<br>• Pactes per a la realització d'obres.<br>• Despeses de manteniment, tributs, serveis, comunitat...</td></tr>
<tr><td>Identificació de l'habitatge objecte del lloguer.</td></tr>
<tr><td>Durada del contracte. Valor econòmic de la renda. Procediments de revisió.</td></tr>
<tr><td>Valor de la fiança. Variarà en funció de si es tracta d'un pis moblat o no, o de l'ús que se'n fa.</td><td>Adjuntar cèdula d'habitabilitat i certificat d'eficiència energètica.</td></tr>
</table>

**Taula 1.1.** Punts bàsics d'un contracte de lloguer

És recomanable fer un inventari de les instal·lacions, els electrodomèstics i el mobiliari.

RECORDA!

Tots els aspectes legals relatius al lloguer d'habitatges estan detallats en la **Llei 4/2013**, de mesures de flexibilització i foment del mercat del lloguer d'habitatges.

## B. Compra

En la **compra d'un habitatge,** amb o sense hipoteca, hi ha un seguit de despeses afegides i impostos que graven l'operació de compra i que hem de valorar.

Les parts que intervenen en una compra són: la part venedora, la part compradora, l'entitat financera, la notaria, el Registre de la Propietat i la gestoria.

En una compra no hi ha contracte entre particulars. És la **notaria** qui redacta una escriptura de propietat, associada a la compravenda de l'habitatge, i és el notari qui dóna fe pública que aquest acte es fa d'acord amb la legislació vigent.

| | ***Habitatge nou*** | ***Habitatge usat*** | ***Hipoteca*** |
|---|---|---|---|
| *IVA Impost sobre el valor afegit*<br>*ITP Impost de transmissions patrimonials* | IVA | ITP | - |
| *IAJD Impost d'actes jurídics documentats* | Sí | Sí | Sí |
| *Despeses notaria i escriptura pública* | Sí | Sí | Sí |
| *Despeses Registre de la Propietat* | Sí | Sí | Sí |
| *Despeses banc/despeses gestoria* | No/sí | No/sí | Sí/sí |
| *Taxació habitatge* | - | - | Sí |

**Taula 1.2.** Despeses associades a la compra d'un habitatge

Les despeses del **Registre de la Propietat** corresponen a honoraris del registrador i a les gestions administratives de registre. El seu import depèn del valor escripturat en la compra i de l'import de la hipoteca.

La **taxació** és una valoració de l'habitatge que realitza un perit independent i autoritzat, per poder formalitzar la hipoteca.

La **hipoteca** és un préstec a llarg termini que ofereixen les entitats bancàries per a l'adquisició d'un habitatge. Aquest préstec té unes condicions més favorables que altres préstecs i **utilitza l'habitatge com a aval.** El banc exigeix fer una escriptura notarial on constin les condicions per al retorn del préstec.

- **Període d'amortització:** temps que s'estableix per al retorn del préstec.
- **Tipus d'interès:** percentatge anual que cobra el banc per deixar els diners.
- **Comissions d'amortització:** costos per retornar diners anticipadament.
- Comissions d'estudi, penalitzacions, assegurança contra incendi, etc.

Per valorar i comparar ofertes hipotecàries cal fixar-se en l'índex **TAE** (taxa anual equivalent). La TAE comprèn tots els costos associats a l'oferta econòmica (interessos, comissions i despeses bancàries).

### SABIES QUE...

El **Registre de la Propietat** és una oficina pública que té per funció inscriure béns immobles i donar publicitat de la situació jurídica de les finques de la demarcació territorial del Registre.

**registradores.org**

### SABIES QUE...

El tipus d'interès pot ser:

**Fix:** l'interès és fix durant tot el període d'amortització.

**Variable:** el seu valor canvia periòdicament. El més utilitzat és l'**Euríbor** + un diferencial que estableix el banc.

**Mixt:** alterna en el temps els dos tipus anteriors.

### ACTIVITATS

**14.** Fes un informe que presenti una comparativa de tres habitatges reals de lloguer del teu entorn.

**15.** Dissenya un anunci en format digital per vendre un habitatge en el teu municipi.

**16.** Entra a Registradores.org i localitza el Registre de la Propietat del teu municipi. Quines dades consten en una nota informativa d'un immoble? Què és el codi IDUFIR? Localitza dues notaries del teu entorn.

## 2.2. Documentació administrativa

Per garantir el compliment de les lleis i normatives, l'Administració estableix uns punts de control i certificacions.

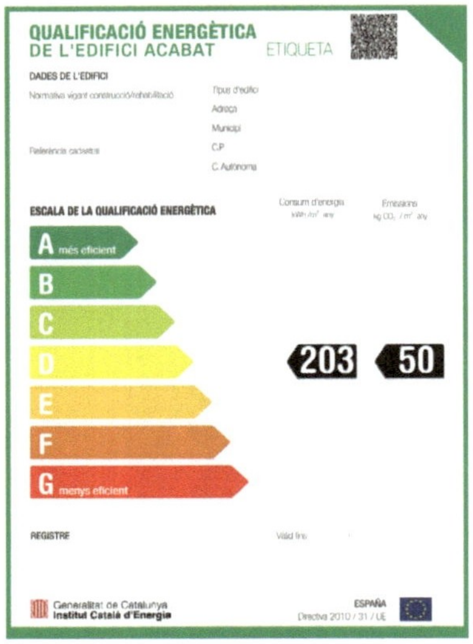


**Fig. 1.46.** Etiqueta de certificació energètica

- **Llicència d'obra:** tràmit pel qual l'Administració local autoritza al promotor l'inici de les obres i certifica que el projecte de construcció compleix les ordenances municipals.
- **Llicència de primera ocupació:** finalitzada la construcció, l'Administració local inspecciona l'edifici per certificar el compliment de les normes de construcció, de seguretat i d'habitabilitat. Sense aquest document el promotor no pot vendre ni entregar, ni tampoc utilitzar l'habitatge.
- **Cèdula d'habitabilitat:** és un document administratiu que acredita que un habitatge compleix les condicions mínimes d'habitabilitat. Conté dades de la ubicació de l'habitatge, la superfície útil, el nombre i tipus de cambres que formen l'habitatge i el llindar màxim d'ocupació. Aquest document és necessari per sol·licitar els subministraments d'aigua, de gas i d'electricitat.
- **Certificat d'eficiència energètica:** és un document que dóna conformitat a la qualificació energètica d'un habitatge, emès per un tècnic certificador. La qualificació energètica mesura el consum d'energia necessari per satisfer la demanda energètica de l'habitatge i la quantitat de $CO_2$ emès per produir-la en condicions normals d'ocupació.

## 2.3. Despeses i impostos

Associades a l'ús de l'habitatge, hi ha despeses periòdiques que cal preveure:

- **Impost de béns immobles (IBI):** és un impost municipal anual que grava la titularitat de l'immoble. Aquest impost està referenciat en el valor cadastral.
- **Assegurança:** pot incloure, per exemple, riscs d'incendi, inundació, explosió, trencament, danys a tercers i de responsabilitat civil obligatòria.
- **Taxes per serveis municipals** de recollida d'escombraries, manteniment de clavegueram, transport i altres.
- **Despeses de la comunitat de propietaris.** Si l'habitatge pertany a un règim de propietat horitzontal, el propietari té uns drets i unes obligacions vers l'ús i el manteniment dels serveis i de les instal·lacions comunitàries.

### RECURS

**Direcció General del Cadastre**

**Web:**

www.catastro.meh.es

**Seu electrònica:**

www.sedecatastro.gob.es

### ACTIVITATS

**17.** Consulta l'entitat certificadora de qualificació energètica (icaen.gencat.cat). Quines dades proporciona l'etiqueta d'eficiència energètica?

**18.** Informa't en el teu ajuntament de quin és el període de pagament de l'IBI. Quines dades consten en el rebut de l'IBI d'un habitatge?

**19.** Cerca a la seu electrònica del cadastre (www.sedecatastro.gob.es), a l'apartat de serveis d'accés lliure, les dades cadastrals del teu habitatge.

**20.** Fes una relació de les despeses anuals fixes associades al teu habitatge, sense tenir en compte subministraments d'aigua, d'electricitat i de gas.

## POSA'T A PROVA!

### 1. DISSENYA EL TEU HABITATGE

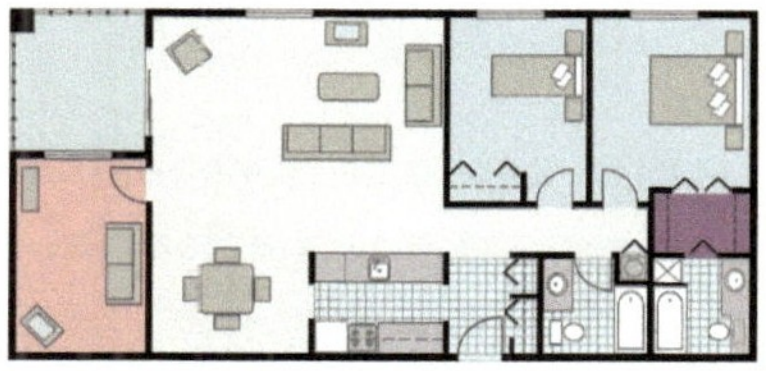

Fig. 1.47. Proposta de distribució d'un habitatge

Quan hagis d'accedir a un pis, ja sigui de lloguer o de compra, hauràs de valorar-ne molts aspectes: l'emplaçament, l'orientació, la distribució, etc.

Ara tens l'oportunitat de dissenyar la distribució del teu pis. Has de tenir en compte alguns aspectes:

- Minimitzar l'espai dedicat a passadissos.
- Que la cuina estigui a prop del menjador i que les habitacions estiguin a prop del bany.
- Totes les cambres han de tenir finestres, excepte el bany, que pot disposar de finestra o sistema de ventilació.
- Les portes han d'estar situades al costat d'alguna de les cantonades de les habitacions i han d'obrir contra la paret.

Has de ser capaç de dissenyar aquest habitatge amb programari de disseny:

*a)* Dissenya la distribució interior amb parets, portes i finestres.

*b)* Afegeix el mobiliari que creguis necessari en l'interior, garantint-ne els recorreguts interiors.

*c)* Crea, amb l'eina de vídeo, una visita virtual per a aquest habitatge.

### 2. REDACTA UN CONTRACTE DE LLOGUER

Fig. 1.48. Signatura d'un contracte de lloguer

La teva família disposa d'un habitatge que vol llogar, i t'ha demanat que preparis un contracte de lloguer. Les dades que cal incloure-hi són:

- Dades de la part arrendadora (propietari/ària) i de la part arrendatària (llogater/a).
- Ubicació de l'habitatge a llogar, plaça d'aparcament i/o traster. Superfície útil.
- Data d'inici i de durada del contracte. Preu del lloguer, periodicitat i forma de pagament.
- Import de la fiança i condicions de retorn.
- Acords a establir entre les parts: liquidar impost AJD a la Generalitat, IBI, impost d'escombraries i clavegueram, despeses de comunitat de veïns, permís per fer-hi obres, manteniments, etc.
- Causes de resolució del contracte, i data, lloc i signatura.

Amb un editor de text, cal que redactis:

*a)* Un contracte de lloguer, seguint les directrius exposades.

*b)* Cal adjuntar imatge d'una cèdula d'habitabilitat, d'un certificat d'eficiència energètica i d'un full d'inventari del mobiliari i dels electrodomèstics.

## ACTIVITATS FINALS

**1.** **Descriu avantatges i inconvenients dels habitatges unifamiliars respecte dels habitatges plurifamiliars.**

**2.** **Indica actituds personals que ajuden a reduir la despesa energètica del teu habitatge.**

**3.** **Tot seguit es mostren uns habitatges. A quina tipologia d'habitatges pertany cadascun?**

**Fig. 1.49.a.**

**Fig. 1.49.b.**

**Fig. 1.49.c.**

**Fig. 1.49.d.**

**4.** **Descriu què significa un model d'habitatge sostenible energèticament.**

**5.** **Completa les frases**

*a)* L'orientació ................................ és la façana que rep més insolació.

*b)* Un habitatge energèticament sostenible redueix al màxim el ................................

*c)* L'energia ........................................... consisteix en l'aprofitament de l'energia del Sol per produir calor, per a la producció d'aigua calenta sanitària (ACS) o per a la calefacció.

*d)* Les aigües ................................ es poden captar de les teulades, i es poden utilitzar per a la cisterna del vàter, per a reg de les plantes, per rentar el cotxe, etc.

*e)* L'arquitectura ................................ es basa en la construcció d'edificis adaptats a les condicions climàtiques del seu entorn.

**6.** **Explica en què consisteix l'arquitectura bioclimàtica.**

**7.** **Raona per què en zones geogràfiques fredes les finestres encarades al sud són de grans dimensions.**

**8.** **Explica les tècniques utilitzades en els habitatges bioclimàtics per generar i distribuir aire calent.**

**9.** **Indica les capes que componen una coberta vegetal d'un terrat verd.**

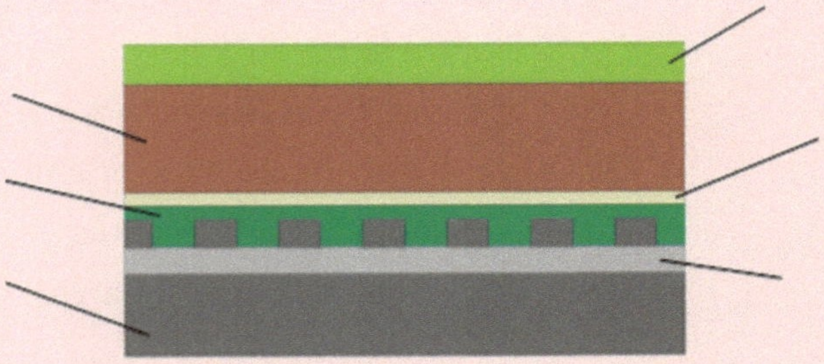

**Fig. 1.50.** Estructura d'una coberta verda

**10.** **Quines d'aquestes afirmacions són correctes? Les que no ho són, reescriu-les perquè siguin correctes.**

*a)* L'efecte d'hivernacle és una tècnica per produir calor basada en la instal·lació de grans finestres.

*b)* El mur Trombe és un mur que està dissenyat per suportar les càrregues de l'edifici.

*c)* L'aire fred puja per les xemeneies solars perquè té una densitat menor que el calent.

*d)* Aïllar tèrmicament un habitatge suposa utilitzar materials amb una alta conductivitat tèrmica en parets, sostres, terres, portes i finestres.

*e)* Es recomana que la renda mensual dedicada a habitatge no superi el 35 % dels ingressos.

11. **Explica les tècniques utilitzades en els habitatges bioclimàtics per generar i distribuir aire fresc.**

12. **Identifica en les imatges, diferents tècniques bioclimàtiques aplicades a l'habitatge.**

**Fig. 1.51.a.**

**Fig. 1.51.b.**

**Fig. 1.51.c.**

**Fig. 1.51.d.**

**Fig. 1.51.e.**

**Fig. 1.51.f.**

**Fig. 1.51.g.**

**Fig. 1.51.h.**

13. **La cèdula d'habitabilitat és un document necessari per...**
    - *a)* Sol·licitar els subministraments d'aigua, de gas i d'electricitat.
    - *b)* Autoritzar al promotor l'inici de les obres de l'habitatge.
    - *c)* Certificar l'eficiència energètica de l'habitatge.
    - *d)* Justificar la propietat d'un habitatge.

14. **Indica les afirmacions correctes. L'IBI...**
    - *a)* Es calcula en base al valor cadastral de la propietat.
    - *b)* És la taxa per serveis municipals de recollida d'escombraries i manteniment de clavegueram.
    - *c)* És un impost municipal anual/trimestral que grava la propietat de l'habitatge.
    - *d)* Fa referència a l'índex base d'interessos bancaris que gestiona l'Administració local.

15. **Estàs valorant la compra d'un habitatge. Necessites demanar una hipoteca per valor de 110 000 €, quantitat que representa el 50 % del valor de taxació del pis.**

    **Disposes de dues ofertes hipotecàries de dues entitats bancàries. Quina creus que serà la millor oferta? Justifica la resposta.**

| | ***Banc S*** | ***Banc P*** |
|---|---|---|
| *Tipus d'interès anual fix* | 3,5 % | 3,4 % |
| *Període d'amortització* | 20 anys | 21 anys |
| *Comissió d'obertura* | 500 € | 400 € |
| *TAE (anual)* | 4,2 % | 4,6 % |

16. **En la compra d'un habitatge, el notari...**
    - *a)* Assumeix les responsabilitats legals de la part compradora de l'habitatge.
    - *b)* Dóna fe pública que la compravenda es fa d'acord amb la legislació vigent.
    - *c)* És la persona encarregada de verificar la taxació de l'habitatge.
    - *d)* És la persona jurídica que representa l'entitat financera en una escriptura hipotecària.

17. **Quines parts intervenen en la compra d'un habitatge amb garantia hipotecària?**

# 2 INSTAL·LACIONS I MANTENIMENT DE L'HABITATGE

**Objectius**

- ✓ Identificar les instal·lacions bàsiques de serveis en l'habitatge.
- ✓ Descriure els elements que configuren les instal·lacions.
- ✓ Promoure estratègies d'estalvi energètic i d'aigua.
- ✓ Identificar situacions de risc i deteriorament en les instal·lacions.
- ✓ Identificar les despeses associades als subministraments i serveis.
- ✓ Promoure actituds de manteniment preventiu i responsable.

# QUÈ EN SAPS?

Sabries trobar un entorn domèstic on s'utilitzin coneixements de física, de química, de matemàtiques, de dibuix i de tecnologia?

Tots aquests coneixements s'utilitzen en diferents graus en les instal·lacions i els serveis que estan implícits en un habitatge. Rentar-se la cara amb l'aigua que surt de l'aixeta implica l'existència de canonades, sistemes de captació d'aigua a molts quilòmetres del teu habitatge, equips informàtics de gestió de consum que controlen les bombes que injecten l'aigua a la xarxa pública, i professionals especialitzats per resoldre qualsevol incidència les 24 hores del dia.

Aquest coneixement també s'utilitza dins l'habitatge: il·luminació, persianes i tendals que s'obren en funció del nivell de llum; sistemes que proporcionen calor o fred; sensors, comandaments, electrodomèstics intel·ligents, etc.

Tot el benestar que poden aportar aquests avenços tecnològics també requereix de l'usuari uns coneixements bàsics d'ús, de manteniment i de seguretat. Malauradament, encara avui dia, el nombre d'accidents a la llar és considerable.

Sabries identificar alguns dels perills potencials a la llar?

Els habitacles on s'utilitza el gas, han d'estar ventilats? Sol haver-hi endolls elèctrics al costat de les aixetes d'aigua? Per quin motiu les instal·lacions de gas no estan encastades a les parets de l'habitatge?

## Sumari

# 1 Instal·lacions de l'habitatge

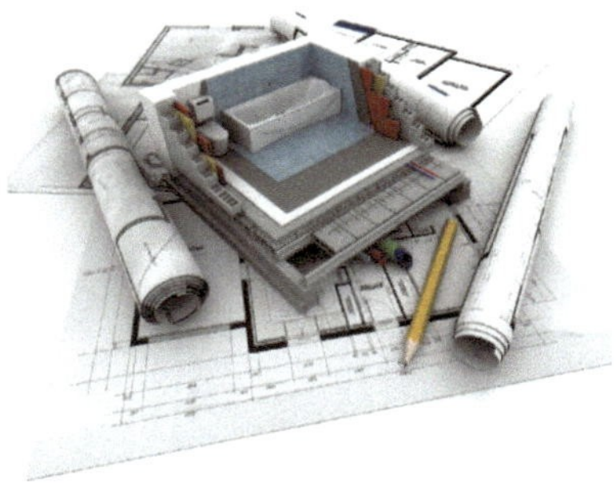

**Fig. 2.1.** Disseny d'instal·lacions de l'habitatge

L'habitatge ha d'oferir i garantir a les persones que hi han de viure unes condicions bàsiques d'habitabilitat, d'higiene, de confort i de seguretat. Exemples d'instal·lacions són:

- **Instal·lació d'aigua:** té com a objectiu garantir el subministrament i distribuir-la pel seu interior fins als punts de consum. Té consideració de servei bàsic.
- **Instal·lació de gas:** permet l'accés a combustibles fòssils gasosos per aconseguir calor.
- **Instal·lació elèctrica:** té la funció de subministrar energia elèctrica, i ha de garantir la seguretat de les persones i el correcte funcionament dels aparells elèctrics.
- **Instal·lació de climatització:** permet crear les condicions de temperatura, d'humitat i de neteja de l'aire, necessàries per al benestar de les persones.
- **Infraestructures de comunicació:** són les xarxes internes encarregades d'interconnectar els dispositius i permetre la comunicació entre aquests.
- **Instal·lació domòtica:** infraestructura de gestió, de control i d'automatització dels sistemes de confort, de seguretat i d'energia.

Aquestes instal·lacions són les més habituals, tot i que n'hi ha d'altres més minoritàries que depenen de l'entorn, del tipus d'habitatge o del tipus d'usuari.

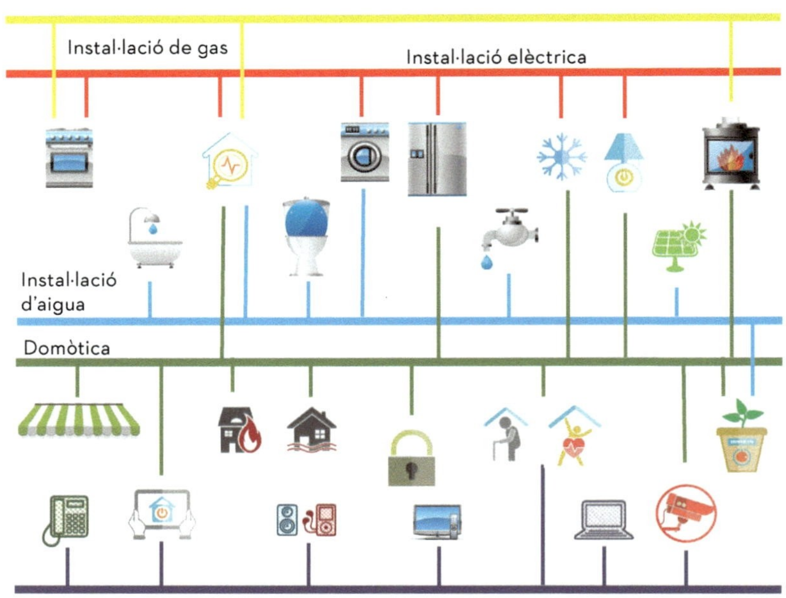


**Fig. 2.2.** Interrelació de xarxes i d'instal·lacions d'un habitatge

**RECURS**

**Normativa**

- Elèctrica: Reglament electrotècnic de baixa tensió (REBT).
- Comunicacions: Reglament d'infraestructures comuns de telecomunicació.
- Habitabilitat: Codi tècnic de l'edificació.

codigotecnico.org

**Organismes oficials**

- minetur.gob.es
- icaen.gencat.cat

## ACTIVITATS

1. **Quins serveis o necessitats podries afegir en el dibuix de la interrelació de xarxes i d'instal·lacions d'un habitatge?**
2. **Creus que és important que l'Administració s'encarregui de fer lleis i normatives que regulin aquestes instal·lacions? Per què?**

# 1.1. La instal·lació d'aigua

## A. La xarxa d'aigua sanitària

Està formada per dues instal·lacions paral·leles, una **d'aigua freda** i una **d'aigua calenta sanitària (ACS).** Els components de la xarxa d'aigua sanitària han de ser resistents a la corrosió, suportar la pressió existent a la xarxa i no alterar les condicions organolèptiques de l'aigua. Els principals elements són:

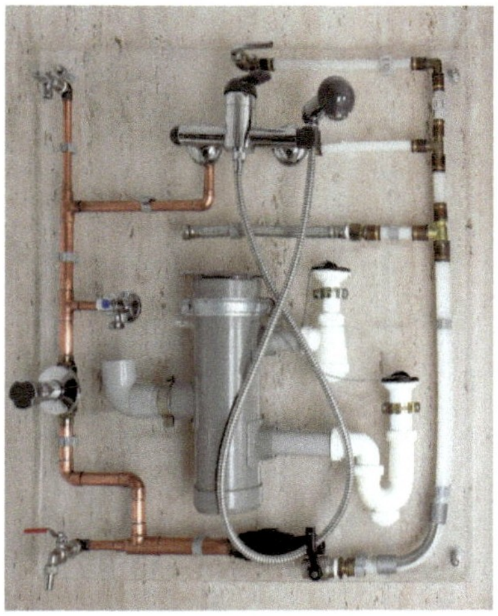

**Fig. 2.3.** Mostra d'elements d'una instal·lació d'aigua

- **El comptador d'aigua o mesurador de cabal**

Aparell que mesura el consum d'aigua, en $m^3$. Hi ha comptadors intel·ligents que permeten conèixer el cabal, els consums parcials i totals en un període determinat.

- **Les canonades**

Són imprescindibles per conduir l'aigua fins als punts de consum. Els materials utilitzats són coure, polietilè i multicapa.

**Coure:** ha estat molt utilitzat. No perd les seves propietats amb el pas del temps, 100 % reciclable, no pateix corrosió, suporta grans pressions, dificulta el creixement de bacteris, virus i fongs. Avui dia, el polietilè i el multicapa l'estan desplaçant.

**Polietilè:** es fa servir per a conduccions bàsiques d'aigua freda i per a exteriors.

**Multicapa:** s'utilitza per a aigua sanitària, freda o calenta, i per a calefacció.

- **Les claus de pas**

Són vàlvules manuals que permeten obrir o tancar el pas d'aigua per les canonades.

**Fig. 2.4.** Claus de pas

- **Les aixetes**

Són dispositius mecànics que estan connectats a canonada i, mitjançant un accionament manual, ens permeten obtenir el cabal d'aigua desitjat. Es fabriquen normalment de llautó, amb un recobriment de crom.

Amb polsador | De pom giratori | Termostàtica | Monobloc | Monocomandament

**Fig. 2.5.** Tipus d'aixetes

- **Aparells sanitaris**

Són aparells que estan situats en els punts de consum de l'aigua i serveixen per evacuar les aigües residuals de la casa. Els més habituals són el vàter, la banyera o dutxa, el lavabo, l'aigüera, el safareig i el bidet.

### SABIES QUE...

El **tub multicapa** està format per diferents materials:

- **PE** (polietilè de baixa densitat) per donar cohesió al conjunt.
- **Alumini** per garantir la mateixa secció i donar resistència.
- **PE-X** (polietilè reticulat) que suporta temperatures de fins a 95 °C i 10 bar de pressió.

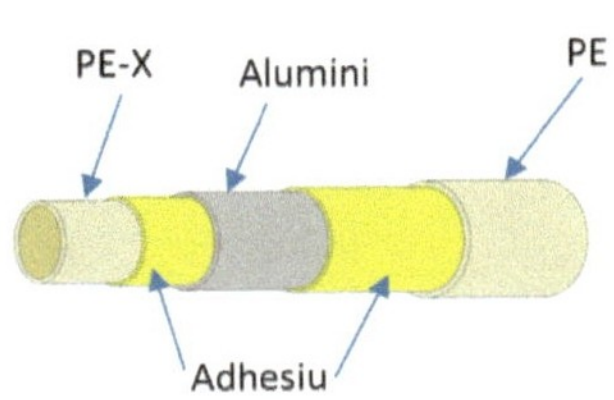


**Fig. 2.6.** Secció d'un tub multicapa

## SABIES QUE...

Actualment, la normativa obliga a instal·lar una clau de pas en cada **cambra humida** (cuina, bany, safareig) per tallar parcialment el subministrament en cas de fuita.

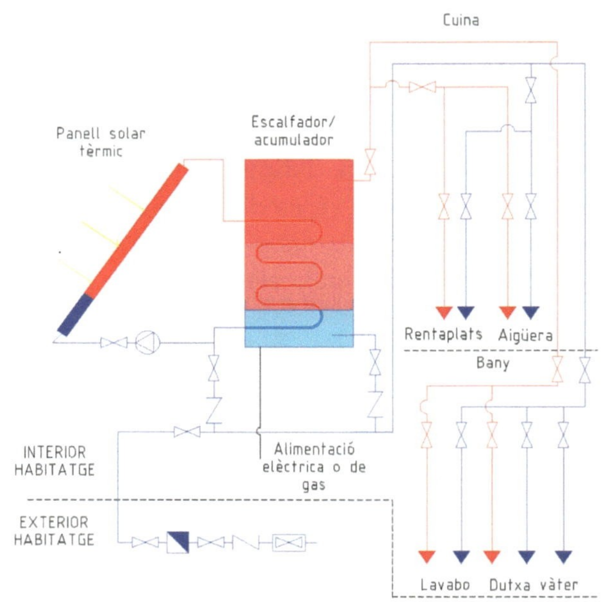


**Fig. 2.7.** Instal·lació d'aigua sanitària d'un habitatge

| ***Símbol*** | ***Descripció*** |
|---|---|
| | Clau de pas general |
| | Vàlvula antiretorn |
| | Comptador |
| | Reductor pressió |
| | Vàlvula |
| | Bomba d'impulsió |
| | Panell termosolar |

**Taula 2.1.** Símbols d'instal·lacions d'aigua

## *Cost del subministrament d'aigua sanitària*

| Data Lectura anterior | Lectura anterior | Data Lectura actual | Lectura actual | Consum període (m³) | Base de facturació |
|---|---|---|---|---|---|
| 09/12/15 | 49 | 09/02/16 | 64 | 15 | Lectura Real |

Ús domèstic
Comptador individual sobre bateria
Habitatge Tipus E
Persones habitatge 4

| DETALL FACTURA BIMESTRAL | Volum (m³) | Preu unitari (€/m³) | Import (€) | IVA (%) |
|---|---|---|---|---|
| Quota del servei | | | 26,22 | |
| Consum | | | | |
| Tram fins a 15 m³ | 15 | 0,6341 | 9,51 | |
| **SUBMINISTRAMENT D'AIGUA** | **15** | | **35,73** | 10% |
| Tram fins a 15 m³ | 15 | 0,4863 | 7,29 | |
| **REPERCUSSIÓ CÀNON AIGUA** | **15** | | **7,29** | 10% |
| **TMTR (Taxa Metropolitana de Tractament de Residus Municipals)** | | | **15,29** | No subj. |
| **IVA del Subministrament i Cànon de l'Aigua: 10% de 43,02** | | | **4,30** | |
| **TOTAL A PAGAR (amb estalvi >3 persones inclòs)** | | | **62,61** | |

**Fig. 2.8.** Detall d'un rebut de subministrament d'aigua

El rebut de l'aigua especifica el que hem de pagar pel servei i el consum d'aigua en un període de temps determinat. Encara que no està unificat, perquè depèn de la companyia subministradora de cada municipi, l'import és la suma dels tres conceptes següents:

- La **quota de servei,** que és una quota fixa per disposar del servei de subministrament.
- El **consum,** que és una quota variable, en funció dels m³ consumits d'aigua.
- Les **taxes** (cànon, manteniment, clavegueram, tractament de residus, etc.) i l'IVA.

## INVESTIGA I DESCOBREIX

**La instal·lació d'ACS (aigua calenta sanitària) necessita de sistemes tèrmics per escalfar l'aigua. Hi ha diferents sistemes per fer-ho amb escalfadors de gas, elèctrics, amb energia solar o d'altres.**

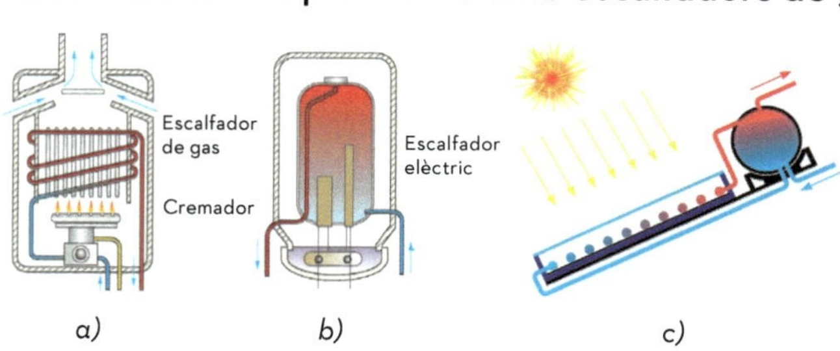


**Fig. 2.9.** Escalfadors d'aigua. *a)* A gas; *b)* Elèctric; *c)* Termosolar

*a)* Cerca informació sobre el funcionament dels acumuladors termosolars.

*b)* El valor estimat de necessitats d'ACS és de 28 l/dia i persona. Proposa dos models comercials d'acumulador termosolar adequats per a un habitatge de 4 persones. Raona la teva elecció.

## B. La xarxa d'aigua pluvial i no potable

Aconseguir una millor eficiència en l'ús i **l'estalvi de l'aigua** és aprofitar l'aigua no potable. Entre els recursos no potables que podem aprofitar en l'àmbit urbà trobem: les aigües pluvials, les aigües del rentat de filtres de piscines i les aigües grises (aigües residuals de les dutxes i lavabos).

Aquestes aigües recollides, filtrades i emmagatzemades adequadament representen un **recurs alternatiu** d'aigua. Hi ha aplicacions diàries que no requereixen aigua potable, com és el cas de cisternes de vàters, el reg i la neteja d'interiors i d'exteriors. Aquest recurs alternatiu pot reduir fins a un 40 % el consum d'aigua potable.

Si es disposa d'una instal·lació per a subministrament d'aigua no potable, les canonades, les claus de pas i els punts terminals han d'estar senyalitzats per tal que puguin ser identificats de manera clara i inequívoca.

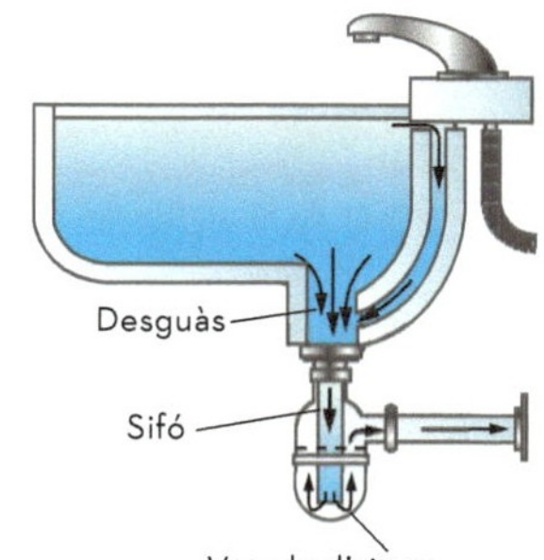

**Fig. 2.10.** Sifó d'una pica

## C. La xarxa de sanejament

És l'encarregada d'evacuar les aigües residuals per gravetat cap al clavegueram amb unes condicions higienicosanitàries adequades. Està formada per:

- **Sifons:** són tancaments hidràulics. Actuen com a taps i impedeixen que entrin a l'habitatge les olors procedents del clavegueram.
- **Derivacions:** són les canonades que connecten els aparells sanitaris amb els baixants. Estan instal·lades en pendent perquè les aigües circulin.
- **Baixants:** són les canonades verticals, de diàmetre més gran que les derivacions. Condueixen les aigües residuals de les derivacions i aigües pluvials fins als col·lectors. Tenen ventilació en la part superior per tal d'igualar la pressió atmosfèrica amb l'exterior i facilitar la baixada de les aigües.
- **Col·lectors:** són canonades amb un petit pendent perquè hi circulin les aigües residuals. Són iguals o de major diàmetre que els baixants. Connecten els baixants amb l'arqueta sifonal.
- **Arqueta sifonal:** és el punt de connexió dels col·lectors amb la xarxa de clavegueram. Evita que entrin les males olors i les rates a l'habitatge.

Els elements de la xarxa de sanejament majoritàriament utilitzen com a material el PVC, pel baix cost i per les seves característiques tècniques.

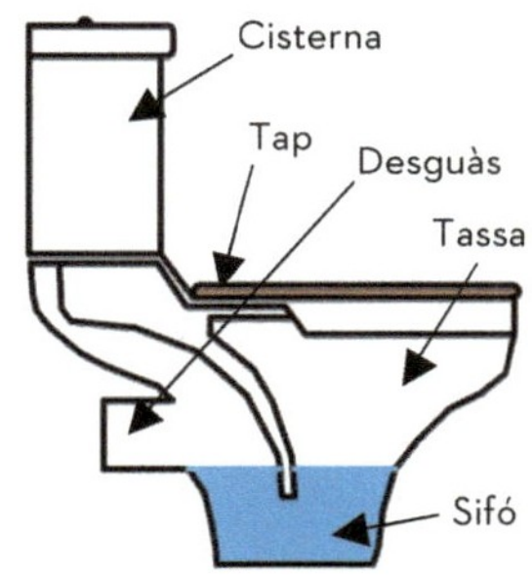

**Fig. 2.11.** Parts d'un vàter

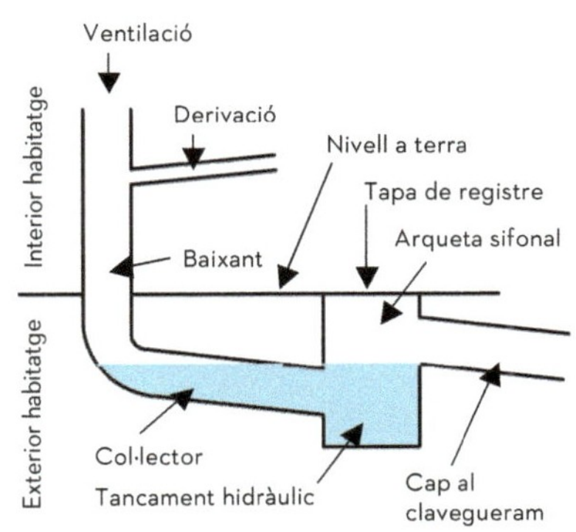

**Fig. 2.12.** Xarxa de sanejament

### ACTIVITATS

**3.** **Investiga com funciona un airejador. Quina és la seva funció? Com se substitueix?**

**4.** **Cerca informació de com substituir un sifó avariat d'un lavabo. Existeixen diferents tipus i mides de sifons. Aconsegueix l'especejament d'un sifó d'ampolla. Quin avantatge té respecte del rígid?**

**5.** **Localitza els punts següents de subministrament d'aigua del teu habitatge: aigüera, lavabo i rentadora. Observa les entrades i sortides d'aigua. Presenta en format de taula les següents dades: ubicació, subministrament o desguàs, diàmetre exterior del tub, material, tipus de connexió (rígida o flexible).**

# 1.2. La instal·lació de gas

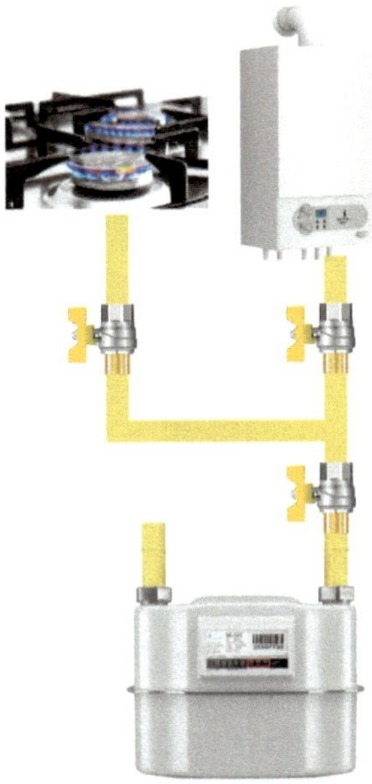

Fig. 2.13. Instal·lació de gas natural

Els aparells que funcionen amb gas s'anomenen **gasodomèstics.** Els gasos de combustió més utilitzats són:

- El **gas natural,** que es troba a la natura en jaciments soterranis. Es distribueix als habitatges en canonades soterrades.
- El **gas butà** i **propà,** que són gasos liquats del petroli (GLP) que es distribueixen en bombones. En el cas del propà s'instal·len dipòsits de subministrament individuals.

## *Elements d'una instal·lació de gas natural*

- **Canonades:** la instal·lació exterior i interior és de tub de coure i visible. Mai ha d'estar encastada a la paret, per evitar el perill d'explosió en cas de fuita.
- **Claus de pas:** permeten sectoritzar la instal·lació. Hi ha claus de pas a l'entrada de l'habitatge i en cada gasodomèstic.
- **Comptador:** és l'encarregat de mesurar el consum de gas en m³. Incorpora externament un regulador de cabal, un de pressió i també claus de pas.

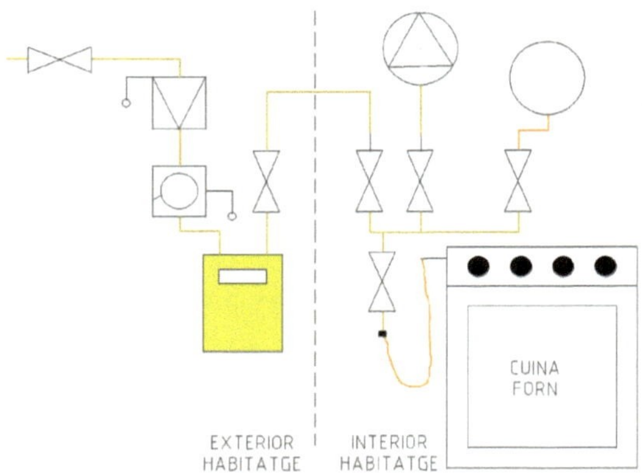


Fig. 2.14. Instal·lació de gas natural

| *Símbol* | *Descripció* |
|---|---|
|   | Clau de pas |
| 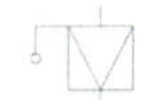 | Reductor de pressió |
| 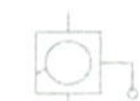 | Regulador de cabal |
|   | Comptador de gas |
|  | Caldera de gas |
|  | Escalfador de gas |

**Taula 2.2.** Símbols d'instal·lació de gas

Fig. 2.15. Instal·lació de gas butà

## *Elements d'una instal·lació de gas butà o propà*

El subministrament es fa en uns recipients d'acer amb l'interior de coure, anomenats **bombones.** Dins d'aquests recipients s'emmagatzema el gas a pressió, en estat líquid, i amb una càrrega de 12,5 kg (butà) i de 11 kg (propà).

Perquè surti el gas a una baixa pressió i un cabal constant, la instal·lació disposa d'un regulador de pressió.

## ACTIVITATS

**6.** **Explica la funció que tenen les reixetes o els orificis de ventilació en habitacles on s'utilitza gas. On estan ubicades? Es poden tapar?**

**7.** **Cerca informació en relació amb la inspecció periòdica de la instal·lació del gas. Aquesta inspecció és obligatòria?**

# 1.3. Instal·lació elèctrica

La instal·lació elèctrica d'un habitatge està formada per la instal·lació externa o d'enllaç i la instal·lació interior de l'habitatge.

## A. Instal·lació d'enllaç

És l'encarregada d'unir la xarxa de distribució elèctrica del carrer amb la interior de l'habitatge. Un dels elements principals que configuren aquesta instal·lació és el **comptador elèctric.** És l'encarregat de mesurar l'energia elèctrica consumida, en kWh.

> Un **kWh** és igual a l'energia consumida per un aparell de potència 1 kW funcionant durant una hora **($W = P \cdot t$).**

El comptador intel·ligent permet enviar lectures de consum en temps real. Redueix el temps d'interrupció en cas d'avaria, i permet la gestió remota de la potència contractada i la supervisió del servei de subministrament.

**INSTAL·LACIÓ D'ENLLAÇ**

↓

**Escomesa.** Uneix la xarxa de distribució elèctrica del carrer amb CGP de l'edifici

↓

**Caixa general de protecció CGP**

↓

**Línia repartidora.** Uneix la CGP amb els comptadors

↓

**Centralització de comptadors**
**Derivació individual**

**Fig. 2.16.** Diagrama d'una instal·lació d'enllaç

## B. Instal·lació interior

### *El quadre de comandament i protecció*

Format pels elements encarregats de la **seguretat,** la **protecció** i el **control** de la instal·lació elèctrica interior. Conté els elements següents:

- L'**interruptor de control de potència màxima (ICPM):** la seva funció és limitar la potència consumida perquè no superi el valor màxim contractat. Està precintat per evitar-ne la manipulació.
- L'**interruptor diferencial (ID):** és l'encarregat de protegir les persones de descàrregues elèctriques. Detecta corrents de fuita ($I_{\Delta n}$ > 30 mA en habitatges) en la instal·lació, i provoca la interrupció del pas del corrent.

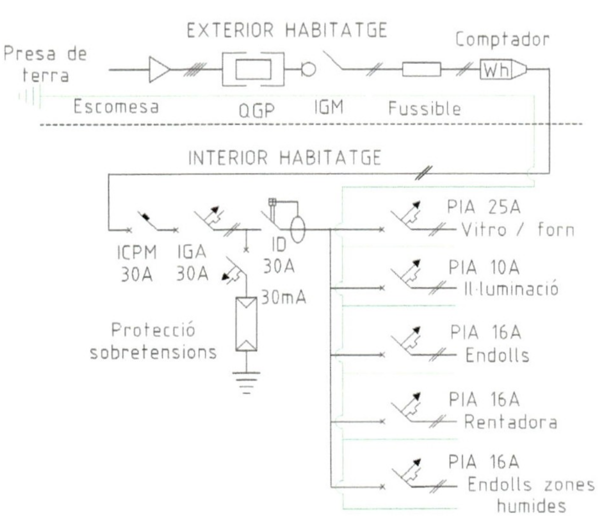


**Fig. 2.18.** Esquema d'instal·lació de comandament elèctric d'un habitatge

| ***Símbol*** | ***Descripció*** |
|---|---|
| 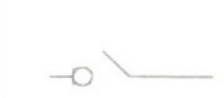 | IGM (interruptor general de maniobra) |
| 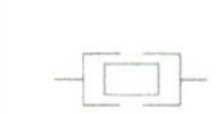 | QGP (quadre general de protecció) |
| 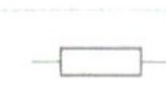 | Fusible |
|  | Comptador |
|  | ICPM (interruptor de control de potència màxima) |
| 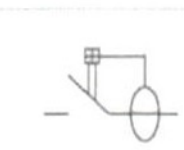 | ID (interruptor diferencial) |
|  | IGA / PIA |
| 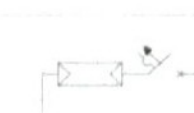 | Protecció de sobretensions |

**Taula 2.3.** Símbols d'instal·lació elèctrica

**INSTAL·LACIÓ INTERIOR**

↓

**Quadre de comandament i protecció**

- Interruptor de control de potència màxima (ICPM)
- Interruptor general automàtic (IGA)
- Interruptor diferencial (ID)
- Petits interruptors automàtics (PIA)
- Born de terra
- Protecció sobretensions

↓

Circuit d'alimentació als receptors

**Fig. 2.17.** Diagrama de la instal·lació elèctrica interior

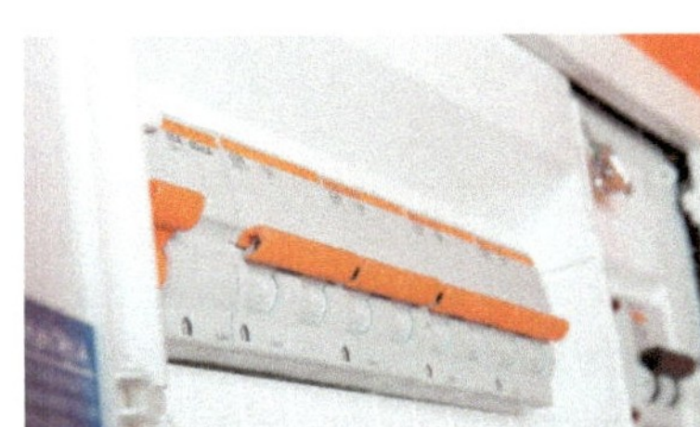

**Fig. 2.19.** Quadre de comandament i protecció

> **RECORDA!**
>
> Per garantir que la instal·lació sigui segura ha de complir el **REBT** (Reglament electrotècnic de baixa tensió).

| ***Nivell electr.*** | ***Potència (W)*** | ***IGA valor In (A)*** |
|---|---|---|
| Bàsica | 5 750 | 25 |
| | 7 360 | 32 |
| Elevada | 9 200 | 40 |
| | 11 500 | 50 |
| | 14 490 | 63 |

**Taula 2.4.** Nivells d'electrificació de l'habitatge

> **RECURS**
>
> **Comissió Nacional de Mercats i Competència**
> - www.cnmc.es
>
> **Simulador factura elèctrica**
> - facturaluz2.cnmc.es
>
> **Comparador de tarifes**
> - youtu.be/L8gstooYP_8

- Els **petits interruptors automàtics (PIA):** encarregats de protegir cada un dels circuïts de sobrecàrregues i curtcircuits.
- El **born de terra o protecció:** connecta la presa de terra de l'edifici amb la connexió de terra de la instal·lació interior de l'habitatge.

### *Els circuits d'alimentació als receptors*

Estan formats pels següents elements:

- Els **conductors:** distribueixen l'electricitat des dels PIA fins als receptors. Són de coure i estan recoberts per un aïllament de plàstic. Els colors n'identifiquen la funció: marró, negre o gris per a la **fase,** blau per al **neutre** i verd-groc per al de **terra.**
- Interruptors, polsadors, commutadors i bases d'endoll són **elements de comandament** i de connexió que també formen part del circuit d'alimentació.
- El circuit de **connexió a terra:** té la funció de protegir les persones de contactes indirectes amb l'electricitat. Ho fa derivant el corrent de fuita a través del seu conductor a la presa de terra de l'edifici. Es connecten al circuit de terra totes les carcasses metàl·liques dels electrodomèstics, els endolls i els receptors que tinguin presa de terra.

## C. Cost del subministrament elèctric

La **factura del subministrament** especifica el que hem de pagar pel servei i el consum elèctric en un cert període. L'import és la suma de diversos conceptes:

- La **quota de servei,** que és una part fixa associada al tipus d'electrificació de l'habitatge i a la potència màxima contractada.
- El **consum d'energia,** que és una quota variable, en funció dels kWh consumits.

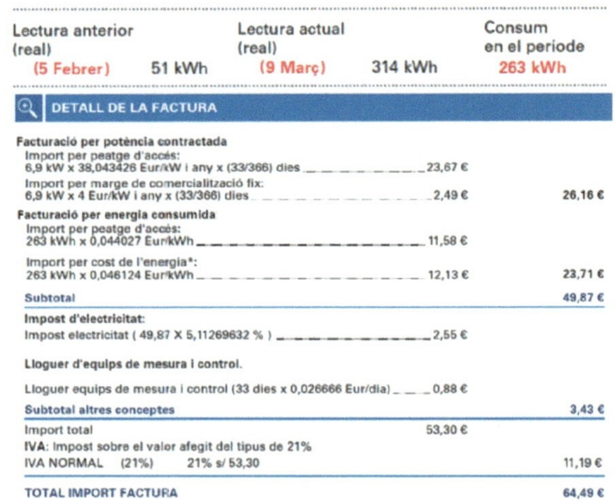

| Lectura anterior (real) | | Lectura actual (real) | | Consum en el període |
|---|---|---|---|---|
| (5 Febrer) | 51 kWh | (9 Març) | 314 kWh | 263 kWh |

**DETALL DE LA FACTURA**

| | | |
|---|---|---|
| **Facturació per potència contractada** | | |
| Import per peatge d'accés: 6,9 kW x 38,043426 Eur/kW i any x (33/366) dies | 23,67 € | |
| Import per marge de comercialització fix: 6,9 kW x 4 Eur/kW i any x (33/366) dies | 2,49 € | 26,16 € |
| **Facturació per energia consumida** | | |
| Import per peatge d'accés: 263 kWh x 0,044027 Eur/kWh | 11,58 € | |
| Import per cost de l'energia*: 263 kWh x 0,046124 Eur/kWh | 12,13 € | 23,71 € |
| **Subtotal** | | **49,87 €** |
| **Impost d'electricitat:** | | |
| Impost electricitat ( 49,87 X 5,11269632 % ) | 2,55 € | |
| **Lloguer d'equips de mesura i control.** | | |
| Lloguer equips de mesura i control (33 dies x 0,026666 Eur/dia) | 0,88 € | |
| **Subtotal altres conceptes** | | **3,43 €** |
| Import total | 53,30 € | |
| **IVA**: Impost sobre el valor afegit del tipus de 21% | | |
| IVA NORMAL (21%) 21% s/ 53,30 | | 11,19 € |
| **TOTAL IMPORT FACTURA** | | **64,49 €** |

**Fig. 2.20.** Detall d'una factura de subministrament d'electricitat

- Les **taxes** (peatges d'accés, lloguer d'equips de mesura, impostos elèctrics, etc.) i l'IVA.

## ACTIVITATS

**8.** Observa el quadre de comandament i protecció del teu habitatge. Dibuixa els elements que en formen part. Identifica'n els comandaments i les característiques elèctriques.

**9.** Fes l'esquema elèctric del quadre de comandament per a una potència de 5 750 W i la instal·lació interna d'un habitatge que disposi d'una cuina, un bany, una sala d'estar i un dormitori.

## 1.4. Instal·lació de climatització

La **climatització** comprèn els conceptes de ventilació, calefacció i refrigeració. La màquina tèrmica més utilitzada és la **bomba de calor,** que extreu la calor de la zona més freda i la transfereix a la zona més calenta.

- **Actuant com a calefacció:** l'evaporador absorbeix a l'hivern la calor de l'aire de l'exterior i la cedeix a l'interior de l'habitatge a través del condensador. Aquest sistema funciona amb gran eficiència per a temperatures exteriors superiors als 4 °C.
- **Actuant com a aire condicionat:** el refredament es produeix en absorbir amb l'evaporador la calor de l'interior de l'habitatge i cedir-la a l'exterior a través del condensador.

Un altre sistema molt utilitzat per escalfar és la **calefacció per aigua calenta.** Els components principals d'aquesta instal·lació són:

- La **caldera:** té la funció d'escalfar l'aigua i fer-la circular pel circuit mitjançant una bomba. La majoria de calderes també escalfen l'aigua sanitària. Normalment, funcionen amb gas, gasoil o electricitat. Actualment s'utilitzen molt les **calderes de condensació,** que aprofiten la calor dels fums quan són evacuats per preescalfar l'aigua sanitària o del circuit de calefacció. Aquestes calderes consumeixen un 30 % menys de combustible que les convencionals.
- El **vas d'expansió:** serveix per absorbir les dilatacions que es produeixen per l'escalfament de l'aigua.
- El **circuit de distribució:** està format per les canonades, els radiadors o el terra radiant, que són els elements que transmeten la calor.

Actualment, hi ha habitatges que també utilitzen l'aigua calenta dels panells solars tèrmics per escalfar l'habitatge.

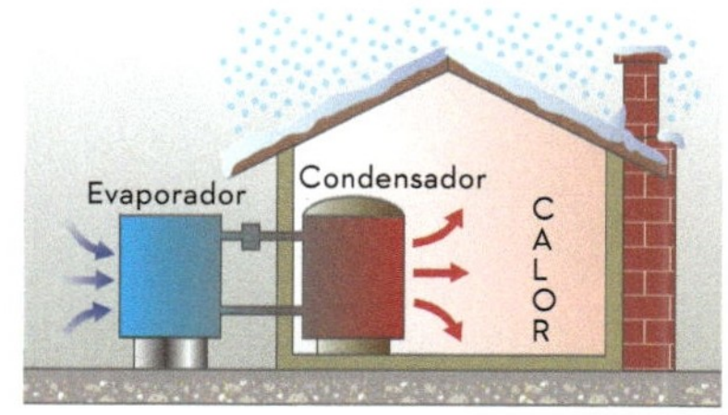


**Fig. 2.21.** Climatització a l'hivern. Calefacció

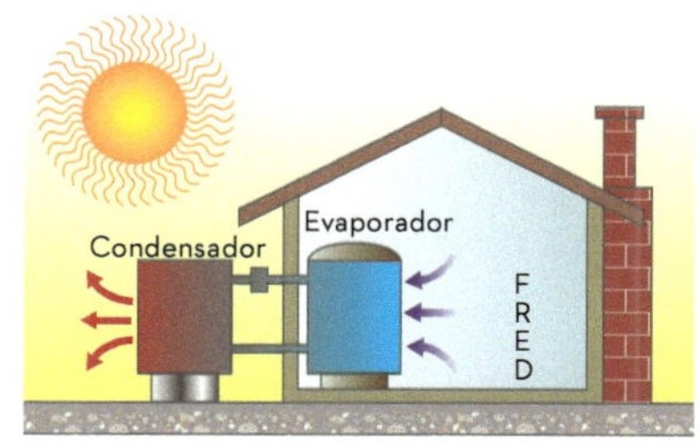


**Fig. 2.22.** Climatització a l'estiu. Aire condicionat

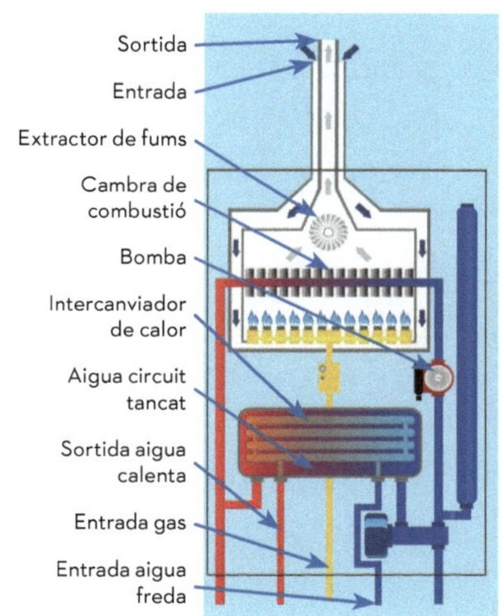


**Fig. 2.23.** Escalfador i caldera de gas

### ACTIVITATS

10. **Explica les diferències que hi ha entre calefactar, refrigerar i climatitzar un habitatge.**
11. **Explica el funcionament d'elements de transmissió de calor per convecció i per radiació en un sistema de calefacció per aigua calenta.**

## 1.5. Altres instal·lacions

A l'entorn de l'habitatge existeixen altres instal·lacions:

- **Infraestructura comuna de telecomunicacions (ICT):** abasta els serveis de telefonia, banda ampla, televisió, xarxa informàtica, multimèdia, etc.
- **Ascensor:** instal·lació elèctrica independent. Pot ser mecànic o hidràulic.
- **Parallamps:** instal·lació aïllada de derivació i connexió a terra.
- **Contra incendis:** sistema per minorar o evitar els efectes del foc.
- **Piscina:** instal·lació de neteja i depuració d'aigua tractada.

**RECORDA!**

Les xarxes de telefonia, televisió i TIC estan regulades pel **Reglament ICT** (infraestructures comunes de telecomunicacions) i pel **REBT** en aspectes relacionats amb la seguretat elèctrica.

**Fig. 2.24.** Innovació de nous materials en la construcció

**RECURSOS**

- dec.upc.edu/laboratoris
- cidetec.es
- youtu.be/kNNaArRGEx4
- youtu.be/MFDUJoonc-4
- blog.is-arquitectura.es

**RECORDA!**

Cal evitar realitzar obertures i regates horitzontals en qualsevol element estructural, perquè així redueixen la resistència d'aquests elements.

# 2 El manteniment de l'habitatge

## 2.1. Manteniment i reparació de l'habitatge

El manteniment i les reparacions a l'habitatge són necessaris per allargar la seva vida útil i mantenir un estàndard de confort al llarg del temps. També redueix els consums d'electricitat, gas i aigua.

Avui dia hi ha molts materials emprats en la construcció d'habitatges, però la necessitat d'obtenir **nous materials** ha fet que hi hagi una imparable recerca conjunta per part d'empreses i universitats. Són exemples d'un sector innovador:

- El centre tecnològic IK4-CIDETEC (Euskadi) ha aconseguit un **material polimèric** que pot autoreparar-se, sense necessitat d'una acció externa.
- Les universitats de Cardiff, Cambridge i Bath participen en un projecte per a la creació d'un **formigó** amb capacitat d'autoreparar-se amb l'ajuda d'uns bacteris que produeixen roca calcària amb el contacte amb l'aigua.
- L'Institut Tecnològic de Massachusetts (MIT) ha dissenyat un **maó ecològic,** barat i no contaminant. Està compost de cendres de paper i cartró reciclat, argila i altres elements, i s'endureix a temperatura ambient.
- El Museu Guggenheim de Bilbao utilitza làmines de titani per recobrir la seva estructura externa. Alguns centres d'investigació estan treballant en l'aplicació del **grafè** en solucions constructives de molt alta resistència.
- El Grup Tecnològic d'Estructures de la Universitat Politècnica de Catalunya ha desenvolupat un **formigó biològic** que permet el creixement de microorganismes adaptats a l'entorn, evitant el creixement d'altres tipus de vegetació que podrien fer malbé els elements constructius.

## 2.2. Elements estructurals

Els elements estructurals d'un habitatge estan destinats a suportar els esforços de l'edifici. Els elements de l'estructura poden ser:

- **Verticals:** pilars, columnes i parets de càrrega.
- **Horitzontals:** jàsseres, bigues i forjats.

Els materials més utilitzats són el **formigó armat,** l'**acer** i la **ceràmica** per fer parets de càrrega.

| *L'estructura d'un habitatge pot quedar afectada per* | *Operacions de manteniment a l'abast dels usuaris* |
|---|---|
| • Excés de càrrega. S'han d'evitar sobrecàrregues en els forjats superiors a 2 kN/m² per a habitacions i a 1,5 kN/m² per a terrats.<br>• La pèrdua de resistència del sòl. A causa d'una baixa compactació del terreny, a aigües subterrànies o per obres en terrenys adjacents.<br>• Deteriorament prematur dels materials. **Carbonatació** i **aluminosi** en el cas del formigó. Fongs, corcs i **tèrmits** en el cas de la fusta. **Òxid** en el cas de l'acer. | • Pintar els pilars, les columnes, les jàsseres i les bigues d'acer per evitar oxidacions.<br>• En elements de fusta, utilitzar vernissos i laques amb fungicides i insecticides contra els fongs, els corcs i els tèrmits.<br>• Utilitzar pintures ignífugues per augmentar la resistència al foc, i en el cas d'exteriors, pintures resistents a la humitat i als raigs ultraviolats. |
| La valoració de l'estat de l'estructura d'un habitatge correspon a un arquitecte o arquitecte tècnic, i la seva reparació, a una empresa especialitzada. | |

**Taula 2.5.** Manteniment d'elements estructurals

## 2.3. Cobertes, tancaments i revestiments

Les **cobertes** les formen les teulades, els terrats i les terrasses. Es construeixen amb una capa de tela asfàltica o una làmina de material sintètic que impedeix les filtracions d'aigua.

| *Principals problemes de les cobertes* | *Operacions de manteniment a l'abast de l'usuari* |
|---|---|
| Filtracions d'**humitats** o goteres:<br>• Si provenen de la teulada, cal encarregar la reparació a una empresa especialitzada.<br>• En el cas de terrasses, hi ha operacions de manteniment a l'abast de l'usuari. | • Neteja de desguassos i canalons de teulada per evitar que s'acumulin fulles o brutícia que pugui embussar el desguàs.<br>• Substituir peces ceràmiques trencades o renovar les juntes de dilatació del paviment.<br>• Pintar, utilitzant pintures hidrofugants o pintures que contenen PVC. |

**Taula 2.6.** Manteniment de cobertes

Els **tancaments** els formen la façana, les parets de càrrega i els envans interiors. Tenen la funció d'aïllar verticalment l'edifici, i també decorativa.

| *Principals problemes dels tancaments* | *Operacions de manteniment a l'abast de l'usuari* |
|---|---|
| • Esquerdes per dilatació o moviments.<br>• Bombaments o irregularitats.<br>• Despreniments d'elements de la façana. | • Les façanes arrebossades necessiten ser pintades sovint, amb pintures especials.<br>• La substitució de peces o d'elements trencats.<br>• Pintar amb esmalt sostres d'estances amb humitat elevada com la cuina i els lavabos.<br>• Portes, finestres i baranes de balcons, recobrir-les amb pintures resistents a la humitat i als raigs ultraviolats. |
| És important el manteniment dels elements externs de la façana per raons de seguretat, ja que poden caure a la via pública. La rehabilitació de façanes ha de ser realitzada per empreses especialitzades. | |

**Taula 2.7.** Manteniment de tancaments

Els **revestiments** tenen una funció decorativa, aïllant i higiènica.

| *Principals problemes dels revestiments* | *Operacions de manteniment a l'abast de l'usuari* |
|---|---|
| • Les esquerdes en les parets afecten els revestiments o els elements de fixació.<br>• Juntes de dilatació insuficients.<br>• La fusta natural es veu molt afectada per la humitat.<br>• La tenacitat d'alguns elements ceràmics. | • Ceràmiques i parquet de fusta artificial, només cal neteja regular i substituir les peces trencades.<br>• La pedra tallada natural o artificial com el terratzo cal polir-la. També caldrà renovar les juntes aplicant ciment diluït.<br>• Parquet de fusta natural, necessita neteja freqüent i reparació de ratllades. Cal evitar els raigs solars i controlar la humitat.<br>• El material tèxtil requereix neteja freqüent i substitució en cas de deteriorament. |

**Taula 2.8.** Manteniment de revestiments

### ACTIVITATS

**12. Identifica quines tasques de manteniment són necessàries o s'estan realitzant en cada cas.**

**Fig. 2.25.a.**

**Fig. 2.25.b.**

**Fig. 2.25.c.**

**Fig. 2.25.d**

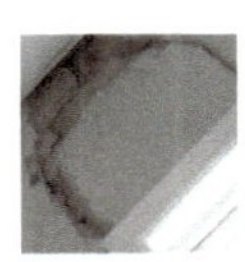
**Fig. 2.25.e.**

**Fig. 2.25.f.**

**Fig. 2.25.g.**

## 2.4. Instal·lacions

### A. Manteniment de la instal·lació d'electricitat

La reparació i el manteniment de la instal·lació d'electricitat l'ha de realitzar personal qualificat a causa de la seva perillositat.

| ***Mesures d'estalvi*** | ***Tècniques de manteniment*** |
|---|---|
| • Prioritzar l'ús de sistemes d'il·luminació de baix consum.<br>• Adquirir electrodomèstics d'alta eficiència energètica. | • Cada mes cal accionar el polsador de prova de l'interruptor diferencial (ID).<br>• Revisió visual d'actuadors i de comandaments.<br>• Revisió i test de protecció per sobretensions.<br>• Comprovar el funcionament dels llums d'emergència. |
| ***Mesures de seguretat*** | |
| • Connectar les clavilles amb presa de terra a endolls que també disposin de presa de terra.<br>• No connectar molts aparells en un mateix endoll; pot provocar un sobreescalfament, i, per tant, un perill d'incendi.<br>• Quan endollem electrodomèstics cal evitar l'ús d'allargadors i de connexions múltiples. | • Cal evitar acostar aparells elèctrics prop de la banyera, dutxa o lavabo. No s'han de manipular mai aparells elèctrics amb les mans o peus mullats, o amb el terra humit.<br>• En cas de necessitar manipular la instal·lació elèctrica, s'ha de fer sense tensió, desconnectant el diferencial i comprovant l'absència d'electricitat.<br>• No empalmar cables elèctrics. Utilitzar allargadors amb clavilles de connexió. |

**Taula 2.9.** Manteniment d'instal·lacions elèctriques

### B. Manteniment de la instal·lació de gas

A la instal·lació de gas, a causa de la seva perillositat, el manteniment i la reparació l'ha de fer personal qualificat.

La llei obliga l'usuari a realitzar una inspecció de la instal·lació cada 4 anys en el cas de gas canalitzat i cada 5 anys si és gas en bombones. Aquesta revisió només la pot fer un tècnic autoritzat.

| ***Mesures d'estalvi*** | ***Tècniques de manteniment*** |
|---|---|
| • Aturar els fogons uns moments abans d'acabar la cocció per aprofitar la calor residual.<br>• La flama no ha de sobresortir del fons dels recipients.<br>• En sistemes de calderes de calefacció, mantenir una temperatura interior de 20 ºC.<br>• Cuinar amb olla de pressió. | • Mantenir netes i lliures d'obstacles les reixetes de ventilació que hi ha en les estances<br>• Comprovar les claus de pas, per evitar que es bloquegin.<br>• Revisar visualment les canalitzacions interiors de gas.<br>• No utilitzar els tubs de gas per suportar o penjar objectes.<br>• Comprovar la data de caducitat de les connexions flexibles. En el cas de tubs de goma, s'han de canviar cada 5 anys. |
| ***Mesures de seguretat*** | |
| • Els escalfadors i les calderes han de tenir una sortida de fums adient.<br>• Si la caldera es troba a la cuina, cal aturar-la quan funcioni la campana extractora, ja que pot fer que els fums de la caldera entrin a la cuina.<br>• És recomanable l'ús de sensors de gas on està ubicada la cuina o la caldera. | • En els gasodomèstics cal observar el color de la flama. Ha de ser blava, un color vermell o groguenc indica una mala combustió.<br>• Si notes olor de gas, no obris llums ni toquis el timbre. Obre immediatament finestres i portes per ventilar. Tanca les claus de pas del gas. |

**Taula 2.10.** Manteniment d'instal·lacions de gas

## C. Manteniment de la instal·lació d'aigua

Els principals problemes de la instal·lació d'aigua vénen provocats per la **calç de l'aigua** i les **fuites.**

- **L'aigua conté sals,** la més important de les quals el carbonat càlcic ($CaCO_3$). La quantitat de sals de calci i de magnesi que conté l'aigua es coneix com **grau de duresa.** Per minorar els problemes produïts per la calç s'utilitzen sistemes descalcificadors **electromagnètics** i d'**intercanvi iònic.**
- Les **fuites** són causades per problemes d'estanquitat en les unions de canonades, en vàlvules i aixetes.

**Fig. 2.26.** Airejador d'aigua

| ***Mesures d'estalvi*** | ***Tècniques de manteniment*** |
|---|---|
| • Utilitzar airejadors i reductors de cabal a les aixetes.<br>• Instal·lar mecanismes de doble descàrrega al vàter.<br>• Utilitzar electrodomèstics de baix consum d'aigua.<br>• Adequar el sabó a la duresa de l'aigua de la zona.<br>• No utilitzar més sabó del necessari i el recomanat pel fabricant segons la duresa de l'aigua. | • Cal accionar les claus de pas periòdicament per evitar que la calç les bloquegi.<br>• Neteja i substitució d'airejadors i de reguladors de cabal.<br>• Revisió dels tubs flexibles de connexió (rentadora, rentaplats, lavabos, vàter, bidet, aigüera). Es recomana substitució preventiva cada 5 anys. |
| ***Mesures de seguretat*** | |
| • En cas de fuita d'aigua cal desconnectar la instal·lació elèctrica. | • En períodes d'absència cal tancar la clau de pas general de l'aigua. |

**Taula 2.11.** Manteniment d'instal·lacions d'aigua

## D. Manteniment de la instal·lació de sanejament

Les obturacions a la xarxa de sanejament generalment són causades per la presència de restes de menjar, cabells, incrustacions de les restes de sabó o productes que haguem pogut llençar al vàter.

Com a mesura de manteniment preventiu cal **netejar periòdicament** els desguassos d'aigüeres, safareigs, dutxes, lavabos, patis, terrasses i terrats.

Aquest manteniment és necessari per tal d'**evitar obturacions** que puguin provocar inundacions o la inutilització de la instal·lació.

**Fig. 2.27.** Desembussador de goma

## ACTIVITATS

**13.** **Indica actituds personals que afavoreixin l'estalvi energètic i d'aigua al teu habitatge.**

**14.** **Fes un informe sobre les normes de seguretat de les instal·lacions elèctriques a les cambres de bany.**

**15.** **En el cas que l'aigüera o el lavabo presentin dificultat en l'evacuació de l'aigua, quines opcions tens per desembussar-lo?**

**16.** **Busca informació sobre la il·luminació amb leds. A continuació, fes una relació de les potències (W) de tots els punts de llum que tens a casa. Un cop hagis elaborat la relació de les potències, calcula aproximadament l'estalvi energètic que aconseguiries substituint els sistemes d'il·luminació actual per tecnologia led en un període de funcionament de 1 000 h.**

**Fig. 2.28.** Sistema domòtic

# 3 Domòtica

Els sistemes electrònics de gestió d'energia, d'automatització i de seguretat per a edificis i habitatges s'identifiquen amb les inicials **HBES** *(Home Building Electronic Systems)*. L'ús d'aquests sistemes en la gestió intel·ligent d'edificis s'anomena **immòtica**. L'aplicació i instal·lació d'aquests sistemes en els habitatges s'anomena **domòtica.**

La domòtica abasta la gestió de quatre grans àrees :

| ***Control energètic*** | ***Automatització i gestió del confort*** |
|---|---|
| • Climatització intel·ligent. Temperatura i humitat. | • Control intel·ligent de finestres, persianes, tendals. |
| • Optimització del consum segons el sistema tarifari. | • Centralització de la gestió d'enllumenat. |
| • Adequació de la il·luminació. | • Gestió remota de sistemes de climatització. |
| • Gestió d'energies renovables. | • Fil musical, serveis horaris, despertador, etc. |
| • Gestió de sistemes meteorològics. | • Recursos multimèdia i Internet. |
| ***Sistemes de comunicació*** | ***Seguretat*** |
| • Gestió i transmissió d'alarmes. | • Control i gestió d'accessos. Simulació de presència. |
| • Intercomunicació interna i externa. | • Prevenció de situacions de risc. |
| • Gestió de recursos multimèdia i Internet. | • Gestió d'alarmes per foc, fum, gas, inundació, etc. |
| • Manteniment remot. | • Gestió d'alertes mèdiques, accidents, teleassistència. |

**Taula 2.12.** Àrees d'un sistema domòtic

Un sistema domòtic està format pels elements següents:

- **Sensors:** també anomenats captadors o detectors. Són elements físics que proporcionen informació al sistema. Transformen una variable física en un senyal elèctric. Exemples: sensor de fum, d'aigua, detector de gas...
- **Sistema de control:** actuarà segons un algorisme o programa introduït a la memòria. S'encarrega de recollir la informació dels sensors, processar-la i enviar les ordres corresponents als actuadors. Aquest element també interactua amb l'exterior i amb els usuaris.
- **Actuadors:** són els dispositius que reben la informació del sistema de control centralitzat o dels mateixos sensors i modifiquen l'estat dels equips o instal·lacions a què estan connectats. Exemples: relés, electrovàlvules, sirenes, etc. En alguns casos, els sensors i l'actuador estan integrats en el mateix dispositiu.

**Fig. 2.29.** Habitatge intel·ligent

## ACTIVITATS

**17.** **Cerca cinc sensors diferents que podries instal·lar en un habitatge per interactuar amb un sistema domòtic. A continuació, digues a quins actuadors els associaries.**

**18.** **Els electrodomèstics intel·ligents són un element més en el concepte de casa intel·ligent *(Smart Home)*. Presenta i explica un exemple d'un electrodomèstic intel·ligent.**

**POSA'T A PROVA!**

## AUDITORIA DE CONSUMS A L'HABITATGE

Una important empresa immobiliària disposa de 15 habitatges de lloguer. Com a mesura d'estalvi i de compromís mediambiental, ha demanat fer un estudi d'estalvi energètic i d'aigua d'un d'aquests. Cada habitatge disposa de les instal·lacions següents:

- Aixetes monobloc i vàters amb descàrrega simple, amb un consum diari mitjà de 320 l. Uns 100 l corresponen al vàter.
- 25 bombetes halògenes de 50 W cadascuna i amb una mitjana de funcionament de 5 hores diàries.
- Els consums energètics per cicle de rentat d'una rentadora són 1,75 kWh i 65 l d'aigua. En el cas del rentaplats, 1,80 kWh i 45 l. Establim una mitjana setmanal de 4 cicles de rentat.
- Disposen d'un frigorífic amb un consum diari d'1,3 kWh.
- Una caldera d'aigua calenta i de calefacció, amb un consum diari per aigua calenta d'1 m³ de gas. El consum diari de calefacció és de 3 m³ de gas, només durant 4 mesos a l'any.

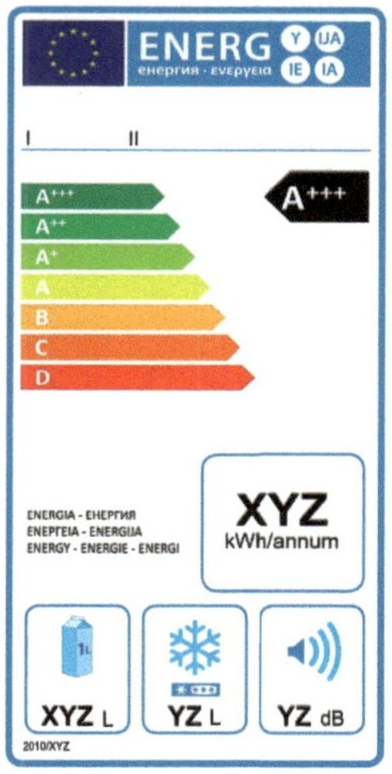


**Fig. 2.30.** Etiqueta d'eficiència energètica d'un electrodomèstic

Has de crear un full de càlcul amb els camps següents:

| Aparell | Classificació energètica | Consum diari | Cost econòmic unitari (2) | Cost diari (1) | Consum anual (1) | Cost anual (1) | IVA anual (1) |
|---|---|---|---|---|---|---|---|

(1) Valors calculats per al full de càlcul, amb fórmula.

(2) Consultar els costos actuals del kWh , del m³ d'aigua o del m³ de gas.

*a)* Fes una nova valoració de costos i consums si es pretén fer les substitucions següents:

- Modificar tots els llums d'incandescència i halògens per sistemes de tecnologia led, amb un consum unitari de 6 W.
- La nova rentadora té un consum de 0,875 kWh i 42 l d'aigua per cicle, i el nou rentaplats té un consum de 0,95 kWh i 31 l d'aigua per cicle. El consum de la nova nevera és de 0,8 kWh dia.
- Canvi de caldera mixta de combustió per una de condensació, amb un estalvi del 30 % de consum.
- Substituir per aixetes monocomandament amb un estalvi de prop del 12 % del consum diari.
- Incloure airejadors i reductors de cabal en les aixetes ha permès una reducció del consum del 27 %.
- Modificar els mecanismes del vàter per un de doble descàrrega permet reduir 50 l d'aigua diaris.

*b)* Calcula l'estalvi de consums i econòmic dels canvis proposats en relació amb l'estat actual de les instal·lacions d'aquest habitatge. Quins serien els valors de l'estalvi per als 15 habitatges de què disposa la immobiliària?

## ACTIVITATS FINALS

1. Descriu les condicions que han de garantir els components d'una instal·lació d'aigua.

2. Quins són els materials més utilitzats per a la fabricació de canonades d'aigua?

3. Identifica els tipus d'aixetes que et presentem.

Fig. 2.31.a.

Fig. 2.31.b.

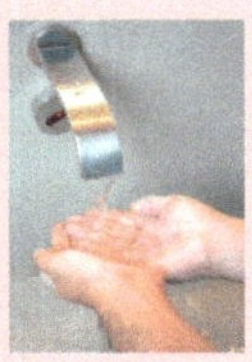

Fig. 2.31.c.

Fig. 2.31.d.

4. Per a què serveixen les claus de pas d'aigua? On les podem trobar en una instal·lació d'aigua a casa?

5. Analitza una factura d'aigua i digues quins són els conceptes que es tenen en compte per calcular la quantitat a pagar.

6. Identifica els símbols de la xarxa d'aigua sanitària de la taula següent.

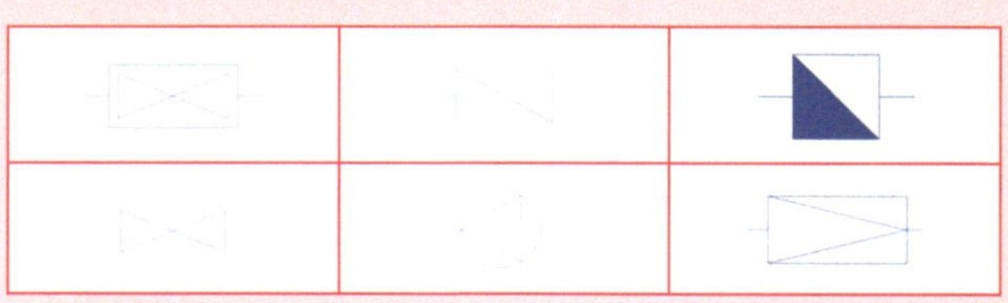

**Taula 2.13.** Símbols d'instal·lacions d'aigua

7. Descriu els elements que formen una xarxa de sanejament.

8. Fes un dibuix de la secció d'un vàter o d'un rentamans on s'apreciï el tancament hidràulic que forma l'aigua en el sifó.

9. Identifica els elements següents de la xarxa de sanejament.

Fig. 2.32.a.

Fig. 2.32.b.

Fig. 2.32.c.

Fig. 2.32.d.

10. Com s'anomenen els aparells que funcionen amb gas? Posa'n tres exemples.

11. Identifica els elements principals de l'escalfador i la caldera d'aigua.

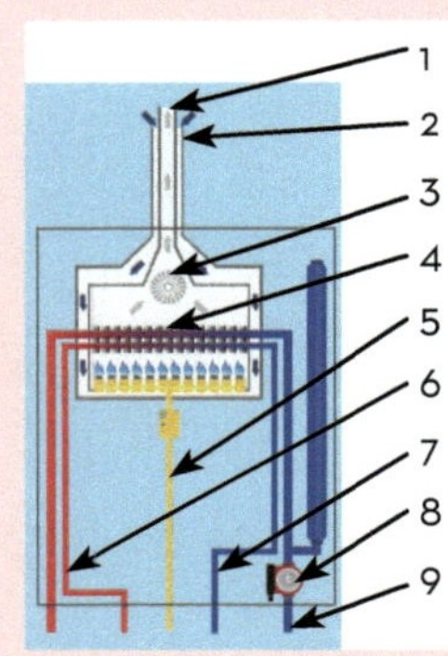


**Fig. 2.33.** Escalfador i caldera d'aigua

12. Quins són els gasos de combustió més utilitzats als habitatges?

13. De quin color es pinten les canonades del gas natural segons normativa?

14. Identifica els símbols de la instal·lació de gas.

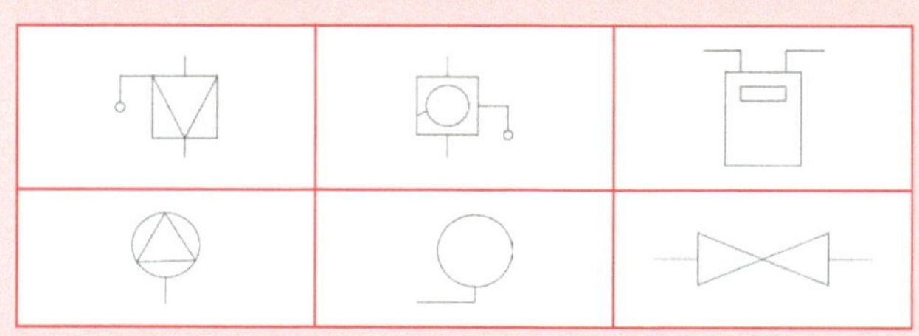

**Taula 2.14.** Símbols de la instal·lació de gas

**15.** **Què volen dir les sigles GLP en l'àmbit de les instal·lacions de gas?**

**16.** **Identifica els components elèctrics següents:**

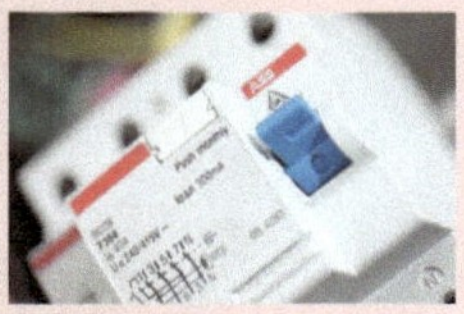

**Fig. 2.34.a.**

**Fig. 2.34.b.**

**Fig. 2.34.c.**

**Fig. 2.34.d.**

**17.** **Completa les frases.**

*a)* La funció de ........................ és limitar la potència consumida perquè no superi el valor màxim contractat.

*b)* L'aparell encarregat de protegir les persones de descàrregues elèctriques s'anomena ........................ .

*c)* Els aparells encarregats de protegir cada un dels circuïts de sobrecàrregues i curtcircuits s'anomenen ........................ .

*d)* El ........................ connecta la presa de terra de l'edifici amb la connexió de terra de la instal·lació interior de l'habitatge.

*e)* El reglament que indica com s'han de fer les instal·lacions elèctriques perquè siguin segures s'anomena ........................ .

*f)* Els colors que identifiquen els conductors són: per a la fase el ................, ................ o ................, per al neutre el ................ i per al de terra el ................ .

**18.** **En quines unitats mesura un comptador elèctric l'energia elèctrica consumida?**

**19.** **Per quines dues instal·lacions està formada la instal·lació elèctrica d'un habitatge?**

**20.** **Identifica els símbols de la instal·lació elèctrica de la taula següent.**

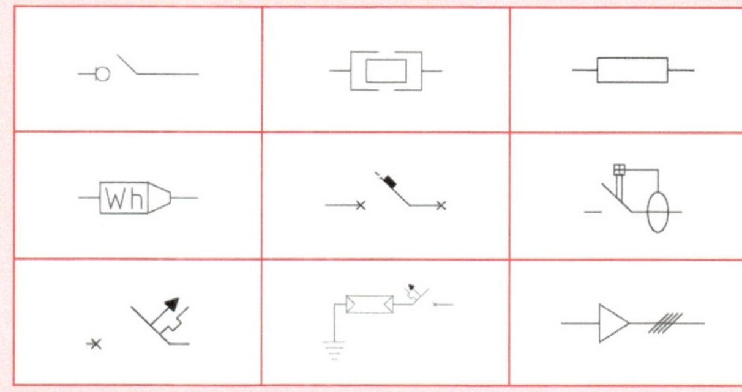


**Taula 2.15.** Simbologia elèctrica

**21.** **Descriu el funcionament de la bomba de calor actuant en mode calefacció.**

**22.** **Descriu els components més importants d'un circuit de calefacció per aigua calenta.**

**23.** **Per quines causes pot quedar afectada l'estructura d'un habitatge?**

**24.** **Enumera algunes tasques de manteniment que puguin fer els usuaris en les cobertes i els tancaments d'un habitatge.**

**25.** **Quines són les causes que provoquen els principals problemes en una instal·lació d'aigua?**

**26.** **Com es coneix a la quantitat de sals de calci i de magnesi que conté l'aigua?**

**27.** **Indica cinc accions que es puguin dur a terme per aconseguir un estalvi del consum d'aigua en l'habitatge.**

**28.** **Enumera algunes accions que puguis dur a terme per evitar problemes d'obturacions a la xarxa de sanejament.**

**29.** **Cada quants anys s'ha de fer una inspecció obligatòria de la instal·lació de gas canalitzat? I de la instal·lació de gas en bombones? Qui les ha de fer?**

# 3 COMUNICACIONS I XARXES

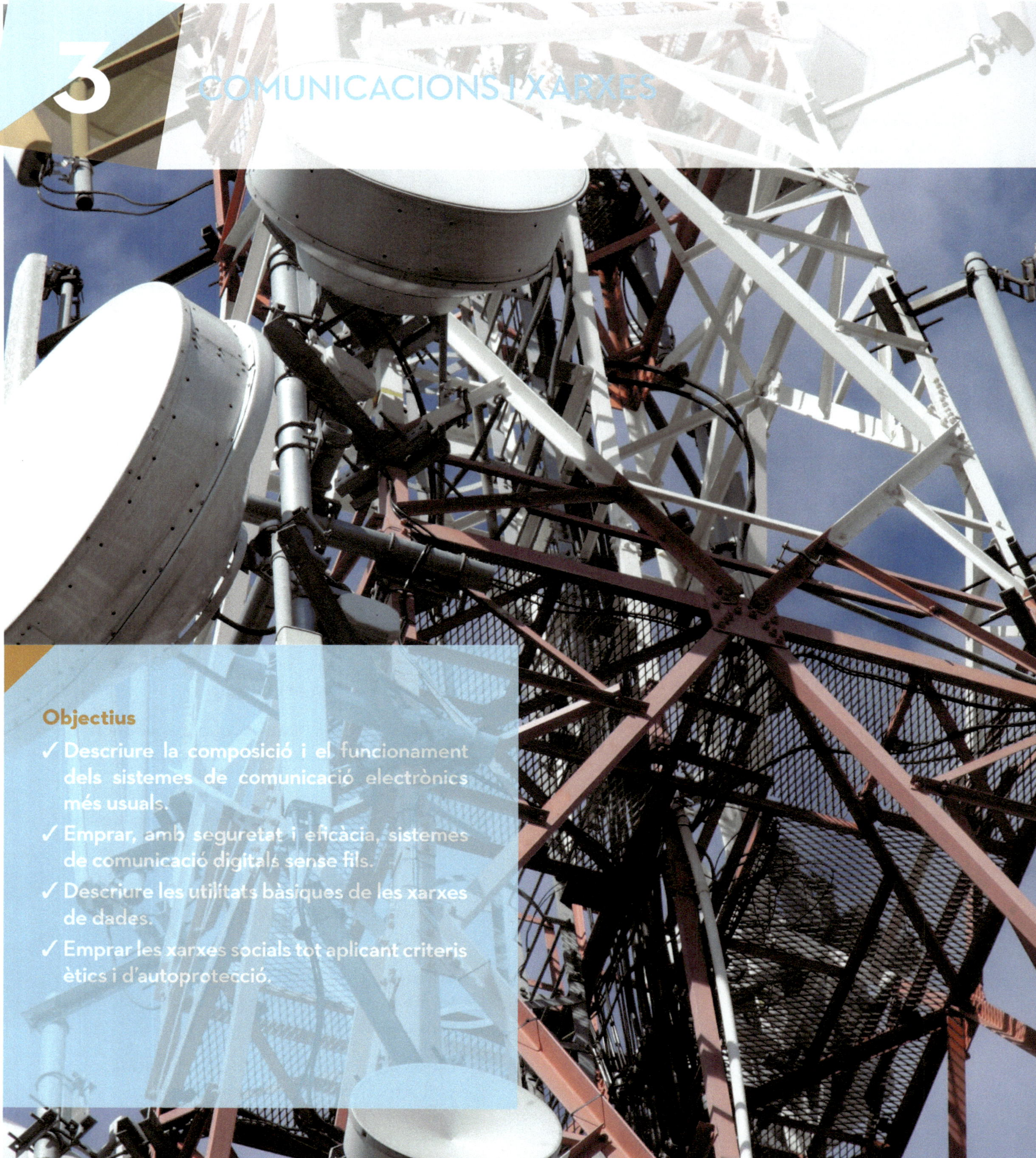

### Objectius

- ✓ Descriure la composició i el funcionament dels sistemes de comunicació electrònics més usuals.
- ✓ Emprar, amb seguretat i eficàcia, sistemes de comunicació digitals sense fils.
- ✓ Descriure les utilitats bàsiques de les xarxes de dades.
- ✓ Emprar les xarxes socials tot aplicant criteris ètics i d'autoprotecció.

## Sumari



# QUÈ EN SAPS?

A la imatge que acompanya aquest text hi pots veure una torre de comunicacions amb diferents tipus d'antenes. Unes són receptores de senyals radioelèctrics, d'altres n'emeten, unes tenen forma cilíndrica, d'altres són parabòliques i d'altres tenen la forma de barnilla. L'orientació de les antenes, entre altres factors, n'és un de molt important per a la seva eficiència. Per aquest motiu, ocupen posicions específiques en la torre.

Les comunicacions radioelèctriques són indispensables quan les distàncies a cobrir són molt grans i fer-ho a través de cable no és viable, i encara més quan es tracta de comunicar dispositius que no tenen una ubicació específica. És el cas de l'emissió i recepció de ràdio comercial, comunicacions aeronàutiques i marítimes, telefonia mòbil, sistema GPS i altres aplicacions.

La comunicació sense fils conviu amb la comunicació amb fils, de coure i de fibra òptica. Un complex entramat de connexions permet la intercomunicació de diferents parts del planeta.

Sabries dir a quin tipus de serveis responen cadascuna de les diferents antenes que apareixen a la imatge?

# 1 Les comunicacions per cable

## 1.1. Canals de comunicació

Les **comunicacions per cable** poden establir-se a través de les tecnologies de cable de coure i de fibra òptica.

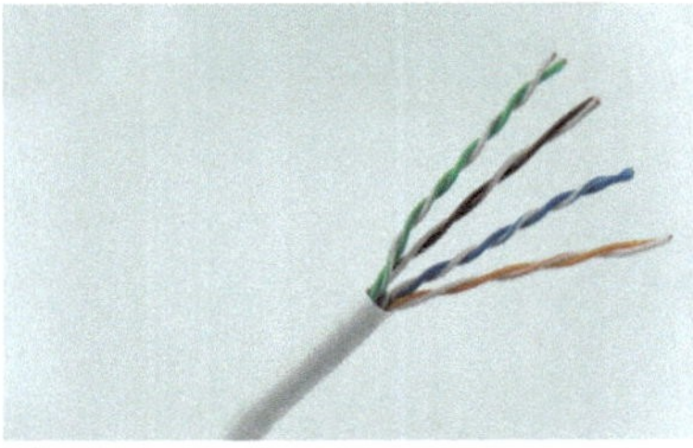

**Fig. 3.1.** Cable de parells trenats

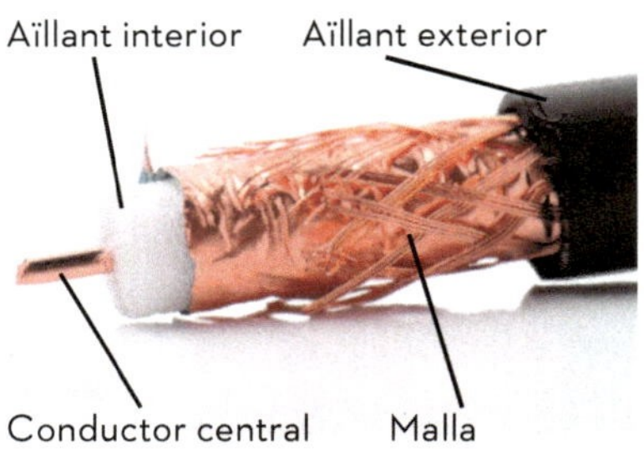


**Fig. 3.2.** Cable coaxial

En els **cables de coure,** la informació viatja en senyals elèctrics, que poden ser analògics o digitals. N'hi ha diferents tipus: parell trenat i cable coaxial.

- El **parell trenat** està constituït per dos cables aïllats, que es trenen entre si per reduir les interferències que puguin generar. Se'l pot trobar en instal·lacions de telefonia internes o externes i també en cables de xarxa local (LAN). En grans distàncies tenen pèrdues en la qualitat del senyal.
- El **cable coaxial** està format per dos cables de coure concèntrics separats per una capa aïllant i recobert per un aïllant. El cable més exterior té forma de malla i recobreix totalment el perímetre del cable interior. El cable coaxial té aquesta constitució per tal de ser més immune a les interferències externes i internes, ja que la malla actua de blindatge, seguint el principi de la **gàbia de Faraday.** Està destinat a transmetre senyals d'alta freqüència. És comú trobar-lo en cables d'equips d'àudio i en baixants d'antenes de ràdio i de televisió.

En la **fibra òptica,** la informació viatja en impulsos de llum a través d'un filament de vidre (sílice), el qual actua de guia del feix de llum que la travessa a gran velocitat. El feix de llum està generat per un emissor làser o per un led. Aquest feix de llum es transmet a través de la fibra per reflexió i la fibra actua com un tub que no deixa escapar la llum. Al final de la línia de transmissió, el receptor descodifica els impulsos de llum per recuperar la informació.

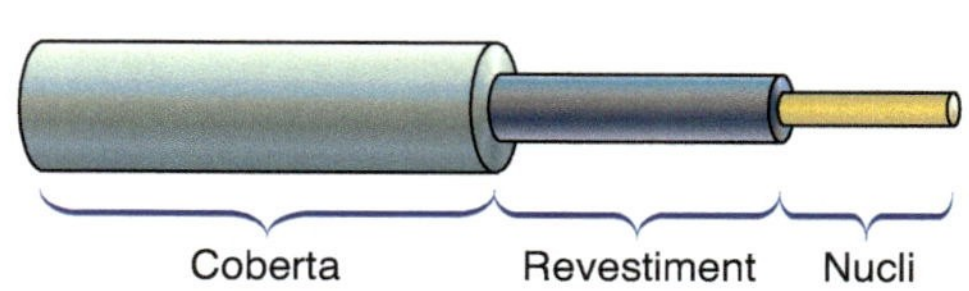


**Fig. 3.3.** Composició d'un cable de fibra òptica

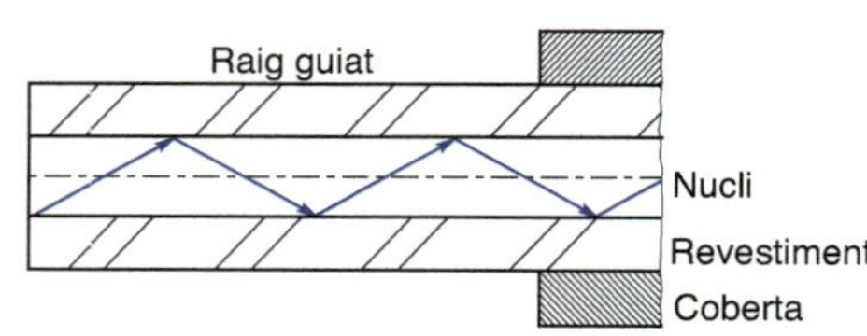


**Fig. 3.4.** Transmissió del feix de llum a l'interior d'un cable de fibra òptica

Atès que als cables de fibra òptica el senyal va perdent intensitat a mesura que avança, fenomen que es coneix com a «pèrdues», cal disposar al llarg del recorregut, i cada certa distància, d'uns dispositius amplificadors que regenerin el senyal. A més, en els extrems de la línia ha d'haver-hi uns dispositius convertidors que transformin el senyal elèctric a òptic i viceversa.

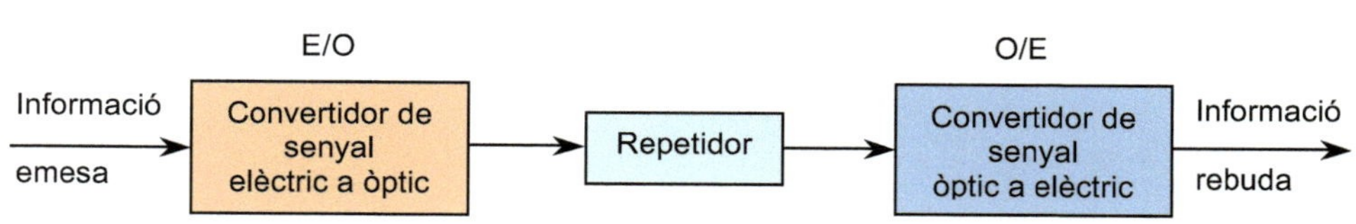


**Fig. 3.5.** Sistema de transmissió de fibra òptica

### SABIES QUE...

La **gàbia de Faraday** consisteix a crear un espai envoltat d'un material conductor o d'una malla, que té la propietat de no deixar entrar ni sortir cap camp elèctric ni electromagnètic, ja que actua com a protecció o blindatge radioelèctric.

### WEB

En aquesta web hi trobaràs un interactiu que mostra el funcionament de la **fibra òptica.**

**bit.ly/1NWtRSz**

Els avantatges de la fibra òptica són:

- Gran capacitat de transmissió de dades **(amplada de banda).**
- Elevada velocitat de transferència de la informació.
- Insensibilitat a les interferències electromagnètiques.
- Fiabilitat i seguretat.

Els diferents continents i illes del planeta estan interconnectats per una impressionant xarxa de **cables submarins** de comunicacions de veu i de dades. Els més antics són coaxials de coure i els més moderns són de fibra òptica.

## EXPERIMENTA I PRACTICA

**Et proposem de muntar un cable que et permetrà connectar la sortida d'auriculars del teu mòbil a un equip d'àudio, per amplificar la música. Per muntar-lo necessitaràs el material següent:**

- 1 m de cable paral·lel apantallat (coaxial) de 2 x 0,25 mm$^2$.
- Clavilla minijack estèreo de 3,5 mm de diàmetre.
- 2 clavilles RCA de colors diferents.

**A més, hauràs de disposar de: soldador, estany i tisores d'electricista.**

**Procediment:**

*1)* Separa els extrems del cable coaxial una longitud d'1 cm per una banda i 10 cm per l'altra. Elimina 1 cm de capa aïllant superior dels quatre extrems, separa la malla i la trenes sobre ella mateixa, pela uns 3 mm de l'aïllant del nucli. Estanya tots els extrems de coure.

*2)* Treu el protector de les clavilles i estanya els terminals amb molt de compte per no escampar l'estany als terminals propers.

*3)* Incorpora els protectors de les clavilles als cables.

*4)* Realitza la soldadura dels cables als terminals sense afegir-hi estany.

*a)*

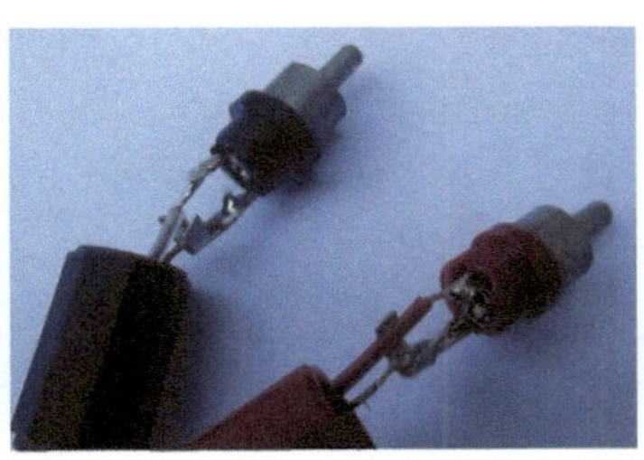

*b)*

*c)*

**Fig. 3.6.** *a)* Cable paral·lel apantallat; *b)* Clavilles RCA; *c)* Clavilla minijack 3,5 mm

### SABIES QUE...

L'**amplada de banda** és una característica dels sistemes de comunicació que mesura la quantitat d'informació, o de dades, que poden transmetre en un període de temps. S'expressa en bits per segon (bps), kilobits per segon (kbps), megabits per segon (Mbps), gigabits per segon (Gbps) i terabits per segon (Tbps).

### WEB

El web *Submarine Cable Map* permet veure els traçats dels cables submarins a escala planetària i interaccionar per saber-ne el nom, els punts interconnectats, la longitud i l'empresa propietària.

**submarinecablemap.com/**

## ACTIVITATS

**1.** **Esbrina quins cables submarins surten de Catalunya, de quina població surten i on van, quin any es van instal·lar i el nom de l'empresa propietària.**

**2.** **De quin país europeu surten la major part de cables submarins que connecten Europa amb Amèrica?**

VÍDEO

Aquest vídeo et presenta el funcionament de **la xarxa telefònica.**

**bit.ly/1mP7p4T**

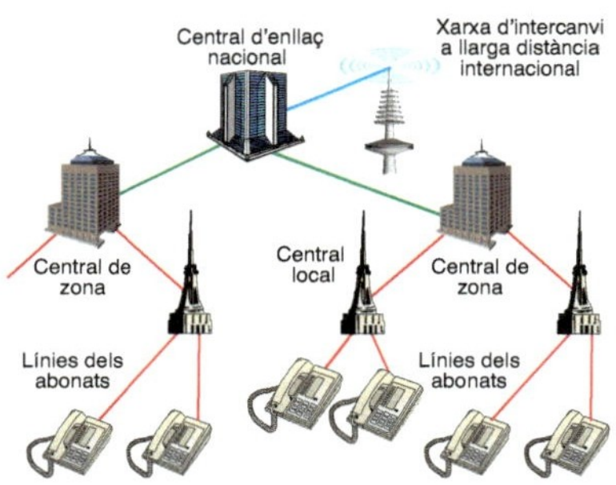


**Fig. 3.7.** Xarxa telefònica

PER SABER-NE MÉS

L'aplicació Skype empra la tecnologia VoIP per realitzar trucades sense cost, entre usuaris de l'aplicació, i trucades amb cost reduït a telèfons convencionals i mòbils.

Permet també la realització de xats escrits i de videotrucades.

Es pot emprar des de dispositius mòbils amb connexió de dades o des d'ordinadors connectats a Internet.

**skype.com/es**

## 1.2. Les centrals telefòniques

Les comunicacions de veu es gestionen de manera automàtica des de les **centrals telefòniques** que s'organitzen de forma jerarquitzada. En primer terme, cada telèfon fix es connecta a la seva central de zona amb un parell de cables (bucle d'abonat) i aquesta central es connecta amb d'altres de la mateixa categoria (locals) o superior (regionals), i així successivament fins a completar la xarxa telefònica d'un país, que al seu torn es connecta amb centrals internacionals.

A les centrals telefòniques, uns equips electrònics, anomenats **commutadors,** dirigeixen les trucades de l'emissor al receptor cercant automàticament el camí de central a central, d'acord amb la numeració de l'abonat receptor. S'estableix una connexió punt a punt bidireccional mentre es manté la conversa. Els cables d'interconnexió entre centrals o **enllaços** (de fibra òptica o coaxials de coure) suporten el trànsit de comunicacions de totes les converses que es produeixen simultàniament; per tant, són connexions que han de tenir una gran amplada de banda.

Les centrals telefòniques també gestionen el trànsit de dades a través de la mateixa línia de veu amb la tecnologia **ADSL,** acrònim d'***Asymmetric digital subscriber line*** (línia asimètrica digital d'abonat), que aprofita la instal·lació de coure de l'abonat per mantenir simultàniament converses de veu i transferència de dades. Rep el nom d'asimètrica perquè la velocitat de baixada de dades no és igual que la de pujada, que és molt més baixa. En una línia ADSL s'estableixen tres canals de comunicació:

- Canal de pujada o enviament de dades.
- Canal de baixada o recepció de dades.
- Canal de servei de veu.

La progressiva implantació de la xarxa de fibra òptica en els nuclis urbans està canviant la tecnologia de connexió de l'abonat amb la xarxa telefònica.

Les empreses i institucions que disposen de molts terminals telefònics tenen **centraletes telefòniques privades** per gestionar el trànsit intern i extern de trucades. Disposen de serveis com ara trucades entre terminals interns, derivació de trucades, converses a tres, etc. El trànsit intern que no passa per la xarxa externa no genera despesa econòmica.

## 1.3. Telefonia VoIP

**VoIP** és l'acrònim de **voice over *Internet protocol*,** és a dir, veu sobre un protocol d'Internet. És una tecnologia que aprofita la infraestructura de la xarxa Internet per establir connexions telefòniques de veu entre punts IP. Perquè la comunicació sigui de qualitat, sense talls ni ecos, el sistema ha de funcionar sobre una xarxa de banda ampla.

El terminal telefònic s'identifica amb una adreça IP de xarxa com un dispositiu més per tal de ser identificat. El terminal emissor converteix la veu en un senyal digital que viatja a través de la xarxa fins a un altre telèfon VoIP o fins a un telèfon tradicional. En aquest darrer cas, el senyal ha de passar diverses transformacions per adaptar-se a la xarxa telefònica convencional.

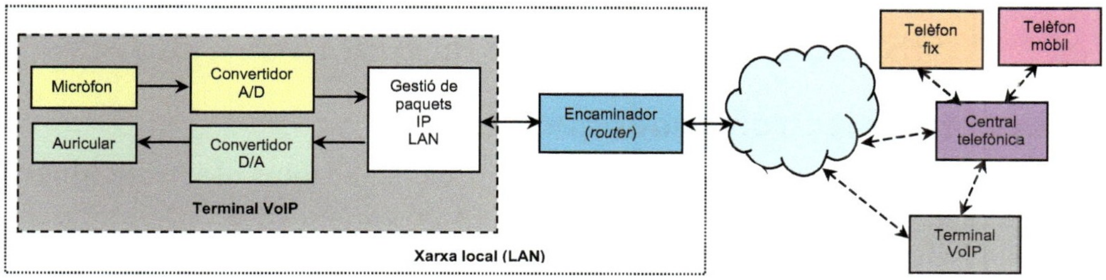


**Fig. 3.8.** Esquema de funcionament de la telefonia VoIP

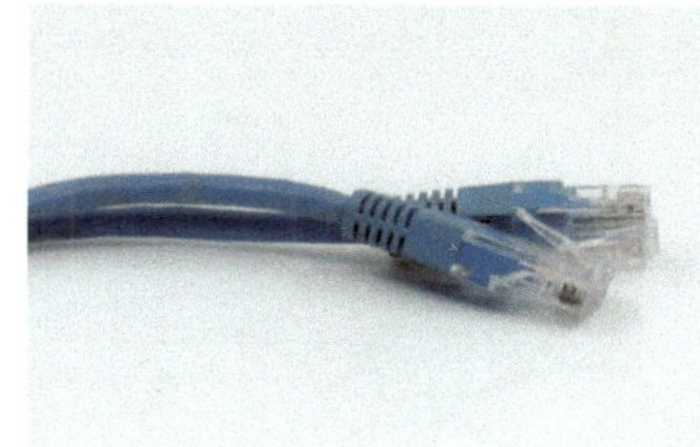

**Fig. 3.9.** Cable de xarxa amb clavilles RJ45

**Fig. 3.10.** Terminal telefònic VoIP connectat a xarxa local

Quan els serveis de dades són a través de fibra òptica, el telèfon associat a l'equip empra la tecnologia VoIP. En aquest cas, el telèfon va connectat a l'encaminador del sistema, i només pot funcionar si el sistema té alimentació elèctrica. Els terminals telefònics VoIP van connectats a través de cable de xarxa Ethernet amb connectors RJ45 i alguns necessiten un alimentador elèctric extern.

## 1.4. Televisió per cable

La televisió per cable va iniciar-se amb cable coaxial, però la tecnologia actual fa que sigui distribuïda en format digital a través de les infraestructures de xarxes de dades com l'ADSL i la fibra òptica. L'amplada de banda de la connexió és molt important per disposar d'una bona qualitat d'imatge i de so i sense interrupcions. La televisió per cable es fonamenta en l'enviament de paquets d'informació que es recomponen en el dispositiu de visualització, és la tècnica anomenada ***streaming.*** La imatge i el so arriben al receptor «comprimides» per tal de reduir-ne la grandària i així aconseguir una transferència més ràpida. Un dels estàndards emprats és l'MPG-2, el mateix que utilitza la TDT (televisió digital terrestre).

Els televisors també han evolucionat cap als televisors intel·ligents o ***Smart TV,*** que disposen de connexió a Internet i de les eines per gestionar la navegació.

### SABIES QUE...

La **compressió de vídeo digital** és una tècnica algorísmica que permet transformar un fitxer de vídeo a un altre format amb una grandària molt inferior. Això permet que la transferència per Internet sigui més ràpida. Té l'inconvenient de perdre certa qualitat d'imatge.

### ACTIVITATS

**3.** **Investiga les aplicacions que té el principi de la gàbia de Faraday.**

**4.** **Utilitza alguna de les aplicacions sobre VoIP per fer una videotrucada. Crea una llista de contactes amb altres companys i companyes de classe. Redacteu un informe tècnic del procés i el resultat obtingut.**

**5.** **Si vas de viatge a l'estranger i vols telefonar a casa teva, quin prefix d'identificació del país hauràs d'afegir al número telefònic de casa o del mòbil dels pares?**

**6.** **Si no disposes d'un televisor intel·ligent i vols veure-hi una pel·lícula amb la tècnica anomenada *streaming* amb un portàtil, quina solució et sembla que pot haver-hi?**

**7.** **Quins avantatges aporta la fibra òptica a les comunicacions?**

**8.** **Explora algunes opcions comercials de TV, o cinema, per cable. A continuació, fes un informe sobre els requeriments tècnics de cada opció, el tipus de programacions accessibles i els preus d'abonament.**

**Fig. 3.11.** Les comunicacions amb ones electromagnètiques necessiten infraestructures

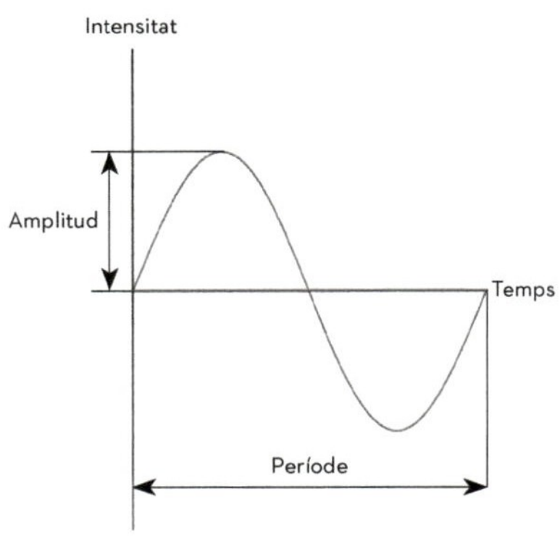


**Fig. 3.12.** Representació d'una ona sinusoïdal

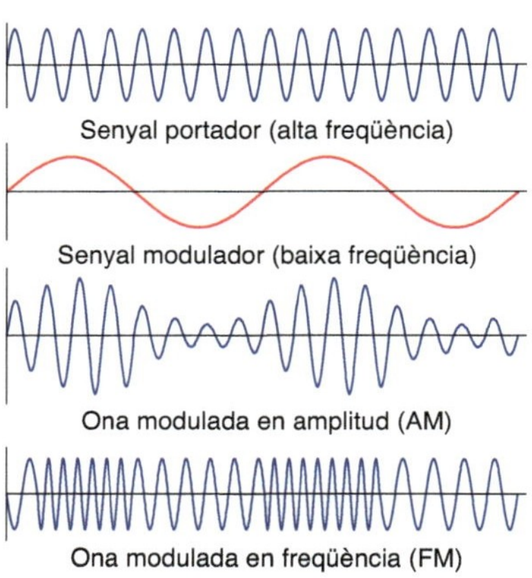


**Fig. 3.13.** Modulació analògica d'amplitud i de freqüència

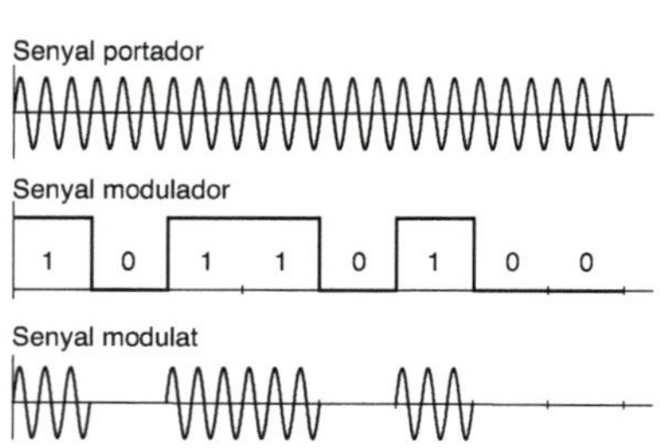


**Fig. 3.14.** Modulació digital ASK

# 2 Les comunicacions sense cable

## A. Les ones electromagnètiques

Les comunicacions sense cable es basen en l'ús de les **ones electromagnètiques** que es propaguen a través de l'aire i de l'espai. Aquesta propietat dóna la llibertat d'ubicació de l'emissor i del receptor, amb les restriccions de distància i de propagació pròpies d'aquesta tecnologia.

Les ones electromagnètiques estan formades per un camp elèctric i un camp magnètic que varien periòdicament en el temps. Les ones es representen com oscil·lacions en què es distingeixen dos paràmetres, un per eix, l'amplitud i el període, i un paràmetre derivat, la freqüència:

**Amplitud:** intensitat del senyal.

**Període** *(T)*: és el temps que tarda el senyal a fer un cicle complet.

**Freqüència** *(f)*: nombre de cicles que completa el senyal en un segon. Es mesura en hertz (Hz), que equival a un cicle per segon. Hi ha diferents múltiples de l'hertz: kHz, MHz, GHz, THz. Freqüència i període estan relacionats:

$$f = \frac{1}{T}$$

La freqüència d'1 hertz equival a un període d'1 segon.

En les comunicacions per ones electromagnètiques, la **freqüència** de l'ona determina el canal de transmissió i les propietats de propagació.

L'ona actua de **portadora de la informació,** per això se la considera el canal de transmissió. La informació s'incorpora a l'ona portadora codificada amb una tècnica de **modulació,** el resultat de la qual és un senyal complex. Hi ha diferents tècniques, segons sigui el tipus d'informació, analògica o digital, i la forma de codificació de l'ona portadora.

## B. La modulació

Les dues **modulacions analògiques** (fig. 3.13) més conegudes són la **modulació d'amplitud** (AM) i la **modulació de freqüència** (FM), que ja vam tractar al llibre de tercer. La radiodifusió comercial emet en aquestes dues modulacions, especialment en FM.

La **modulació digital** és una tècnica de modulació més complexa que aprofita millor el canal de comunicació. Un sistema molt simple per codificar els dos valors binaris, 0 i 1, és no emetre la portadora per transmetre un 0, i emetre la portadora per transmetre un 1. Aquesta modulació (fig. 3.14) rep el nom d'***ASK (amplitude shift keying).***

La TDT empra una codificació digital molt complexa anomenada ***COFDM (coded orthogonal frequency division multiplexing)*** que es caracteritza per disposar d'una amplada de banda molt elevada i incorpora un sistema de correcció d'errors en el receptor. Globalment, proporciona una qualitat de transmissió molt elevada i permet disposar de més canals simultàniament.

## C. L'espectre radioelèctric

L'**espectre radioelèctric** o de radiofreqüència (RF) és una part de l'espectre electromagnètic que ordena, tècnicament i legal, les diferents freqüències per a usos específics.

| *Radiofreqüència* | *Microones* | *Infraroja* | *Visible* |
|---|---|---|---|
| 0,1-300 MHz | 0,3-300 GHz | 0,3-385 THz | 385-750 THz |

**Taula 3.1.** Espectre electromagnètic

La *International Telecommunication Union* (ITU) ha establert una ordenació de l'espectre radioelèctric internacionalment.

| *Banda* | *Sigles* | *Freqüències* | *Aplicacions* |
|---|---|---|---|
| Freqüència ultrabaixa | ULF | 300-3 000 Hz | Comunicacions amb submarins<br>Balises per a allaus |
| Freqüència molt baixa | VLF | 3-30 kHz | Telegrafia. Telefonia |
| Freqüència baixa | LF | 30-300 kHz | Navegació<br>Radiodifusió AM d'ona llarga |
| Freqüència mitjana | MF | 300-3 000 kHz | Navegació<br>Radiodifusió AM d'ona mitjana |
| Freqüència alta | HF | 3-30 MHz | Radiodifusió AM d'ona curta<br>Radioaficionats |
| Freqüència molt alta | VHF | 30-300 MHz | Radiodifusió FM i televisió<br>Aeronàutica. Radioaficionats<br>Comunicacions mòbils |
| Freqüència ultraalta | UHF | 300-3 000 MHz | Radiodifusió FM i televisió<br>Aeronàutica<br>Comunicacions mòbils. GPS |
| Freqüència superalta | SHF | 3-30 GHz | Comunicacions satèl·lits<br>Telefonia mòbil per satèl·lit |
| Freqüència extremament alta | EHF | 30-300 GHz | Radioastronomia |

**Taula 3.2.** Espectre radioelèctric. Segons la ITU

## D. La propagació i les antenes

Les ones poden emetre's a nivell de superfície terrestre (ona de superfície), però els obstacles físics limiten la seva propagació, especialment les ones de baixa freqüència. Les ones d'alta freqüència tenen més facilitat per superar-los.

Si les ones s'orienten cap a l'atmosfera, a la part alta, entre 70 km i 800 km, es troben amb la **ionosfera,** que actua de barrera per a les ones de freqüència inferior a 30 MHz i les reflecteix amb el mateix angle que incideixen. Aquesta propietat permet establir comunicacions entre punts distants més enllà del que deixa la curvatura terrestre. Per aquest motiu, en receptors d'ona curta es poden rebre emissores molt llunyanes.

Les **antenes** són una part fonamental en qualsevol equip de radiocomunicació, atès que d'aquestes en depèn una bona propagació i una bona sensibilitat de recepció. Les antenes estan dissenyades amb materials conductors, com l'alumini, i tenen com a objectiu radiar o captar la màxima quantitat d'energia electromagnètica.

VÍDEO

Aquest vídeo et presenta les **ones electromagnètiques.**

**bit.ly/1OuTHdv**

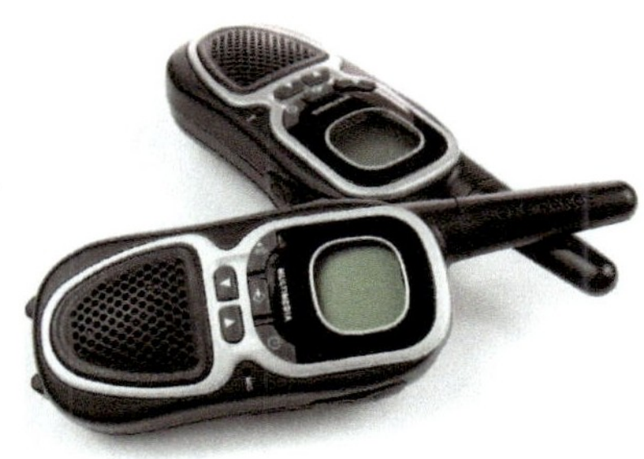

**Fig. 3.15.** Els *walkie-talkie* (transceptor) operen a HF o VHF, segons el model.

**Fig. 3.16.** Emissora de radioaficionat

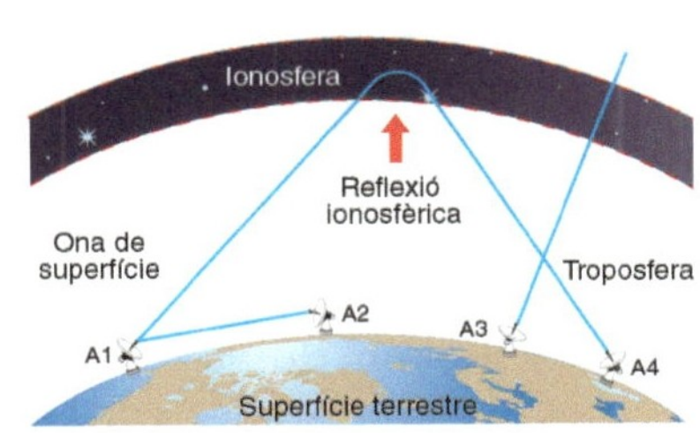


**Fig. 3.17.** Comunicació per ona de superfície entre antena A1 i antena A2, i amb reflexió ionosfèrica entre A1 i A4

## VÍDEO

Aquest vídeo et presenta el funcionament de les **antenes.**

**bit.ly/1RTdhqw**

La **direccionalitat** és una de les característiques que determinen el seu comportament i la seva aplicació.

Les **antenes direccionals** emprades en emissió emeten cap a una regió delimitada de manera molt eficaç. En recepció, permeten tenir una elevada sensibilitat i guany quan s'orienten directament cap a l'antena emissora. Aquest és el cas de les antenes de televisió terrestre i de satèl·lit. Per obtenir la millor recepció sempre han d'orientar-se en dos eixos, el vertical i l'horitzontal, buscant el punt de màxima intensitat.

En una antena parabòlica, l'element que transforma l'ona electromagnètica en una tensió elèctrica està situat en el punt geomètric del **focus de la paràbola,** just on es concentren les ones reflectides.

*a)* *b)* *c)*

**Fig. 3.18.** *a)* Antena direccional receptora de TV terrestre; *b)* Antena parabòlica de recepció per satèl·lit; *c)* Concentració de les ones en el focus d'una antena parabòlica

**Fig. 3.19.** Aparells que utilitzen antenes omnidireccionals.
*a)* Receptor de ràdio; *b)* Encaminador *(router)* i punt d'accés Wi-Fi

Les **antenes omnidireccionals** estan destinades a aplicacions en què l'emissor i/o el receptor poden variar de posició. Això fa que la propagació s'hagi de fer en totes les direccions i que l'aparell receptor hagi de tenir molta sensibilitat. Aquest sistema demana que l'antena emissora emeti amb més potència per poder abastar més territori. També es poden posar diverses antenes orientades de manera que cobreixin tots els punts cardinals. Empren antenes omnidireccionals els receptors de ràdio, els telèfons mòbils, els ***walkie-talkie,*** els encaminadors i dispositius que es connecten per Wi-Fi.

## ACTIVITATS

**9.** **Determina quines són les freqüències límit que es poden explorar en les bandes d'FM i d'AM d'un receptor de ràdio convencional.**

**10.** **Esbrina per què l'aplicació de ràdio d'un telèfon mòbil només pot funcionar amb els auriculars connectats.**

**11.** **Explica per què convé situar les antenes en punts elevats.**

**12.** **Esbrina en quines freqüències operen els telèfons mòbils GSM i 3G/UMTS i ubica-les a les bandes de la taula 3.2. Explica per què no utilitzen freqüències més baixes.**

**13.** **Explica quin tipus d'antena equipen els *walkie-talkie* i per què han de ser d'aquest tipus.**

**14.** **Un veí ens ha comentat que la seva Wi-Fi no li arriba bé al menjador. Té l'encaminador *(router)* amb el punt d'accés instal·lat a l'altra part del pis. Què li recomanaries per millorar la cobertura a tot el pis sense fer una despesa considerable?**

**15.** **Per resoldre la situació esmentada a l'activitat anterior, una solució pot ser la instal·lació d'un repetidor Wi-Fi domèstic. Esbrina com funciona, com s'instal·la i quin preu pot tenir. Addicionalment, cerca què és un repetidor PLC.**

## 2.1. Radiocomunicació

La radiocomunicació és una de les principals aplicacions de les ones electromagnètiques que permet establir connexió entre punts fixos o punts mòbils, i es poden crear xarxes específiques. Entre aquestes hi trobem: protecció civil, navegació marítima, navegació aèria, radioaficionats, radiotaxi.

Cada una d'aquestes empra bandes de freqüències i modulacions específiques segons les seves necessitats. Algunes encripten les comunicacions perquè si són interceptades no puguin ser utilitzades il·legalment.

Operar en algunes d'aquestes bandes requereix formació tècnica i autoritzacions o llicències oficials. En la major part, la comunicació és del tipus **semidúplex *(half-duplex)*,** això vol dir que no pot haver-hi diàleg simultani, sinó un missatge unidireccional i, a continuació, la resposta; és el sistema emprat en els ***walkie-talkie*.** En canvi, en un sistema **dúplex *(full-duplex)*,** la conversa pot ser simultània, però necessita ocupar dos canals de freqüència per cada una de les comunicacions; és el cas dels telèfons mòbils.

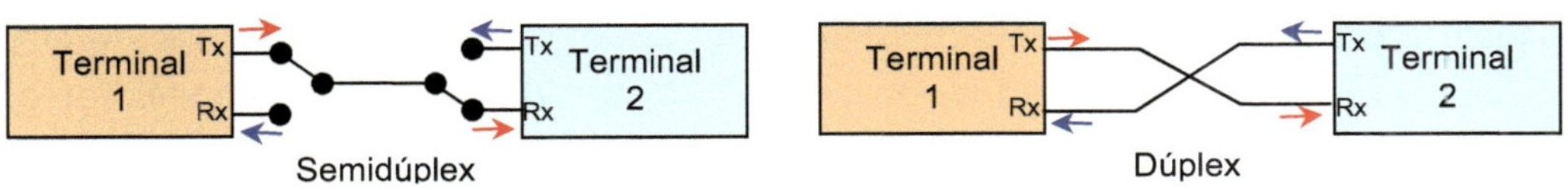


**Fig. 3.20.** Modalitats de comunicació. *a)* Semidúplex; *b)* Dúplex

### INVESTIGA I EXPLORA

**En els avions comercials a vegades és possible escoltar algun fragment de conversa entre el pilot i la torre de control de l'aeroport d'on surt o a on arriba. Aquestes converses són imprescindibles per regular el trànsit aeri.**

**L'aplicació *LiveATC Coverage Map* dóna accés a les comunicacions dels avions amb les torres de control d'aeroports d'arreu del món. Les pots escoltar tal com es produeixen. En fer clic en el nom de l'aeroport, baixa un fitxer amb extensió .pls que en obrir-lo amb un reproductor multimèdia realitza la connexió d'àudio. Intenta desxifrar algun dels missatges i quin tipus de comunicació s'estableix, semidúplex o dúplex.**

## 2.2. Comunicacions per satèl·lit

Els satèl·lits de comunicacions han suposat un avenç tecnològic que ha permès superar les limitacions en les comunicacions per ones de superfície a més d'aportar nous serveis. Aquests satèl·lits tenen **posicions geoestacionàries** a 36 000 km, és a dir, mantenen la seva posició relativa respecte de la Terra, de manera que cobreixen sempre les mateixes zones. Per mantenir-se operatius s'alimenten d'energia solar que capten amb plaques fotovoltaiques. El senyal de pujada és d'una freqüència més elevada que el del senyal de baixada per no interferir-se.

Les aplicacions dels satèl·lits de comunicacions són: telefonia mòbil directa, reemissió de canals de ràdio i televisió, reemissió de senyals de telecomunicació de veu i dades, connexió a Internet.

### PER SABER-NE MÉS

En radiocomunicació és habitual parlar de la **longitud d'ona (λ).** És un paràmetre derivat de la freqüència d'una ona que expressa la distància entre dos pics d'aquesta en termes de longitud. Es calcula a partir de la velocitat de propagació de les ones electromagnètiques, la velocitat de la llum.

$$\lambda\,(m) = \frac{299\,792\ km/s}{f\,(kHz)}$$

Per exemple, la banda de radioaficionats de longitud d'ona de 2 m correspon a la freqüència de 144 MHz.

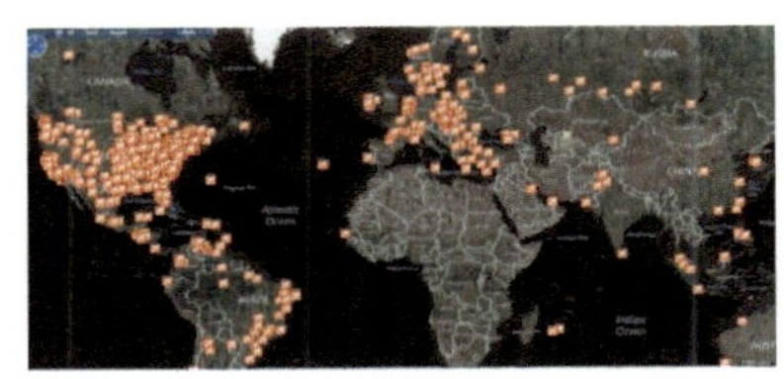

**Fig. 3.21.** Aplicació *LiveATC Coverage Map*.
**bit.ly/1UCrshM**

**Fig. 3.22.** Satèl·lit de comunicacions amb plaques solars fotovoltaiques i antena parabòlica

## 2.3. Wi-Fi i Bluetooth

**Wi-Fi *(Wireless fidelity)*** i **Bluetooth** són dues tecnologies destinades a comunicar dispositius digitals per radiofreqüència. Les dues treballen a 2,4 GHz en canals diferents per no interferir-se. La Wi-Fi també treballa a 5GHz.

La tecnologia Wi-Fi s'empra per generar accés sense fils a xarxes locals per intercanviar dades i accedir a Internet. Un punt d'accés pot arribar a tenir una cobertura d'uns 20 m en l'interior d'un edifici, i un centenar en camp obert. La taxa de transferència pot estar, segons l'estàndard, entre 11 i 54 Mbps.

La tecnologia Bluetooth està destinada a interconnectar dispositius mòbils per intercanviar dades. En la versió 4.0 té una taxa de transferència màxima de 32 Mbps, consumeix poca energia, porta una codificació que fa segura la comunicació i pot tenir un camp d'acció de fins a 20 m.

**Fig. 3.23.** Receptor d'infraroig

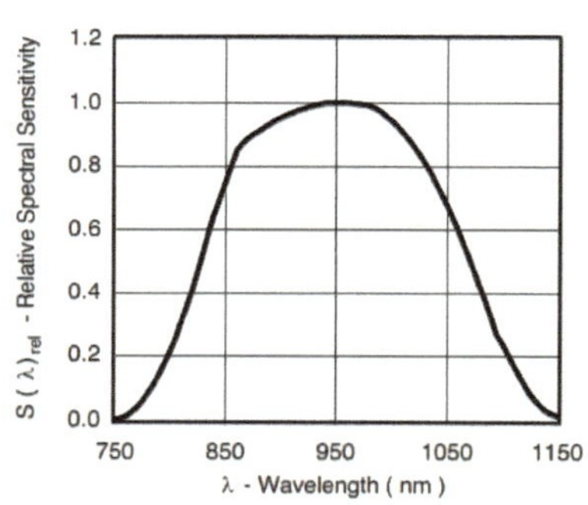


**Fig. 3.24.** Corba de resposta d'un receptor d'infraroig

## 2.4. Comunicació per infraroigs

L'infraroig és una radiació electromagnètica en el rang de freqüències de 0,3 a 385 THz, o d'una longitud d'ona entre 700 nm (nanòmetres) i 1 mil·límetre. Està en l'espectre inferior a la llum visible del color vermell.

La **radiació infraroja** (IR), en el rang d'entre 800 a 1 000 nm, s'aprofita per transmetre informació a distàncies curtes i no interfereix ni es veu interferida per les ones de ràdio ni per la llum ambiental. Això fa que sigui idònia per comunicacions a curta distància i amb recursos tecnològics simples. La radiació és molt direccional i la seva propagació es veu afectada pels obstacles.

El sistema de comunicació consta d'un díode emissor de llum infraroja i d'un fotodíode o fototransistor sensible a la radiació infraroja. L'emissor emet impulsos de llum que són rebuts pel receptor.

S'empra en els comandaments a distància d'aparells domèstics amb un sistema de codificació preestablert que permeti la diferenciació d'ordres de comandament i la compatibilitat amb altres dispositius simultàniament.

### ACTIVITATS

16. Explica la diferència entre una comunicació semidúplex i una de dúplex. Posa un exemple d'aplicació de cada una d'aquestes.

17. La banda ciutadana (CB) és una banda a la freqüència de 27 MHz que serveix per a comunicacions personals. A quina longitud d'ona correspon?

18. Cerca informació sobre les característiques i els usos de la banda ciutadana. Fes-ne un informe.

19. ASTRA és la marca d'un conjunt de satèl·lits de comunicacions que permet la recepció de canals de TV i de ràdio a la nostra latitud. Entra al web de l'empresa que els gestiona: **www.onastra.es.** Esbrina a quina posició orbital s'ha d'orientar la parabòlica i quants canals es poden rebre a Espanya.

20. Cerca informació i fes un informe de què cal per instal·lar una antena parabòlica i orientar-la per sintonitzar un satèl·lit Astra.

# 3 Les xarxes de comunicació

La comunicació en xarxa s'ha convertit en una realitat en creixent expansió que ha esdevingut una eina amb una gran potencialitat pel que fa a la difusió i la gestió de la informació. Les infraestructures físiques i lògiques de les xarxes han permès fer un salt impressionant basat en les tecnologies digitals. La **connectivitat** en l'àmbit físic és un suport imprescindible per a la creació d'una xarxa, que amb els **protocols de comunicació,** el **programari de xarxa,** i les tecnologies de la comunicació esdevenen un instrument que interconnecta el món.

**Fig. 3.25.** Sala de monitoratge i control d'un procés industrial

Les **xarxes industrials** permeten que les màquines intercanviïn informació per gestionar eficaçment la producció en una planta o en tota una empresa, optimitzant la productivitat, la gestió d'estocs de material produït i del material en magatzem. El sistema de gestió ***Just in time*** (JIT) requereix d'una potent xarxa per coordinar tot el procés, des de la compra d'un article fins al seu lliurament.

Les **xarxes basades en Internet** han obert la possibilitat del **treball cooperatiu** i **col·laboratiu** entre persones d'una mateixa organització i entre organitzacions (empresa, escola, comerç, club, ONG).

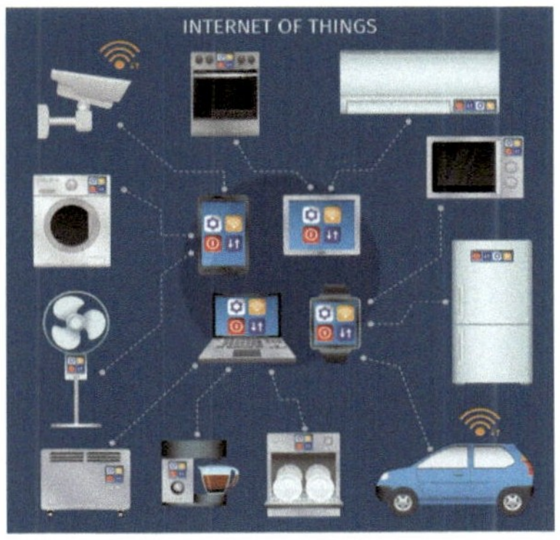


**Fig. 3.26.** La internet de les coses permetrà la interconnexió d'objectes a través d'Internet

La **internet de les coses *(internet of things, IoT)*** és el terme amb què es designa la interconnexió d'objectes quotidians amb dispositius intel·ligents connectats a la xarxa Internet per tal de proporcionar dades sobre l'estat del dispositiu, i gestionar-les en xarxa.

## 3.1. Xarxes socials

Les **xarxes socials** posen en contacte persones per afinitats, interessos, relacions personals o laborals. Són un instrument de comunicació de masses que pot ser emprat de moltes maneres. Una xarxa social permet triar entre una **gestió privada i una gestió pública de la informació.** En una xarxa social, una part de la informació pot restringir-se a un contacte o a un grup de contactes, i una altra part ser oberta a tothom. És convenient afegir com a contactes només persones que coneguem realment.

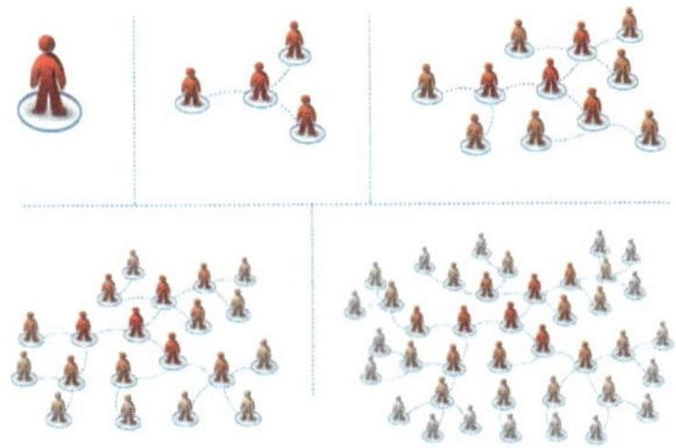

**Fig. 3.27.** Les xarxes socials interconnecten milions de persones.

Algunes xarxes socials han estat pensades específicament per establir relacions personals d'amistat, d'aficions, d'opinió, com **Facebook** i **Twitter,** i d'altres, per establir contacte de perfils professionals com **Linkedin.** A banda, altres entorns han incorporat la potencialitat de les xarxes socials, com **Google+, Youtube, WhatsApp** o **Line.** Algunes han sorgit directament de la compartició d'imatges com **Flicker** i **Instagram.**

## 3.2. Seguretat i privacitat de les dades

La seguretat i la privacitat de les dades són primordials en un món cada vegada més interconnectat per les quals hem de vetllar.

Les **xarxes Wi-Fi amb accés restringit** tenen sistemes amb diferent grau de protecció que es determinen en la configuració del punt d'accés.

Navegar a través de les xarxes **Wi-Fi obertes** exposa les nostres dades a ser capturades de manera il·legal. Per aquest motiu, és aconsellable usar-les amb precaució i navegar amb un sistema de **xarxa privada virtual VPN *(virtual private network)*** que estableix un connexió segura.

Per incrementar la **seguretat** de la Wi-Fi, en el punt d'accés cal:

- Modificar el protocol de seguretat a WPA2 i xifrat AES o superiors.
- Canviar la contrasenya inicial de l'equip per una contrasenya segura (incloure-hi majúscules, minúscules i nombres).
- Canviar el nom per defecte de la xarxa per un que no identifiqui la companyia que ens presta el servei.

En una **xarxa social,** cada usuari ha de crear el seu **perfil** amb les dades personals que l'identifiquen. Cal ser curosos amb la difusió de dades personals, especialment en el cas de menors, que puguin ser emprades per tercers.

En una xarxa social cal ser molt conscients que **qualsevol informació,** opinió, imatge, fotografia, vídeo o enregistrament d'àudio que es difongui **esdevé pública,** especialment si és en la part oberta a tots els usuaris. Una vegada s'ha fet una publicació, no sabem el recorregut, ni el temps, que estarà en mans d'altres usuaris.

El que és una gran aportació de les xarxes socials és alhora un risc si se'n fa un mal ús. La publicació d'imatges de tercers, informació relativa a altres persones, opinions irrespectuoses o ofensives poden ser incorrectes i, fins i tot, delicte. La facilitat i l'aparent anonimat i impunitat que ofereixen les xarxes fa pensar que tot és permès, i res més lluny de la realitat.

## APROFUNDEIX

**Ho saps tot sobre la teva responsabilitat a les xarxes locals? Et sembla que s'exagera sobre aquest tema? Doncs anem a investigar-ho.**

**Visita el web internetsegura.cat, i mira els vídeos *Una foto perillosa* i *Falses amistats.* Llegeix els textos *Les meves responsabilitats a Internet* i Normes de seguretat a les xarxes socials.**

**Fes una llista de les responsabilitats i normes de seguretat que apareixen afectades en els dos vídeos anteriors. Contrasta-la amb altres companys.**

### WEB

**Hola VPN** és una aplicació gratuïta que et proporciona navegació segura.

S'ofereix com una extensió dels navegadors Chrome, Firefox i Opera i està disponible com a aplicació per a dispositius Android i iOS.

A més d'establir una connexió segura, és una eina que permet saltar les restriccions d'Internet en els països on hi ha censura i limiten l'accés a determinats llocs web.

Aquest mecanisme, de fet, el que fa és navegar amb una IP de diferent país d'origen on estem i deriva la navegació a través d'un servei intermediari.

**Fig. 3.28. http://hola.org**

**Fig. 3.29.** En el web **internetsegura.cat** trobaràs indicacions i consells per fer un ús segur de la xarxa.

## ACTIVITATS

**21.** Per què per navegar a través d'una Wi-Fi oberta convé fer-ho a través d'una VPN?

**22.** Quines mesures cal prendre per aconseguir que una xarxa Wi-Fi sigui segura contra intromissions?

## POSA'T A PROVA!

### 1. EXPLORA INTERNET SENSE FILS

**Fig. 3.30.** Refugi d'alta muntanya

En un refugi d'alta muntanya dels Pirineus, on no hi arriba la xarxa telefònica per cable ni la tecnologia mòbil GSM/UMTS, es comuniquen amb el poble més proper i amb els serveis de protecció civil a través d'una emissora que opera a 144 MHz. Els guardes volen disposar d'accés a Internet perquè els facilitaria la seva gestió, a més de poder estar connectats permanentment i oferir la connexió als muntanyencs i les muntanyenques que hi facin estada.

Els han comentat que hi ha una tecnologia sense fils que es diu WiMAX que els podria resoldre el problema. Pots ajudar-los explicant-los en què consisteix aquesta tecnologia? Investiga i fes un informe sobre la tecnologia WiMAX.

**Fig. 3.31.** Antena WiMAX

La seva posició geogràfica i els obstacles naturals han desaconsellat finalment aquesta possibilitat. De manera alternativa, els tècnics proposen la connexió a través de satèl·lit. Investiga les característiques d'aquesta tecnologia que presta la xarxa de satèl·lits Hispasat a les empreses operadores que ofereixen aquest servei. Fes un informe de com és una instal·lació d'aquest tipus i els costos de connexió mensual que ofereixen les operadores.

### 2. CONCURS DE FOTOGRAFIA A INSTAGRAM

**Fig. 3.32.** Aplicació Instagram. **https://www.instagram.com/**

Instagram és una aplicació de xarxa social per compartir imatges i vídeos entre familiars i amics. Aquesta aplicació està suportada pels navegadors i és instal·lable en dispositius mòbils Android i iOS.

Les fotos i els vídeos, una vegada pujats, poden comentar-se, ubicar-se geogràficament i ser marcats amb una etiqueta o ***hashtag*** com a Twitter, per exemple #comunicacions.

Una vegada publicats, queden compartits amb els seguidors, els quals poden marcar «M'agrada», poden deixar-hi comentaris i compartir-los amb altres usuaris.

La cerca en l'aplicació permet localitzar: per proximitat geogràfica, per localitat, per nom d'usuari o per etiquetes ***(hashtags).***

El perfil pot configurar-se com a privat, de manera que qui vulgui accedir a la nostra col·lecció haurà de demanar-nos l'acceptació i només si se l'accepta podrà veure i compartir-lo amb nosaltres.

El professorat del Departament de Tecnologia us ha demanat que organitzeu un concurs de fotografia anomenat *TecnoFoto* emprant Instagram com a suport. Exploreu l'aplicació, redacteu-ne les normes de participació i la forma d'identificar les fotografies presentades al concurs. Comproveu-ne el funcionament i valoreu la vostra proposta.

1. **En una xarxa Wi-Fi, el xifrat més segur és:**
   *a)* WEP.
   *b)* FSK.
   *c)* CB.
   *d)* WPA2.

2. **No són ones electromagnètiques:**
   *a)* Microones.
   *b)* Infraroigs.
   *c)* Radioelèctriques.
   *d)* So.

3. **Indica quin és el mitjà o mitjans a través del qual es transmet la informació en els canals següents:**
   *a)* Cable de coure: llum, electricitat, so, senyal electromagnètic.
   *b)* Fibra òptica: llum, electricitat, so, senyal electromagnètic.
   *c)* Aire: llum, electricitat, so, senyal electromagnètic.

4. **Per enviar unes fotografies d'un telèfon mòbil a un altre proper, què és més adequat?**
   *a)* Una connexió Wi-Fi.
   *b)* Una connexió Bluetooth.
   Explica'n el motiu.

5. **En un telèfon fix, el tipus de connexió és:**
   *a)* Dúplex.
   *b)* Semidúplex.
   *c)* Extradúplex.
   *d)* Lateral dúplex.

6. **En un *walkie-talkie*, el tipus de connexió és:**
   *a)* Dúplex.
   *b)* Semidúplex.
   *c)* Extradúplex.
   *d)* Lateral dúplex.

7. **Les antenes receptores d'emissions de TV per a satèl·lits són del tipus:**
   *a)* Omnidireccional.
   *b)* Unidireccional.
   Justifica la resposta.

8. **Indica a quina banda correspon cadascuna de les freqüències de portadora següents:**
   *a)* 144 MHz.
   *b)* 27 MHz.
   *c)* 2,4 GHz.
   *d)* 90 MHz.

9. **Els satèl·lits de comunicacions solen estar en una òrbita:**
   *a)* Heliocèntrica.
   *b)* Galactocèntrica.
   *c)* Geotèrmica.
   *d)* Geoestacionària.

10. **La ionosfera és una zona de l'atmosfera terrestre que:**
    *a)* Reflecteix la llum visible.
    *b)* Reflecteix les ones de ràdio per sota de 30 MHz.
    *c)* Manté estable la temperatura del planeta.
    *d)* Orbiten els satèl·lits de comunicacions.

11. **La banda comercial d'ona mitjana (OM) emet amb modulació:**
    *a)* Analògica (AM).
    *b)* Modulada (FM).
    *c)* Digital (COFDM).
    *d)* Digital (ASK).

12. **La televisió en TDT emet amb modulació:**
    *a)* Analògica (AM).
    *b)* Modulada (FM).

c) Digital (COFDM).

d) Digital (ASK).

**13. Indica 5 normes que han de guiar l'ús de les xarxes socials.**

**14. La tecnologia de comunicació amb infraroigs és adequada per a distàncies:**

a) Petites.

b) Mitjanes.

c) Grans.

**15. A quina freqüència d'emissió correspon una longitud d'ona de 2 m?**

**16. Com més gran és la freqüència d'una ona, com és la seva longitud d'ona?**

**17. Les ones electromagnètiques es propaguen a una velocitat de:**

a) El so (331 m/s).

b) La llum (299 792 km/s).

**18. L'antena d'un telèfon mòbil és del tipus:**

a) Omnidireccional.

b) Unidireccional.

Justifica la resposta.

**19. En les comunicacions a llarga distància, per aprofitar la reflexió a les capes ionosfèriques, quines són les freqüències d'emissió més favorables?**

**20. Explica què és i per a què serveix una aplicació de xarxa privada virtual (VPN).**

**21. Quina utilitat tenen les etiquetes *(hashtags)* en l'entorn de les de xarxes socials?**

**22. Quins recursos empra la tecnologia telefònica VoIP a diferència de la telefonia convencional?**

**23. Quin tipus de cable s'empra en una xarxa local de dades (LAN)? Com és aquest cable?**

**24. Quines són les tres pautes bàsiques que cal assegurar en un punt d'accés Wi-Fi domèstic per evitar intrusions no desitjades?**

**25. Per a la recepció de la TV per satèl·lit s'empren antenes parabòliques per:**

a) Orientar millor l'antena.

b) Rebre els senyals modulats en freqüència amb més nitidesa.

c) Captar millor l'ona de superfície.

d) Obtenir la concentració del senyal radioelèctric en el seu focus.

**26. Explica quines aplicacions té la llum infraroja en el camp de les comunicacions i quins són els elements que fan possible la transmissió i recepció d'informació.**

**27. Què és i per a què s'utilitza la compressió d'imatges de vídeo?**

**28. El blindatge d'un cable, que està basat en el principi de la gàbia de Faraday, serveix per:**

a) Evitar l'entrada de radiacions de llum infraroja.

b) Desar mostres radioactives.

c) Evitar l'entrada de radiacions electromagnètiques externes.

d) Evitar la sortida de l'electricitat.

**29. En una xarxa social pots relacionar-te amb moltes persones, però a qui convé afegir com a amic o seguidor?**

**30. Quins riscos hi ha en connectar-se a una Wi-Fi oberta?**

**31. Explica com es connecta una xarxa local a Internet.**

# 4 ELECTRÒNICA

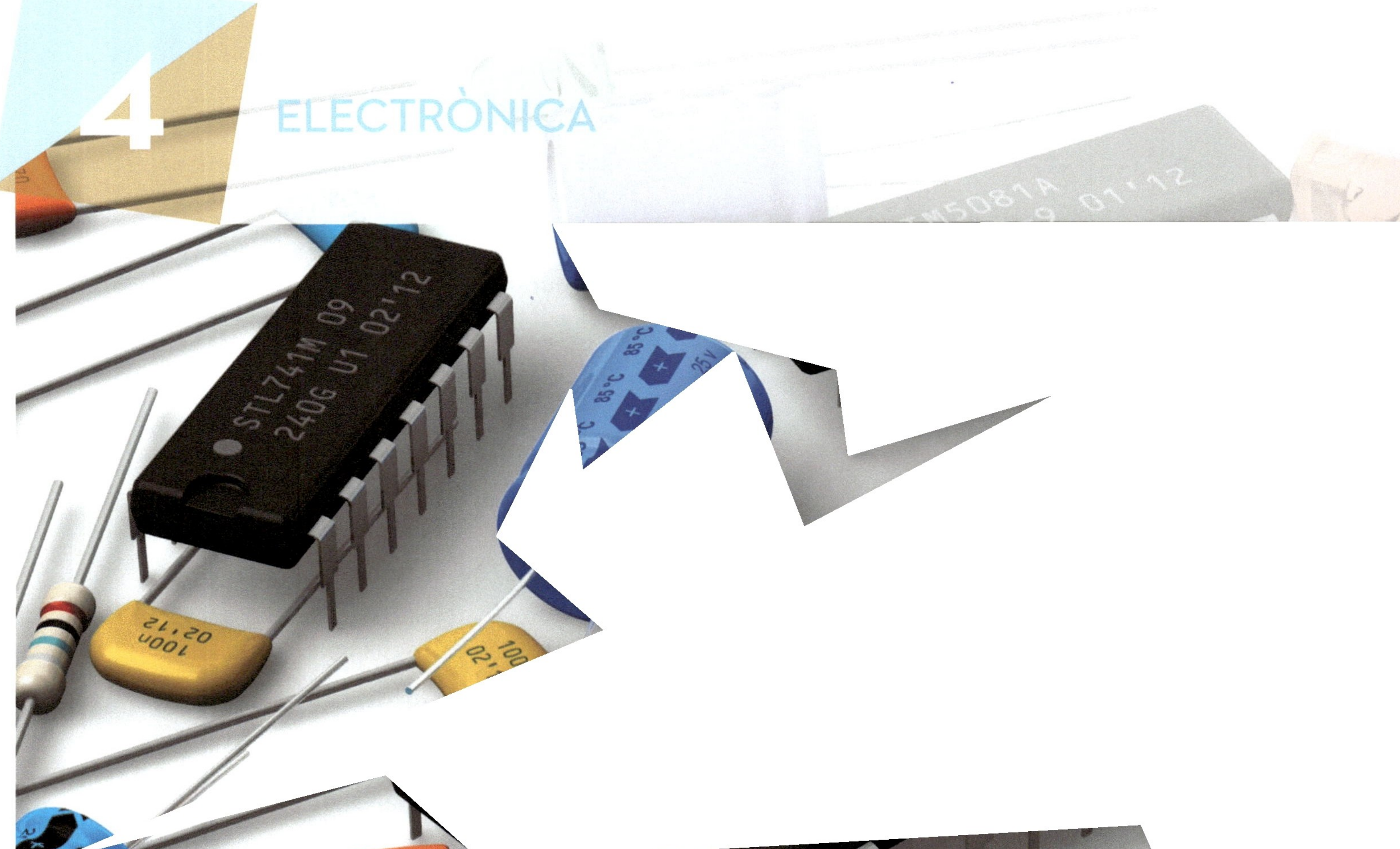

## Objectius

- ✓ Definir i distingir els conceptes d'electrònica analògica i electrònica digital.
- ✓ Reconèixer components electrònics bàsics, identificar-ne la simbologia i comprendre'n el funcionament.
- ✓ Descriure el funcionament i l'aplicació de circuits electrònics senzills.
- ✓ Realitzar operacions lògiques emprant l'àlgebra de Boole, relacionant plantejaments lògics amb processos tècnics.
- ✓ Resoldre mitjançant portes lògiques problemes tecnològics senzills.
- ✓ Analitzar el funcionament de circuits electrònics mitjançant simuladors.
- ✓ Dissenyar i muntar circuits electrònics senzills que realitzin una funció determinada.
- ✓ Valorar la importància de l'electrònica en el desenvolupament tecnològic.

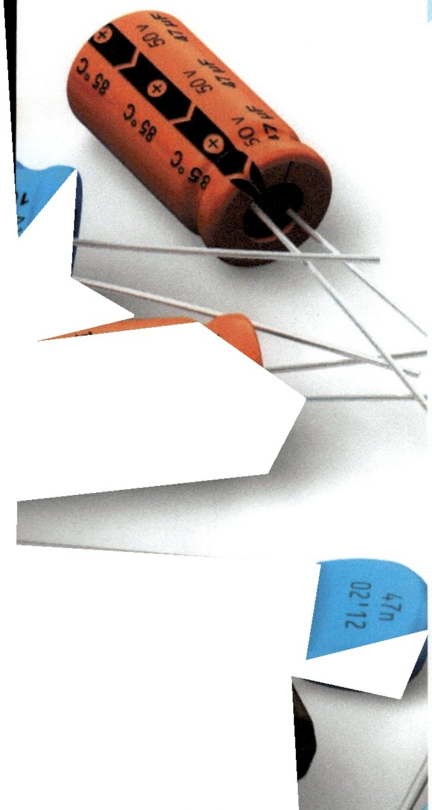

## Sumari



# QUÈ EN SAPS?

L'electrònica és molt present en nombrosos àmbits de la nostra vida quotidiana i en infinitat de dispositius i aparells que utilitzem diàriament: telèfons, ordinadors, xarxes de dades, televisors, equips de música, consoles de joc, electrodomèstics, telecomunicacions, cotxes, motos, ascensors, joguines, robots, etc.

El gran progrés tecnològic de les darreres dècades i l'espectacular desenvolupament de les noves tecnologies és degut, en gran part, a l'electrònica, que ha aconseguit construir components i xips més potents, més petits, més ràpids, més fiables i que consumeixen menys energia.

L'electrònica i els seus avenços estan transformant la nostra societat, canviant els nostres hàbits i la manera de viure i de relacionar-nos. Els aparells electrònics, amb els quals convivim cada dia, han esdevingut un pilar indiscutible en la nova societat del segle XXI.

El gran desenvolupament de la tecnologia electrònica ha propiciat una nova era, l'anomenada «era digital», lligada a les tecnologies de la informació i la comunicació. Podem estudiar, treballar, divertir-nos i comunicar-nos gràcies a aparells i dispositius electrònics.

Quina relació hi ha entre la fotografia que acompanya aquest text i el títol de la unitat? Per què creus que l'electrònica té un paper molt important en el progrés tecnològic?

Series capaç d'identificar alguns dels elements que mostra la fotografia? Saps en què es diferencien l'electrònica analògica i l'electrònica digital? Has sentit a parlar alguna vegada de l'àlgebra de Boole? I de portes lògiques? Series capaç de muntar algun circuit electrònic senzill?

En acabar l'estudi d'aquesta unitat hauries de poder donar resposta a tots aquests interrogants i ser capaç de dissenyar i muntar circuits electrònics senzills.

# 1 Aplicacions de l'electrònica

**Fig. 4.1.** Les telecomunicacions són un dels grans camps d'aplicació on la tecnologia electrònica ha possibilitat un espectacular desenvolupament i avenç.

El progrés de la tecnologia està permetent la constant aparició de nous aparells i dispositius electrònics per a aplicacions en àmbits molt diversos: informàtica, telecomunicacions, àudio i vídeo, fotografia, robòtica, transports, aparells de mesura, entreteniment, electromedicina, etc.

La figura 4.2 mostra alguns exemples d'aparells, fàcilment identificables, creats gràcies a l'aplicació i als avenços de l'electrònica. Tots incorporen components electrònics, organitzats en circuits, destinats a controlar i aprofitar els senyals elèctrics i així permetre'n el correcte funcionament.

**Fig. 4.2.** Exemples d'aparells i de dispositius electrònics

L'**electrònica** és la ciència tecnològica que s'ocupa del processament, de l'emmagatzematge i la transmissió de senyals elèctrics, analògics i digitals, mitjançant dispositius basats en el transport d'electrons.

L'electrònica s'aplica al disseny i a la construcció de circuits i dispositius electrònics, el funcionament dels quals depèn del flux d'electrons per a la generació, la transmissió, la recepció i l'emmagatzematge d'informació. Aquesta informació pot consistir en veu o música en un aparell d'àudio, en una imatge en un televisor o aparell de vídeo, o en dades en un ordinador o tauleta tàctil. A l'electrònica li són d'aplicació tots els principis i les lleis de l'electricitat.

## ACTIVITATS

1. Identifica els diferents aparells electrònics que es mostren a la fig. 4.2. i elabora'n una llista. Inclou-hi també cinc dispositius més d'ús quotidià, diferents dels anteriors, que utilitzin l'electrònica per funcionar.
2. Cerca informació sobre els materials **semiconductors** i esbrina quins són els més utilitzats en la fabricació de components electrònics.
3. Investiga quan va aparèixer el primer **circuit integrat** (xip) i quina empresa el va fabricar. Per què el seu descobriment va donar un nou impuls al progrés tecnològic i a la investigació electrònica?
4. Segons el teu parer, com ha influït l'electrònica en la societat? Cita uns quants àmbits de la vida quotidiana on l'electrònica ha tingut un paper fonamental per al seu desenvolupament i transformació.

# 2 Electrònica analògica i electrònica digital

L'electrònica la podem classificar en dues grans categories: **electrònica analògica** i **electrònica digital,** en funció del tipus de variables o senyals que utilitzi. Els circuits electrònics també es poden dividir en **analògics** i **digitals.**

Parlem de **senyal** quan una magnitud elèctrica (tensió, corrent...) canvia de tal manera que aquesta variació pot representar algun tipus d'informació.

**L'electrònica analògica** estudia els sistemes en els quals les seves variables o senyals (tensió, corrent, etc.) varien d'una manera contínua en el temps i poden prendre, teòricament, infinits valors.

En canvi, **l'electrònica digital** treballa amb variables o senyals que tenen dos únics valors o estats: **'1'** (nivell de tensió alt **'H'**) i **'0'** (nivell de tensió baix **'L'**), o també «cert» i «fals».

Un equip electrònic pot mostrar la informació de manera analògica o de manera digital. **Analògica** vol dir que la variació de la informació (el senyal) és contínua i, per passar d'un valor a un altre, pot adoptar els valors intermedis. En contraposició, el **senyal digital** va «a salts», passa d'un valor al següent d'una manera esgraonada (no contínua), sense prendre valors intermedis.

Un **senyal analògic** és continu i pot prendre infinits valors. Un **senyal digital** és discontinu, i només pot prendre dos valors o estats: **'0'** i **'1'.**

Les magnituds físiques (temperatura, velocitat, distància, etc.) s'expressen com a variables analògiques. Tanmateix, podem convertir el seu valor analògic en un valor digital, expressat per zeros i uns.

Avantatges dels sistemes digitals respecte dels analògics: més facilitat per tractar, comparar, calcular, emmagatzemar i recuperar informació, més ràpids, fiables i precisos, més econòmics, ocupen menys espai, es poden programar...

**Fig. 4.3.** Rellotge analògic. Les busques poden estar en múltiples posicions.

**Fig. 4.4.** Rellotge digital. Funciona «a salts», no es poden prendre valors intermedis entre un valor i el següent.

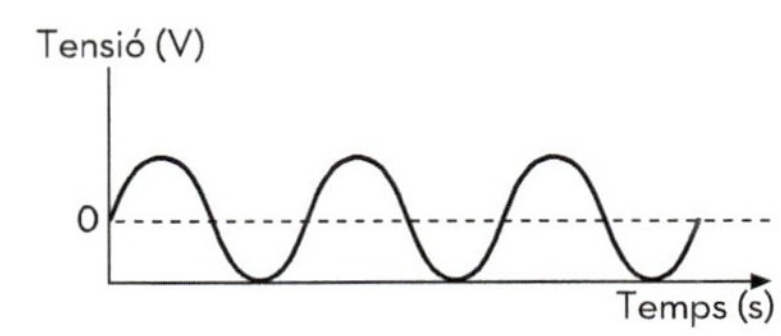


**Fig. 4.5.** Senyal elèctric analògic

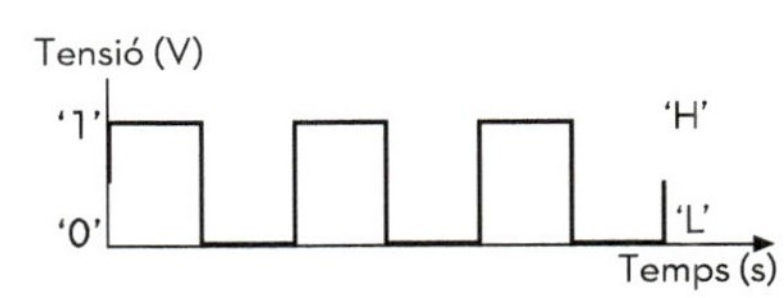


**Fig. 4.6.** Senyal elèctric digital

## ACTIVITATS

5. Explica la diferència fonamental entre un **sistema analògic** i un **sistema digital.** Posa'n tres exemples representatius de cadascun.

6. Assenyala quins dispositius poden ser assimilats a sistemes analògics, i quins, a sistemes digitals: ***un rellotge de busques, un dau, un termòmetre d'alcohol, un interruptor, la velocitat d'una bicicleta, una escala, la temperatura d'un forn, el canals d'un televisor, la posició del ratolí a la pantalla.***

7. Investiga per què l'electrònica digital en l'actualitat està evolucionant tan ràpidament i realitza moltes funcions que abans exercia l'electrònica analògica.

8. Raona de una forma clara si un **interruptor** i un **regulador d'intensitat de llum** exemplifiquen la diferència que existeix entre un sistema digital i un d'analògic per fer la mateixa funció d'encendre una bombeta.

# 3 Components electrònics bàsics

Fig. 4.7. Placa de circuit imprès amb components electrònics soldats

Un circuit electrònic està format per un conjunt de dispositius, anomenats **components electrònics,** els quals estan interconnectats entre si, normalment mitjançant soldadura, a una **placa de circuit imprès.**

Els components electrònics bàsics que estudiarem a continuació són: **resistors, condensadors, relés, díodes, transistors** i **circuits integrats.**

## A. Resistors

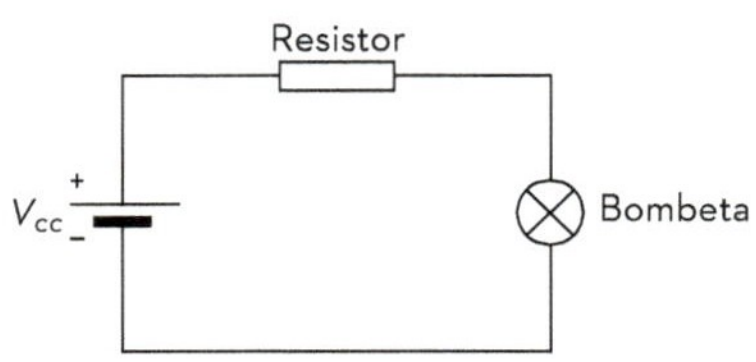


**Fig. 4.8.** Circuit amb un resistor limitador d'intensitat

Els **resistors** són components electrònics que ofereixen resistència al pas del corrent elèctric.

Són molt usats en els circuits electrònics i es fan servir, principalment, per limitar la intensitat del corrent elèctric en un punt determinat del circuit, per protegir algun dels elements del circuit o per dividir el valor total de la tensió.

Hi ha una gran varietat de resistors, construïts bàsicament amb mescles de carbó o grafit i aliatges metàl·lics. El seu valor, que es mesura en **ohms (Ω),** es codifica, generalment, a partir d'un codi internacional de colors.

**Fig. 4.12.** Potenciòmetres (sense eix i amb eix) i símbol

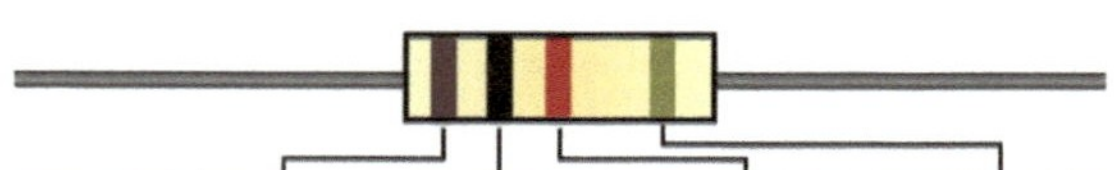

| COLOR | 1RA. BANDA | 2DA. BANDA | 3RA. BANDA MULTIPLICADOR | TOLERANCIA % |
|---|---|---|---|---|
| NEGRO | 0 | 0 | x1 | |
| CAFE | 1 | 1 | x10 | 1% |
| ROJO | 2 | 2 | x100 | 2% |
| NARANJA | 3 | 3 | x1000 | |
| AMARILLO | 4 | 4 | x10000 | |
| VERDE | 5 | 5 | x100000 | ± 0,5% |
| AZUL | 6 | 6 | x1000000 | ± 0,25% |
| VIOLETA | 7 | 7 | x10000000 | ± 0,1% |
| GRIS | 8 | 8 | x100000000 | ± 0,05% |
| BLANCO | 9 | 9 | x1000000000 | |
| DORADO | | | | ± 5% |
| PLATEADO | | | | ± 10% |

**Fig. 4.9.** Codi internacional de colors dels resistors

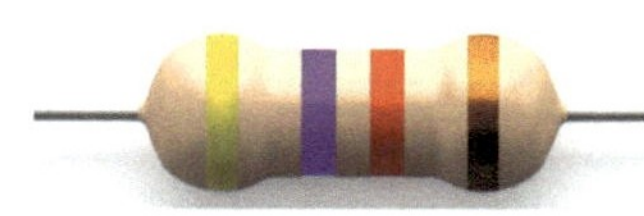

**Fig. 4.10.** Resistor de 4,7 kΩ ±5 %

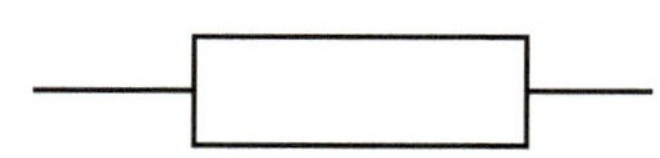

**Fig. 4.11.** Símbol del resistor

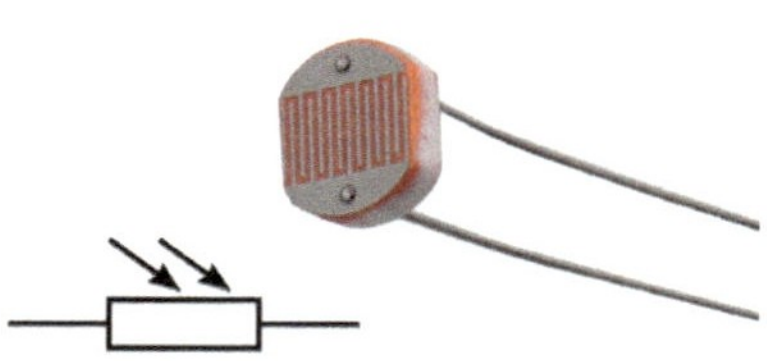

**Fig. 4.13.** Resistor LDR i símbol

Les tres característiques més importants d'un resistor que en defineixen les condicions de treball i utilització són: el **valor nominal de resistència (Ω),** la **tolerància (%)** i la **potència (W)** que pot dissipar.

### *Resistors variables*

- Un **potenciòmetre** és un tipus particular de resistor variable amb tres terminals (vegeu fig. 4.12), el valor del qual es pot modificar manualment.
- Un **resistor LDR** varia la seva resistència en funció del nivell de llum que incideix sobre la seva superfície. Com més llum, menys resistència. S'utilitza com a sensor de llum en enllumenat, alarmes o càmeres fotogràfiques.
- Un **termistor** és un resistor variable el valor del qual depèn de la temperatura. N'hi ha de dos tipus: **NTC,** en què la resistència disminueix en augmentar la temperatura, i **PTC,** en què augmenta la resistència amb l'increment de temperatura.

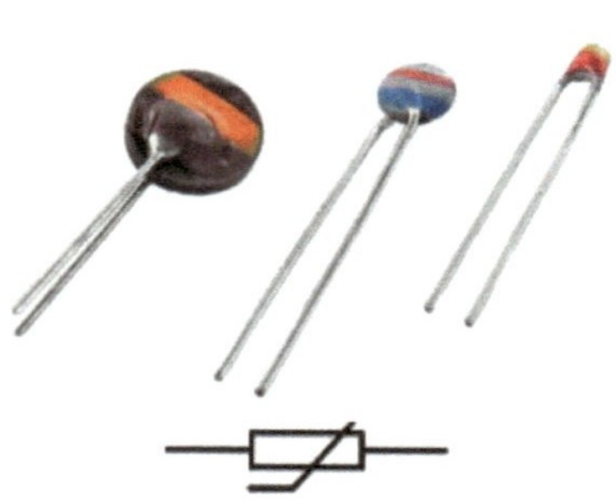

**Fig. 4.14.** Resistors NTC i símbol

## B. Condensadors

El **condensador** és un component que serveix per emmagatzemar temporalment petites càrregues elèctriques.

La capacitat del condensador, que es mesura en **farad (F),** ve determinada per la quantitat de càrrega elèctrica que pot emmagatzemar amb una tensió donada.

Hi ha diferents tipus de condensadors: electrolítics, ceràmics, de tàntal... Els condensadors tenen una tensió màxima de treball que cal respectar. S'utilitzen, per exemple, en fonts d'alimentació i en filtres electrònics.

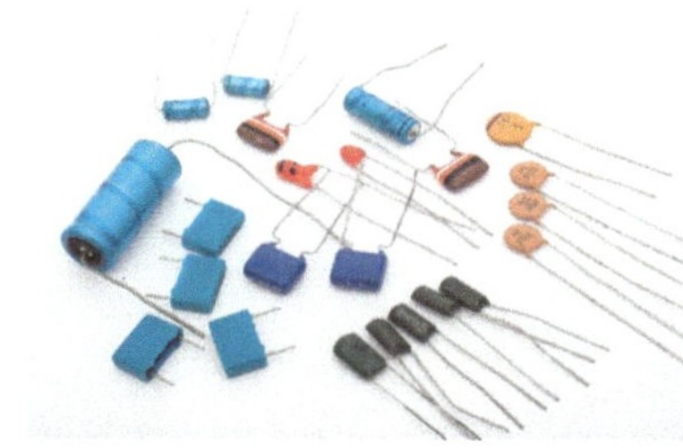

**Fig. 4.15.** Diferents tipus de condensadors

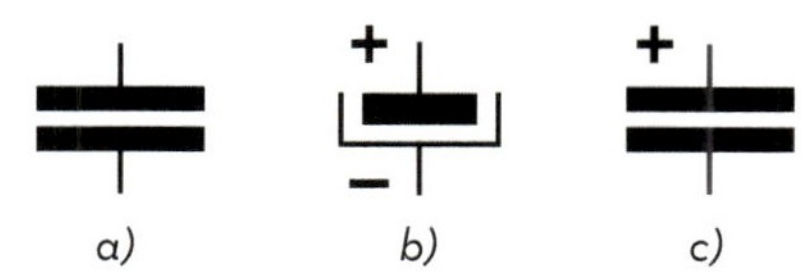


**Fig. 4.16.** Símbols de condensadors. *a)* Símbol genèric; *b)* Condensador electrolític; *c)* Condensador polaritzat.

## C. Relés

Un relé funciona com un interruptor, controlat elèctricament, que és accionat per mitjà d'una **bobina** i un **electroimant** per obrir o tancar un o més contactes.

Els relés són molt útils perquè permeten controlar circuits elèctrics de tensió o intensitat molt superior a la utilitzada per accionar-los.

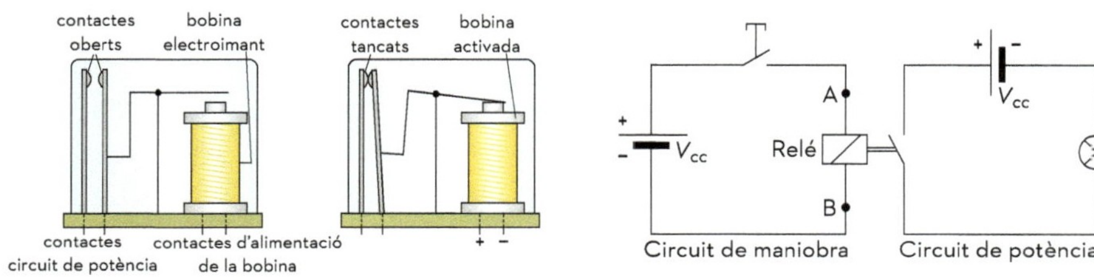


**Fig. 4.17.** Estructura i funcionament d'un relé

**Fig. 4.18.** Relé electromecànic

## D. Díodes

Un **díode** és un component electrònic, fabricat amb material semiconductor (silici o germani), que permet el pas del corrent elèctric en un únic sentit (polarització directa) i no en el contrari (polarització inversa).

Un díode té **polarització directa,** i, per tant, condueix, quan el corrent (sentit convencional) entra per l'**ànode** (A) i surt pel **càtode** (K). En aquesta situació, el díode es comporta pràcticament com un interruptor tancat, encara que hi ha una petita caiguda de tensió (diferència de tensió) entre ànode i càtode d'aproximadament 0,6 V.

**Fig. 4.19.** Díode i símbol. El díode té dos terminals, anomenats **ànode** (A) i **càtode** (K). El càtode és fàcil identificar-lo perquè té inscrit algun tipus de marca.

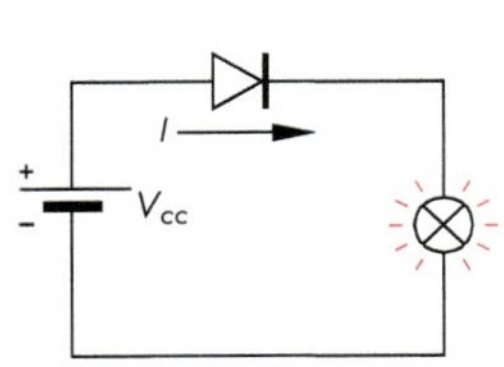


**Fig. 4.20.** Díode amb polarització directa

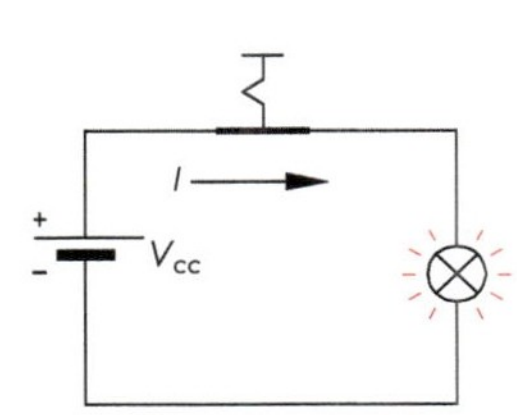


**Fig. 4.21.** Circuit elèctric equivalent

Un díode es troba en **polarització inversa,** i per tant en **estat de blocatge,** quan el pol negatiu de la bateria està connectat a l'**ànode** (A), i el pol positiu, al **càtode** (K). En aquesta situació, el díode es comporta com un interruptor obert.

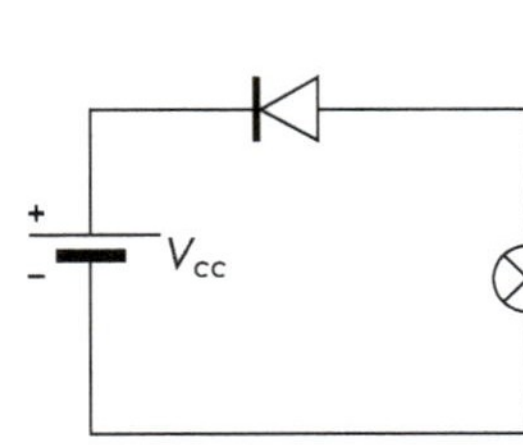


**Fig. 4.22.** Díode amb polarització inversa

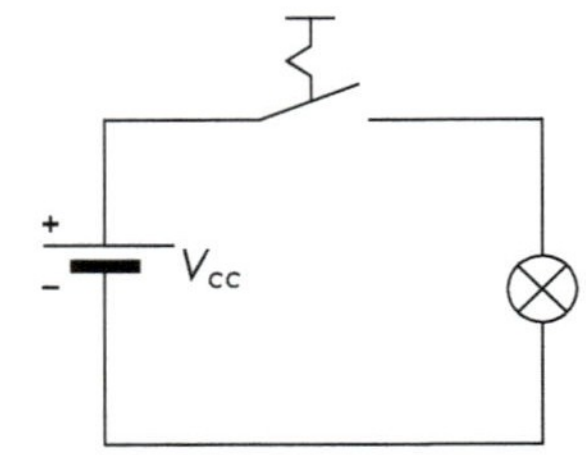


**Fig. 4.23.** Circuit elèctric equivalent

En un díode, per no fer-lo malbé, cal tenir en compte dos valors límits importants: el **corrent directe màxim ($I_{Fmàx}$),** que és la màxima intensitat que pot suportar el díode en polarització directa, i la **tensió inversa màxima ($V_{AKr}$),** que és la màxima tensió que pot suportar en polarització inversa. Aquests valors estan indicats en els manuals de característiques o ***datasheets,*** disponibles a Internet.

Hi ha un tipus especial de díode, anomenat díode led, molt popularitzat i utilitzat, que té com a característica principal l'emissió de llum quan condueix.

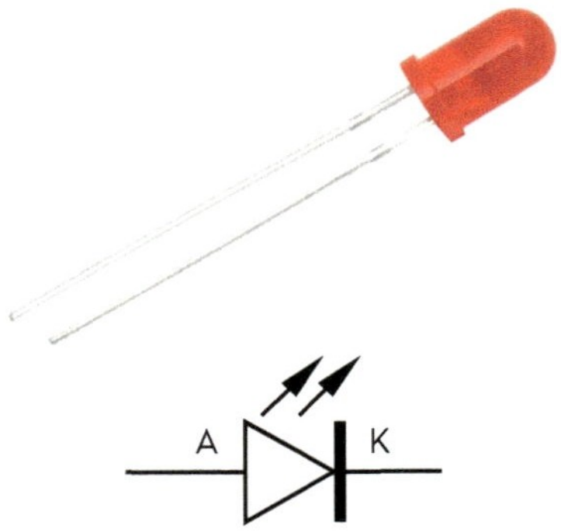


**Fig. 4.24.** Díode led i símbol

> El **led** és un component electrònic que emet llum quan és travessat per un corrent elèctric.

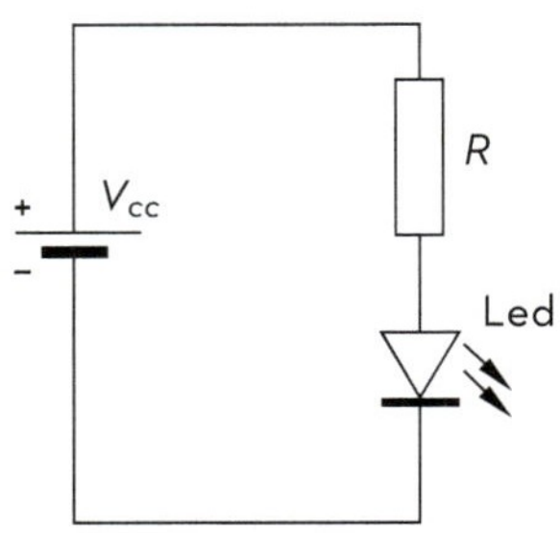


**Fig. 4.25.** Circuit amb díode led. El resistor té la funció de limitar el corrent que travessa el led, normalment entre 10 i 20 mA.

En estat de conducció, i per als leds petits més comuns, la caiguda de tensió entre ànode i càtode pot estar compresa entre 1,5 i 3,4 V, segons el color de llum que emet el díode i de la seva composició.

### EXEMPLE 1

**Es vol connectar un led vermell de 5 mm de diàmetre a una pila de 9 V. Calcula el valor del resistor que s'haurà de connectar en sèrie per limitar la intensitat a 20 mA si la caiguda de tensió del led és d'1,7 V.**

$$R = \frac{V_{CC} - V_{AK}}{I} = \frac{9\ V - 1{,}7\ V}{0{,}020\ A} = 365\ \Omega$$

**Per muntar el circuit real haurem d'escollir un resistor de 370 Ω, que és el valor comercial superior més proper.**

**Fig. 4.26.** Transistors de diferents tipus

## E. Transistors

El **transistor** és un component electrònic, format per material semiconductor, que consta de tres terminals: **emissor** (E), **base** (B) i **col·lector** (C).

El transistor és el component principal de l'electrònica moderna i uns dels descobriments més importants del segle XX. Internament, la ***base*** sempre està entre l'***emissor*** i el ***col·lector.*** Amb l'aplicació d'un petit corrent a través de la unió base-emissor, s'estableix un corrent molt més gran entre col·lector i emissor. Bàsicament, la intensitat de base és la que controla l'estat del transistor.

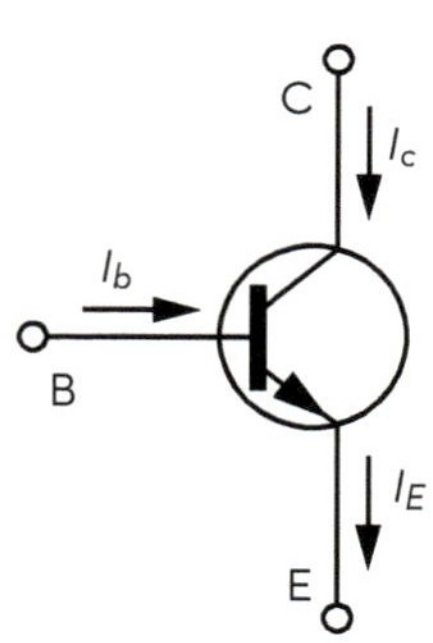


**Fig. 4.27.** Símbol i intensitats del transistor

Fonamentalment, el transistor pot funcionar de dues maneres diferents: en **commutació** i en **mode lineal.** Quan treballa en «commutació» (molt utilitzat en sistemes digitals) només es fan servir dos estats ben definits:

- Estat **obert,** de bloqueig o de no conducció (OFF). Els terminals emissor-col·lector actuen com un interruptor obert.
- Estat **tancat** o de conducció màxima (ON). Els terminals emissor-col·lector actuen com un interruptor tancat.

El **mode lineal** del transistor (molt utilitzat en sistemes analògics) es caracteritza perquè les intensitats i tensions de sortida (de col·lector-emissor) són funció de les intensitats i tensions d'entrada (de base-emissor), les quals poden adoptar múltiples valors i punts de treball. Aquest mode permet, per exemple, regular gradualment la lluminositat d'una bombeta, la velocitat d'un motor de CC o el volum d'un amplificador.

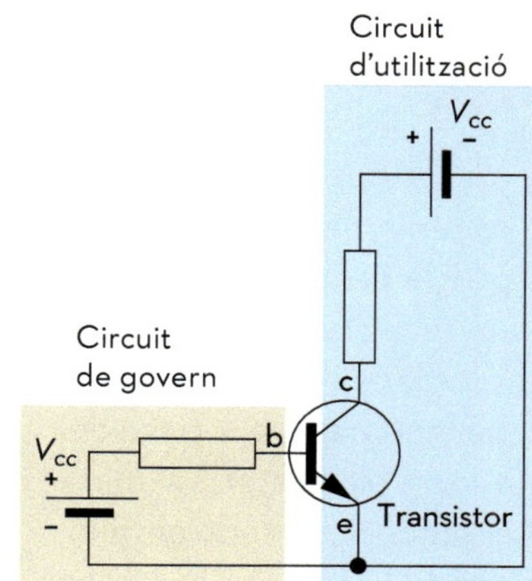

**Fig. 4.28.** Circuits de govern i d'utilització d'un transistor

## F. Circuits integrats

> Un **circuit integrat** o **xip** és un dispositiu electrònic de petites dimensions consistent en un conjunt d'elements (transistors, díodes, resistors, condensadors...) connectats permanentment i íntimament a un material semiconductor (generalment silici), que formen un circuit miniaturitzat.

Els principals avantatges dels circuits integrats respecte dels circuits electrònics fets amb components **discrets** o independents són: menys cost, més nivell de miniaturització, més fiabilitat i efectivitat i menys consum d'energia.

En funció del camp d'aplicació, podem distingir dos tipus de circuits integrats:

- Els **analògics** o **lineals,** que serveixen per tractar imatges i sons, amplificar senyals, regular tensions... Els trobem a televisors, equips d'àudio, etc.
- Els **digitals,** els quals apleguen tots els xips utilitzats en sistemes digitals.

**Fig. 4.29.** Circuit integrat o xip

## ACTIVITATS

**9.** Determina el valor nominal i la tolerància dels resistors següents:

marró - negre - marró/plata

groc - violeta - vermell/or

verd - blau - groc/or

**10.** A partir del valor nominal i de la tolerància, determina el codi de colors dels resistors següents:

$68\ \Omega \pm 10\ \%$ $\quad 120\ \Omega \pm 5\ \%$

$4\,700\ \Omega \pm 2\ \%$ $\quad 330\ k\Omega \pm 5\ \%$

**11.** Què tenen en comú un **potenciòmetre,** un **LDR** i un **termistor?** Quines són les principals característiques de cadascun d'aquests? En quines aplicacions o dispositius els podem trobar?

**12.** Comenta en quins casos els **relés** poden resultar molt útils i descriu algun exemple d'aplicació.

**13.** Fes una petita investigació sobre els **díodes** i comenta'n algunes de les característiques més importants: descripció, terminals, símbol, funcionament, tipus, aplicacions, exemples de circuits, etc.

**14.** Dibuixa els símbols d'un **díode** i d'un **transistor** i indica el nom dels seus terminals.

**15.** Calcula el valor teòric del resistor que caldrà connectar en sèrie amb un led groc, de 2 V de caiguda de tensió, per limitar la seva intensitat a 20 mA si es vol connectar a una pila de 9 V. Esbrina el valor comercial del resistor que s'haurà d'escollir si vols muntar el circuit real.

**16.** Descriu els dos sistemes de funcionament del **transistor** i en quins casos se sol aplicar cadascun d'aquests.

## SABIES QUE...

Si en un circuit volem obtenir més amplificació que la proporcionada per un únic transistor, podem acoblar-hi dos transistors de manera que la base del segon transistor s'alimenti amb el corrent amplificat del primer transistor, tal com es mostra a la figura. Aquest tipus d'acoblament es coneix com a **connexió Darlington** i actua com un únic transistor.

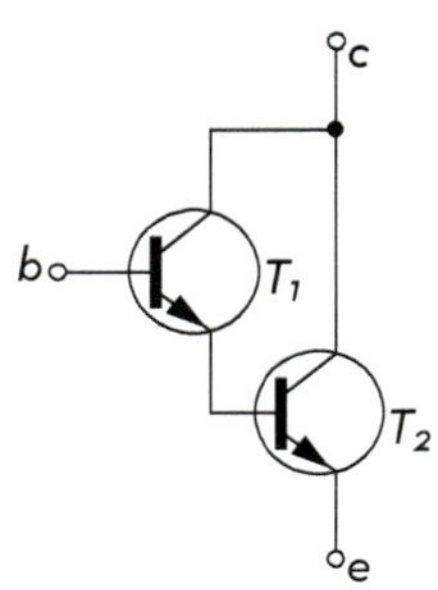


# 4 Circuits electrònics analògics

Per il·lustrar i comprendre millor el funcionament dels dos sistemes de treball del transistor (en commutació i en mode lineal), a continuació et mostrem un parell de circuits d'exemple per controlar i regular la il·luminació d'una bombeta.

## A. Circuit d'un transistor treballant en commutació

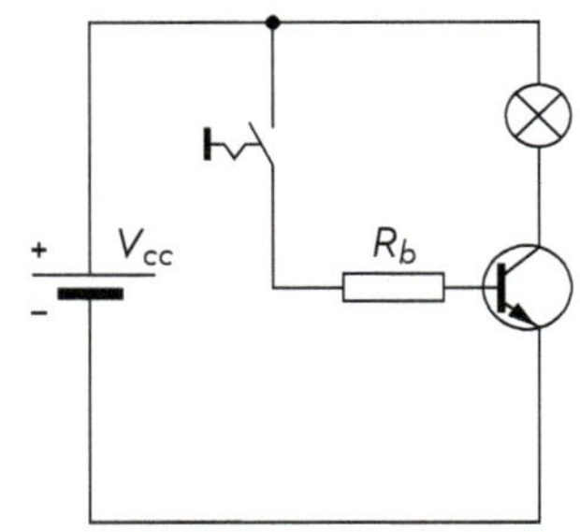


**Fig. 4.30.** Transistor en estat obert (OFF)

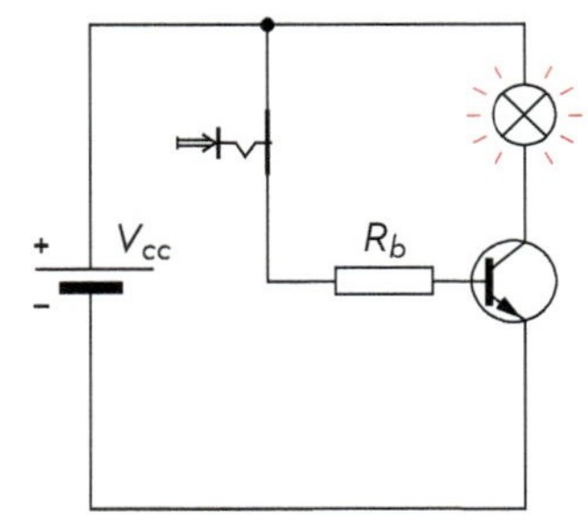


**Fig. 4.31.** Transistor en estat de conducció (ON)

En el circuit de la fig. 4.30, la base del transistor no rep corrent, ja que l'interruptor està obert, i, per tant, el transistor no condueix (estat OFF). En canvi, quan es tanca l'interruptor (fig. 4.31), la base rep corrent a través del resistor de polarització $\boldsymbol{R_b}$ i s'estableix el corrent de base-emissor $\boldsymbol{I_{be}}$ que fa que el transistor condueixi al màxim entre col·lector-emissor ($\boldsymbol{I_{ce}}$) (estat de conducció ON) i encengui la bombeta.

En aquest mode de treball, en commutació, el transistor funciona com un interruptor electrònic amb dos estats ben diferenciats: obert (OFF) i tancat (ON).

## B. Circuit d'un transistor treballant en mode lineal

Ara analitzarem un circuit simple, molt semblant a l'anterior, però amb el transistor funcionant en **mode lineal** (circuit fig. 4.32), és a dir, com a amplificador. En aquest cas, no només podrem encendre o apagar la bombeta, sinó que, a més, podrem regular-ne la intensitat lluminosa a voluntat nostra.

Per mitjà del potenciòmetre podrem ajustar la intensitat de base, la qual permetrà una **regulació proporcional** del corrent col·lector-emissor ($\boldsymbol{I_{ce}}$) que és el que travessa la bombeta i en determina la lluminositat.

Quan el cursor del potenciòmetre es trobi a l'extrem inferior (a prop del pol negatiu), el corrent de base serà zero i el transistor es trobarà en estat obert (bombeta apagada). A mesura que anem movent el cursor cap a l'extrem superior, el corrent de base serà cada cop més gran i la bombeta farà més llum perquè la travessarà més intensitat de col·lector-emissor i, conseqüentment, rebrà més tensió.

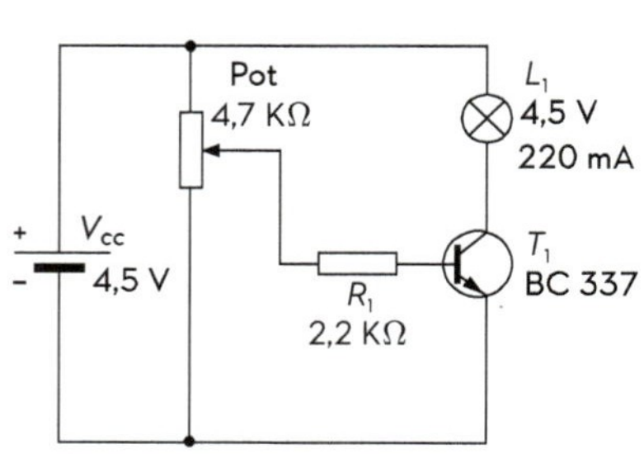


**Fig. 4.32.** Circuit d'un regulador electrònic, funcionant en mode lineal.

### *Regulador electrònic*

Una aplicació pràctica del circuit anterior amb un transistor treballant en mode lineal és la implementació d'un regulador electrònic (fig. 4.32) per controlar la intensitat lluminosa d'un llum o per variar la velocitat d'un petit motor de corrent continu, sempre que el consum no superi la intensitat màxima de col·lector $\boldsymbol{I_{Cmàx}}$ del transistor. En el transistor BC337, la $\boldsymbol{I_{Cmàx}}$ és de 0,8 A.

## *Temporitzador*

Una altra aplicació electrònica bàsica és el circuit d'un senzill temporitzador retardat a la connexió (fig. 4.33), el qual produirà un retard de temps abans no condueixi el transistor i encengui el led.

Inicialment, el condensador $C_1$ està descarregat i el transistor $T_1$ es troba en estat obert o de blocatge (OFF). En donar tensió al circuit, el condensador $C_1$ s'anirà carregant a través del resistor $R_1$ i al cap d'un temps, quan la tensió als dos terminals del condensador tingui un valor suficient, el transistor conduirà i encendrà el led. Per tornar a activar el temporitzador només caldrà prémer el polsador que descarregarà el condensador, posarà el transistor en estat de blocatge i, per tant, s'apagarà el led. En deixar de prémer el polsador, es repetirà l'operació de temporització descrita anteriorment.

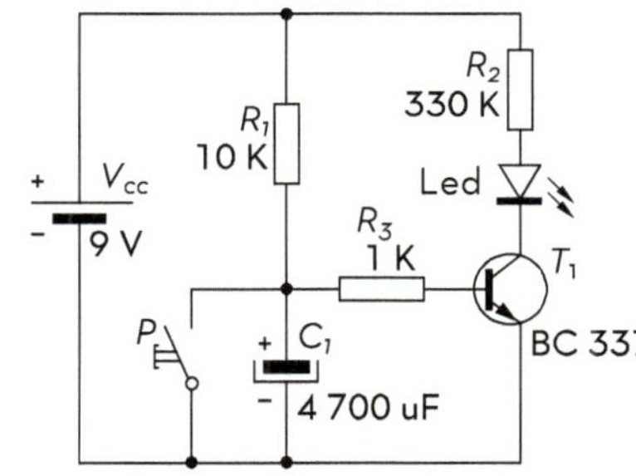


**Fig. 4.33.** Circuit d'un temporitzador retardat a la connexió

## ACTIVITATS

**17. Quin és l'estat més probable del transistor en el circuit que es mostra a continuació? Estarà il·luminat el led? En quin mode treballa el transistor? Quin resistor tindrà un valor de resistència superior, $R_b$ o $R_c$? Quina és la funció de $R_C$? Explica breument el funcionament del circuit.**

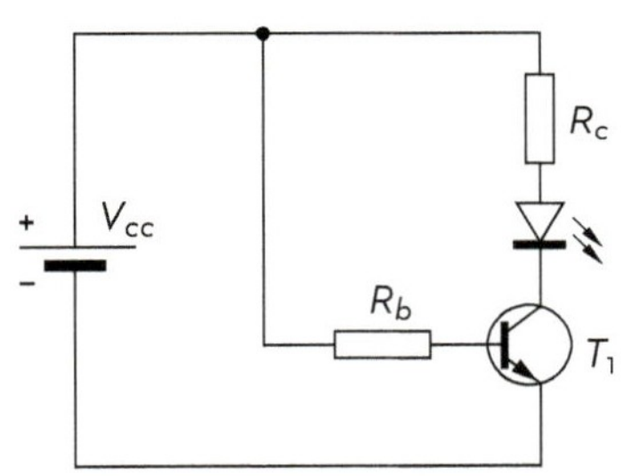


**Fig. 4.35.**

**18. En quins casos el transistor estarà en estat de conducció i en quins en estat de blocatge?**

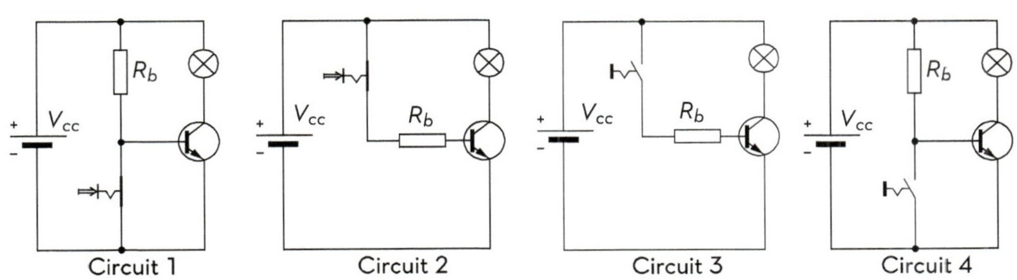


**Fig. 4.36.**

**19. Dibuixa l'esquema d'un circuit electrònic simple que permeti regular la lluminositat d'un led per mitjà d'un potenciòmetre.**

**20. Simula el funcionament dels circuits electrònics de les activitats anteriors, i d'alguns dels que es mostren en aquest apartat, amb l'ajuda d'algun programa de simulació electrònica, com ara l'aplicació en línia CircuitLab (circuitlab.com).**

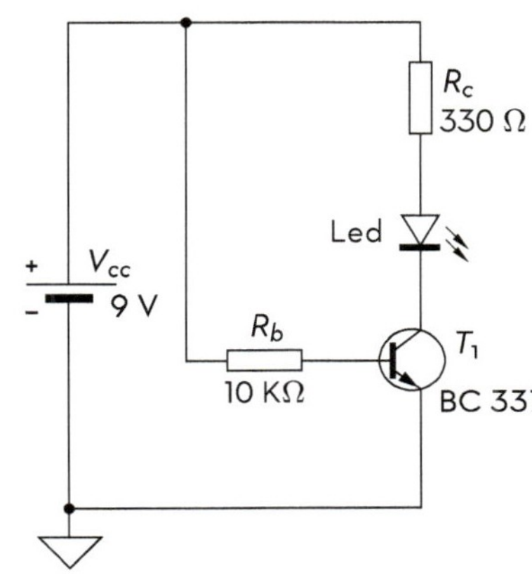


**Fig. 4.34.** Simulació del circuit de la fig. 4.35 amb CircuitLab (**circuitlab.com**)

| Sistema decimal | Sistema binari |
|---|---|
| 0 | 0 |
| 1 | 1 |
| 2 | 10 |
| 3 | 11 |
| 4 | 100 |
| 5 | 101 |
| 6 | 110 |
| 7 | 111 |
| 8 | 1000 |
| 9 | 1001 |

**Taula 4.1.** Taula de conversió dels 10 primers nombres en els sistemes decimal i binari

# 5 El sistema binari i l'àlgebra de Boole

Ja hem comentat anteriorment que els sistemes digitals fan servir només dos únics valors o estats (**'0'** i **'1'**, o ***'L'*** i ***'H'*)**, és a dir, utilitzen variables o senyals binaris.

El **sistema binari** és un sistema de numeració en el qual els nombres es representen utilitzant solament dos dígits o xifres: zero i un (**0** i **1**), anomenats **bits.**

Igual com succeeix en el sistema decimal, el sistema de numeració binari també permet fer operacions aritmètiques (sumar, restar, multiplicar, etc.) amb variables i nombres binaris. Exemples: **0 + 1 = 1 ; 1 + 1 = 10 ; 1 – 1 = 0.**

## 5.1. Aritmètica binària

### A. Conversió de decimal a binari

Per convertir un nombre del sistema de numeració decimal al sistema binari es divideix el nombre decimal entre 2. El quocient obtingut es torna a dividir entre 2 i, així, successivament fins que el valor del quocient sigui 1. El resultat final del nombre binari s'obtindrà agafant l'últim quocient i tots els residus de les divisions en ordre invers, tal com es mostra en l'exemple. El nombre decimal 27 és el 11011 en el sistema binari: **$27_{(10} = 11011_{(2}$.**

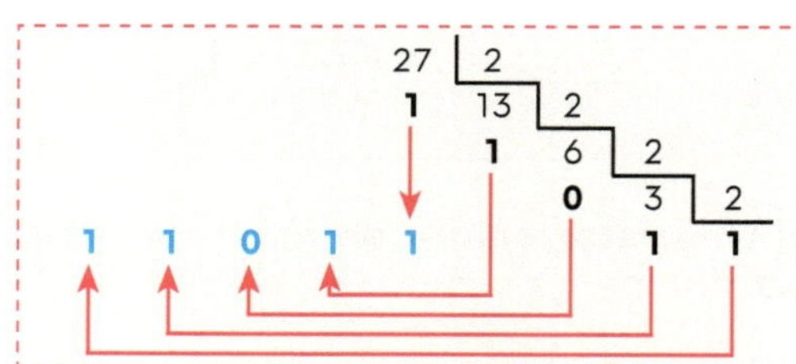


### B. Conversió de binari a decimal

Per convertir un nombre binari a decimal es multiplica cada bit pel pes que té associat i se sumen els resultats parcials, tal com es mostra en l'exemple. El nombre binari 11011 és el 27 en el sistema decimal: **$11011_{(2} = 27_{(10}$.**

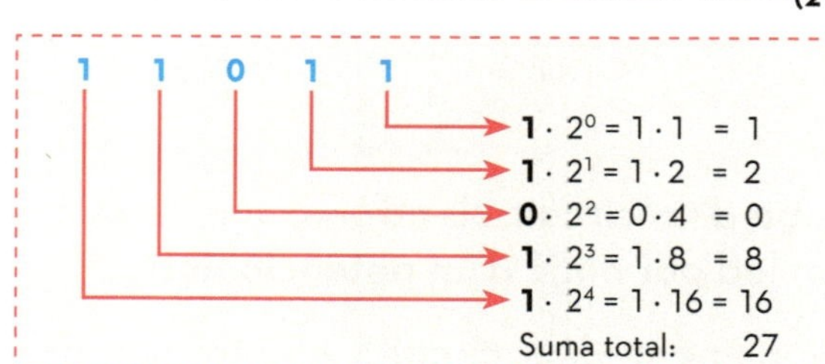


### C. Operacions aritmètiques amb nombres binaris

La suma i la resta aritmètiques en el sistema binari es fan de manera idèntica a com es fan en el sistema decimal, però fent servir només els dígits **0** i **1.**

**SABIES QUE...**

Una **variable binària** és aquella que només pot prendre dos valors: **'0'** o **'1'**, o bé, **«Cert»** o **«Fals».**

**SABIES QUE...**

Un **bit** (de l'anglès, ***binary dígit***) és un dígit en el sistema de numeració binari.

És la unitat mínima d'informació utilitzada en informàtica i en sistemes digitals. Pot tenir només dos estats mútuament exclusius, habitualment representats amb **'0'** i **'1'.**

Exemples de la suma aritmètica en el sistema binari:

| | | | | | | | | |
|---|---|---|---|---|---|---|---|---|
| | 1 | 0 | 0 | 1 | 0 | 0 | | 36 |
| + | | 1 | 0 | 0 | 0 | 1 | + | 17 |
| | **1** | **1** | **0** | **1** | **0** | **1** | | **53** |

| | | | | | | | | | |
|---|---|---|---|---|---|---|---|---|---|
| | *1* | *1* | *1* | *1* | | *1* | | | *→ ròssec* |
| | | 1 | 1 | 0 | 1 | 0 | 1 | | 53 |
| + | | 1 | 0 | 1 | 1 | 0 | 1 | + | 45 |
| | **1** | **1** | **0** | **0** | **0** | **1** | **0** | | **98** |

Exemples de la resta aritmètica en el sistema binari:

| | | | | | | | | |
|---|---|---|---|---|---|---|---|---|
| | 1 | 1 | 0 | 1 | 1 | 1 | | 55 |
| – | | 1 | 0 | 0 | 0 | 1 | – | 17 |
| | **1** | **0** | **0** | **1** | **1** | **0** | | **38** |

| | | | | | | | | |
|---|---|---|---|---|---|---|---|---|
| | 1 | 1 | 0 | 1 | 0 | 0 | | 52 |
| – | | 1 | 0 | 1 | 1 | 1 | – | 23 |
| | *1* | *1* | *1* | *1* | *1* | | | *→ préstec* |
| | **0** | **1** | **1** | **1** | **0** | **1** | | **29** |

## 5.2. Lògica binària

A més del sistema numèric binari, els sistemes electrònics digitals utilitzen l'àlgebra lògica o **àlgebra de Boole** per fer **operacions lògiques** amb variables binàries, el resultat de les quals només pot ser una altra variable binària que solament pot adoptar el valor **'0' («Fals»)** o **'1' («Cert»).** Per exemple, si disposem de tres interruptors (variables binàries d'entrada) per accionar un llum, el resultat (variable binària de sortida) de l'accionament dels diferents interruptors serà **'1'** si el llum s'encén i **'0'** si el llum està apagat.

> L'**àlgebra de Boole** és el conjunt de lleis i postulats que permeten fer operacions lògiques amb variables binàries.

Una funció lògica és una expressió algebraica formada per variables binàries relacionades per un o diversos operadors lògics de l'àlgebra de Boole: **suma lògica** (+), **producte lògic** (·) i **negació** (‾).

Les funcions lògiques fonamentals, anomenades també booleanes, són:

- La **funció O** (**OR** en anglès) és la suma lògica.
- La **funció I** (**AND** en anglès) és el producte lògic.
- La **funció NO** (**NOT** en anglès) és la inversió lògica o negació .

### A. Suma lògica o funció O (OR)

La suma lògica es representa amb el símbol '+'. Exemple: $F = a + b$. El resultat $F$ prendrà el valor '1' quan qualsevol de les seves variables '$a$' o '$b$' prengui el valor '1'. Aquestes són les lleis o postulats bàsics de la suma lògica o funció **O (OR):**

| *Postulat* | *Exemple d'ús* | *Conclusió / resultat* |
|---|---|---|
| $a + 0 = a$ | $0 + 0 = 0 ; 1 + 0 = 1$ | Sumar 0 a una variable té com a resultat la variable |
| $a + 1 = 1$ | $0 + 0 = 0 ; 1 + 0 = 1$ | El resultat de sumar 1 a una variable és sempre 1 |
| $a + a = a$ | $0 + 0 = 0 ; 1 + 1 = 1$ | Una variable sumada a si mateixa dóna la variable |
| $a + \bar{a} = 1$ | $0 + 1 = 1 ; 1 + 0 = 1$ | Una variable sumada a la seva inversa és sempre 1 |

**NO ET CONFONGUIS!**

Cal no confondre la **suma** i el **producte aritmètics** amb la **suma** i el **producte lògics,** encara que tots dos mètodes utilitzin els mateixos símbols ('**+**' i '**·**').

Les **operacions aritmètiques** s'efectuen amb nombres binaris, i les **operacions lògiques,** amb variables binàries.

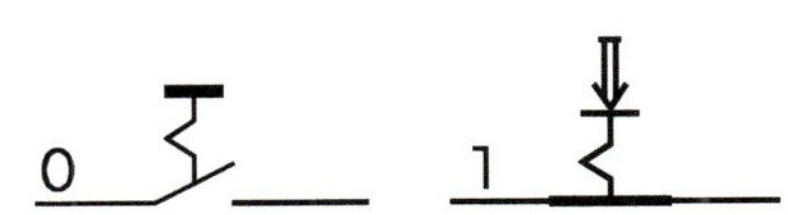


**Fig. 4.37.** Un interruptor pot ser considerat una variable binària. Quan està obert té el valor '0' i, quan està tancat, el valor '1'.

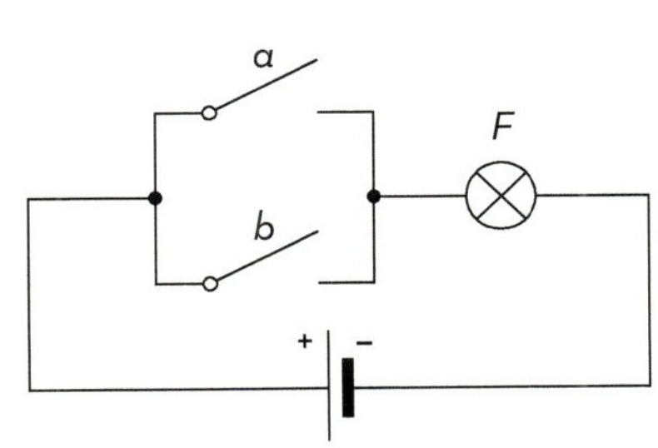


**Fig. 4.38.** Esquema elèctric equivalent de la funció lògica **O** (OR): $F = a + b$

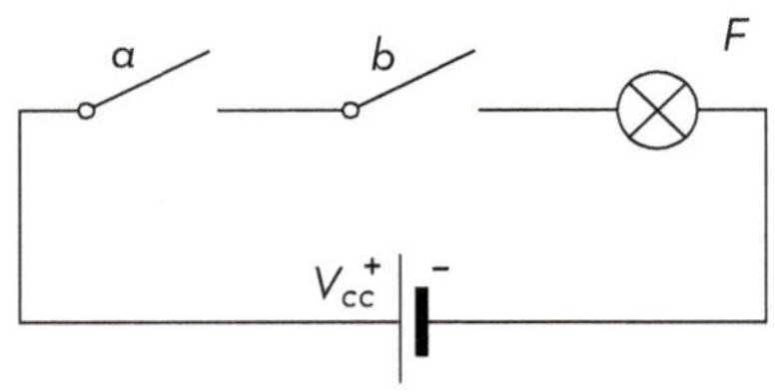


**Fig. 4.39.** Esquema elèctric equivalent de la funció lògica **I (AND):** $F = a \cdot b$

## B. Producte lògic o funció I (AND)

El resultat d'un producte lògic és '1' quan totes les variables prenen el valor '1'. El producte lògic es representa amb el símbol '·'. Exemple: $F = a \cdot b$. Els postulats bàsics del producte lògic o funció I (AND) són aquests:

| Postulat | Exemple d'ús | Conclusió / resultat |
|---|---|---|
| $a \cdot 0 = 0$ | $0 \cdot 0 = 0$ ; $1 \cdot 0 = 0$ | Una variable lògica multiplicada per 0 dóna 0 |
| $a \cdot 1 = a$ | $0 \cdot 1 = 0$ ; $1 \cdot 1 = 1$ | Una variable lògica multiplicada per 1 dóna la variable |
| $a \cdot a = a$ | $0 \cdot 0 = 0$ ; $1 \cdot 1 = 1$ | Una variable lògica multiplicada per si mateixa dóna com a resultat la mateixa variable |
| $a \cdot \bar{a} = 0$ | $0 \cdot 1 = 0$ ; $1 \cdot 0 = 0$ | Una variable lògica multiplicada per la seva inversa dóna 0 |

## C. La inversió (o negació lògica) o funció NO (NOT)

La inversió lògica de la variable **a** es representa $\bar{a}$ (amb el símbol «¯» sobre la variable). Exemple: $F = \bar{a}$. La funció $F$ prendrà el valor lògic '1' quan la variable **a** valgui '0' i el valor '1' quan **a** valgui '0'. Per tant, $\bar{0} = 1$ i $\bar{1} = 0$. La inversió d'una variable negada dóna com a resultat la variable inicial: $\bar{\bar{a}} = a$.

## D. El teorema de De Morgan

El **teorema de De Morgan,** molt útil a l'hora de simplificar funcions lògiques, consta, bàsicament, d'un parell de regles de transformació:

1. La negació de la suma lògica és igual al producte lògic de les variables negades: $\overline{a + b} = \bar{a} \cdot \bar{b}$.
2. La negació del producte lògic és igual a la suma lògica de les variables negades: $\overline{a \cdot b} = \bar{a} + \bar{b}$.

### ACTIVITATS

**21.** Expressa en el sistema de numeració binari els nombres decimals següents: 3, 9, 11, 17, 35 i 100.

**22.** Converteix a decimal els nombres binaris següents: 1, 10, 101, 1000, 1111, 10001, 10101010.

**23.** Realitza les operacions aritmètiques binàries següents i expressa els resultats en el sistema de numeració binari.

10111 + 1101    110111 + 11101    100110 − 11011

**24.** Aplica l'àlgebra de Boole i realitza les operacions lògiques següents:

$0 + 1 =$    $1 + 1 =$    $1 \cdot 0 =$    $1 \cdot 1 =$    $\bar{1} =$

**25.** D'acord amb les lleis i postulats de l'àlgebra de Boole, obtén el resultat de les expressions següents:

$a + 0 =$    $a + 1 =$    $a + a =$    $a + \bar{a} =$

$a \cdot 0 =$    $a \cdot 1 =$    $a \cdot a =$    $a \cdot \bar{a} =$

**26.** Aplica el teorema de De Morgan i transforma aquestes expressions:

$\overline{a + b} =$    $\overline{a \cdot b} =$    $\overline{a + b + c} =$    $\bar{c} \cdot \bar{d} =$

**27.** Indica a quina funció lògica fa referència cadascuna de les sentències següents:

*a)* El resultat és '1' quan totes les variables valen '1'.

*b)* El resultat és '1' quan qualsevol de les variables val '1'.

*c)* El resultat serà '1' quan la variable valgui '0'.

**28.** Quina funció lògica implementa el circuit elèctric d'arrencada d'un cotxe que només s'engega quan s'acciona la clau de contacte, es porta posat el cinturó de seguretat i es prem el pedal de l'embragatge?

# 6 Funcions i portes lògiques

Molts sistemes digitals i automatismes utilitzen funcions lògiques per executar la seva tasca. I, per dur-les a terme, es fan servir uns components físics electrònics anomenats ***portes lògiques.***

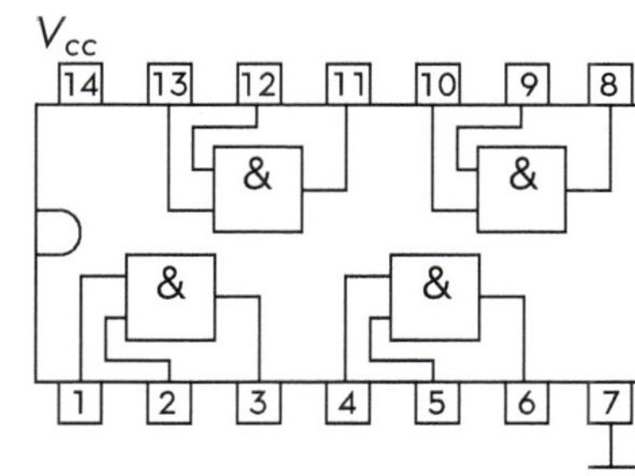


**Fig. 4.40.** Xip 7408 que integra 4 portes I (AND) de 2 entrades

> Les **portes lògiques** són circuits electrònics integrats capaços de realitzar operacions lògiques o funcions booleanes.

Les portes lògiques adopten el mateix nom que les funcions que executen: **O (OR), I (AND), NO (NOT)...**

Les funcions que duen a terme les portes lògiques es poden representar gràficament mitjançant una ***taula de veritat.***

> La **taula de veritat** representa, de manera ordenada, totes les combinacions possibles dels valors de les variables d'entrada i l'estat corresponent de la variable de sortida.

| Porta lògica | Funció | Símbol IEC/DIN | Símbol ASA | Taula de veritat | Circuit elèctric equivalent |
|---|---|---|---|---|---|
| **O (OR)** | $F = a + b$ | 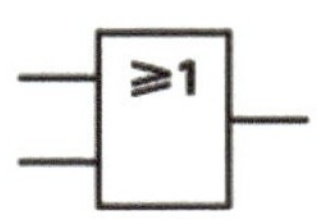 | 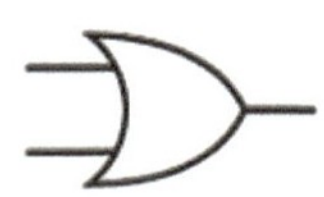 | **a b F**<br>0 0 **0**<br>0 1 **1**<br>1 0 **1**<br>1 1 **1** | 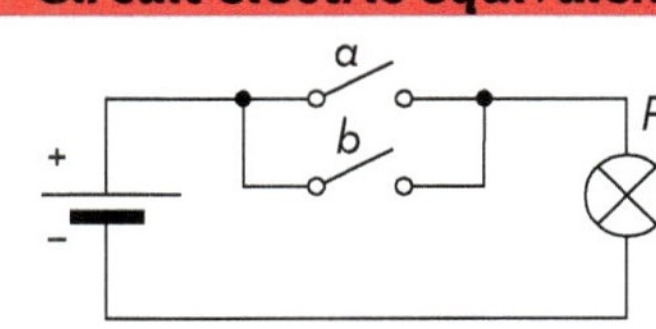 |
| **I (AND)** | $F = a \cdot b$ | 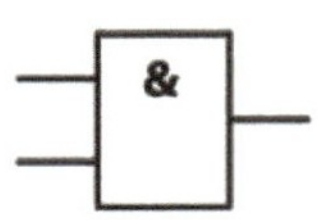 | 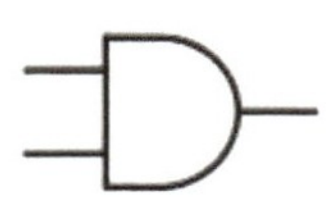 | **a b F**<br>0 0 **0**<br>0 1 **0**<br>1 0 **0**<br>1 1 **1** | 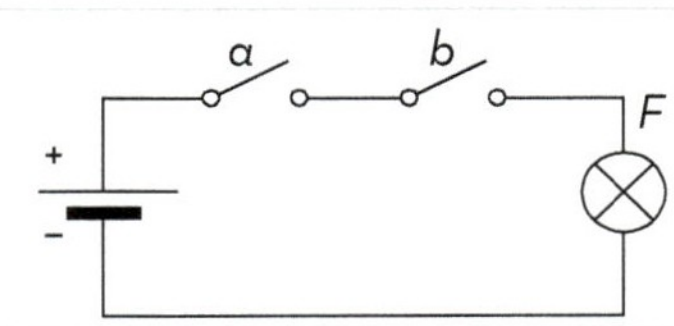 |
| **NO (NOT)** | $F = \bar{a}$ | 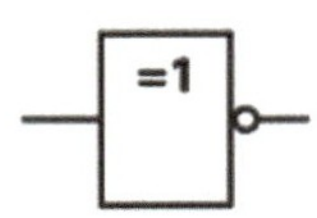 | 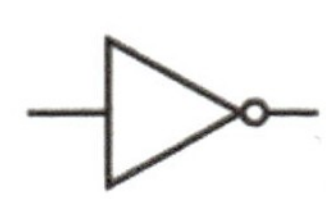 | **a F**<br>0 **1**<br>1 **0** | 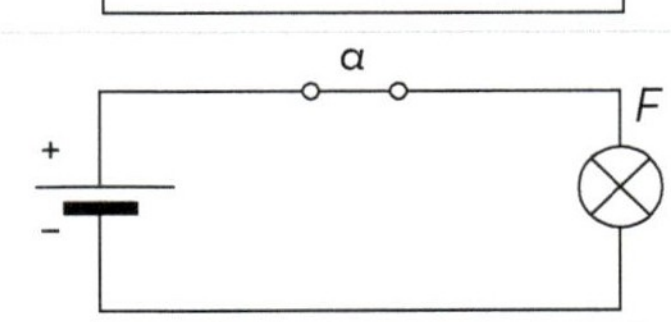 |

**Taula 4.2.** Portes lògiques bàsiques O (OR), I (AND) i NO (NOT)

## EXEMPLE 2

**Un sistema de seguretat d'un habitatge activa una sirena (variable de sortida '*S*') quan l'alarma està connectada (variable d'entrada '*a*') i un sensor detecta presència o moviment (variable d'entrada '*b*'). Obtén la funció lògica del sistema, elabora la taula de la veritat, implementa el circuit amb portes lògiques i dibuixa l'esquema elèctric equivalent.**

Taula de veritat

| *a* | *b* | *S* |
|---|---|---|
| 0 | 0 | **0** |
| 0 | 1 | **0** |
| 1 | 0 | **0** |
| 1 | 1 | **1** |

Funció lògica AND

$$S = a \cdot b$$

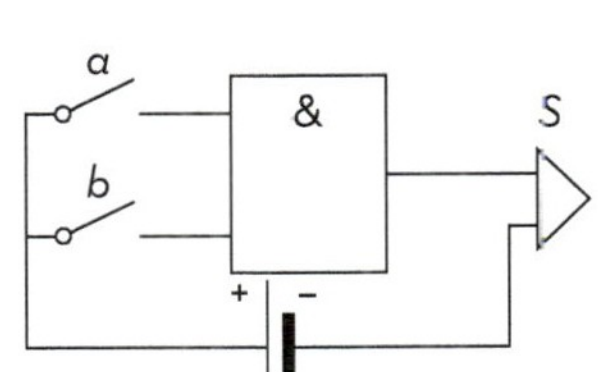


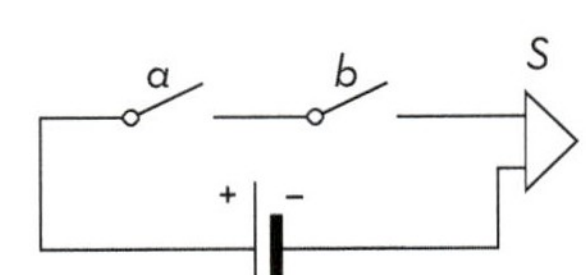

Hi ha altres portes lògiques més complexes, però també de gran importància, com ara la ***NOR*** (negació de la funció ***OR***), ***NAND*** (negació de la funció ***AND***) i ***EXOR,*** que pren el valor de sortida '1' quan les dues variables d'entrada no coincideixen.

| Funció | Símbol | | Taula de veritat | | |
|---|---|---|---|---|---|
| | IEC/DIN | ASA | *a* | *b* | *F* |
| NO-O (NOR) $F = \overline{a + b}$ | 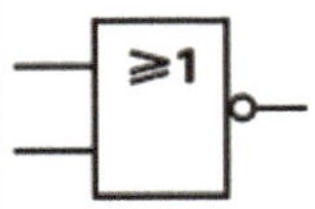 | 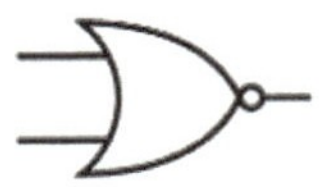 | 0 | 0 | **0** |
| | | | 0 | 1 | **1** |
| | | | 1 | 0 | **1** |
| | | | 1 | 1 | **1** |

| Funció | Símbol | | Taula de veritat | | |
|---|---|---|---|---|---|
| | IEC/DIN | ASA | *a* | *b* | *F* |
| NO-I (NAND) $F = \overline{a \cdot b}$ | 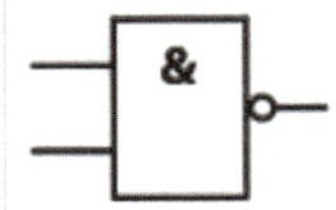 | 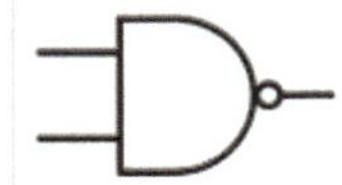 | 0 | 0 | **1** |
| | | | 0 | 1 | **1** |
| | | | 1 | 0 | **1** |
| | | | 1 | 1 | **0** |

**Taula 4.3.** Portes lògiques NO-O (NOR) i NO-I (NAND)

Encara que les portes lògiques més habituals solen tenir dues variables d'entrada, també hi ha portes amb tres entrades. Tanmateix, es poden combinar portes de dues entrades per obtenir-ne funcions amb el nombre de variables desitjades. Exemple:

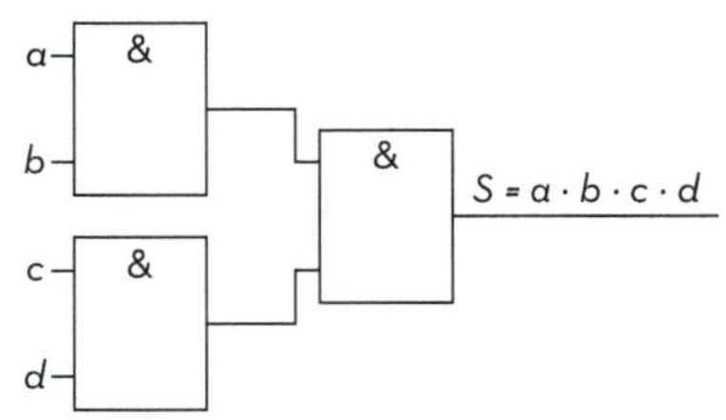


**Fig. 4.41.** Implementació d'una porta AND de 4 entrades a partir de portes AND de 2 entrades

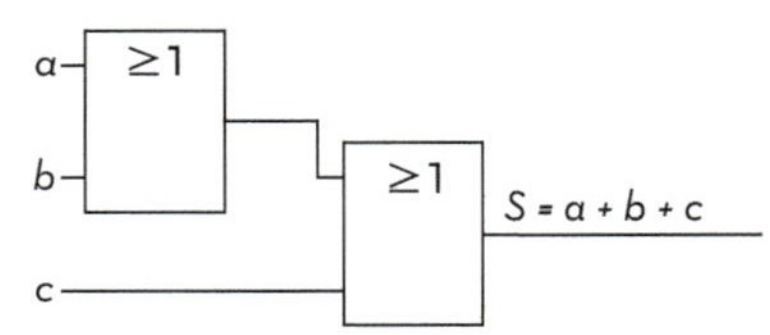


**Fig. 4.42.** Implementació d'una porta OR de 3 entrades a partir de 2 portes OR de 2 entrades

## ACTIVITATS

**29.** Elabora la taula de la veritat d'una porta **I (AND)** de 3 entrades **(*a*, *b* i *c*)** i 1 sortida **(*S*)**. Escriu l'expressió booleana d'aquesta funció i dibuixa el símbol en les normes IEC/DIN i ASA.

**30.** Dibuixa l'esquema elèctric equivalent de la porta **I (AND)** de 3 entrades de l'exercici anterior.

**31.** Implementa una porta **O (OR)** de 4 entrades **(*a*, *b*, *c* i *d*)** a partir de portes **O (OR)** de 2 entrades.

**32.** Com construiries una porta **NO-I (NAND)** de 2 entrades a partir d'una porta **I (AND)** de 2 entrades i una porta **NO (NOT)?** Dibuixa l'esquema lògic.

**33.** Un cotxe disposa d'un sistema de connexió automàtica dels llums del vehicle (variable de sortida **'*S*'**) quan el cotxe està en marxa (variable d'entrada **'*m*'**) i el nivell lumínic ambiental és baix (variable **'*b*'**). Obtén la funció lògica del sistema, fes la taula de veritat, implementa el circuit amb portes lògiques i dibuixa l'esquema elèctric equivalent.

**34.** Determina les funcions lògiques dels dos circuits elèctrics següents, elabora les taules de veritat i dibuixa els esquemes electrònics amb portes lògiques.

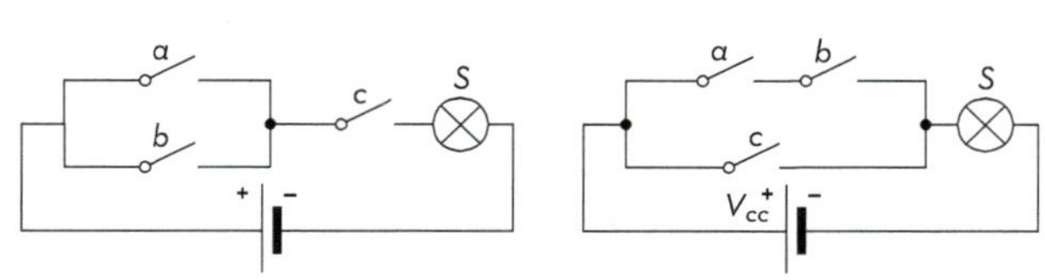


**Fig. 4.43.**

**35.** Comprova el funcionament de les diferents portes estudiades fent servir algun programa o aplicació en línia de simulació de circuits digitals, com ara Yenka, Logic.ly, Logic Lab o algun altre simulador.

# 7 Circuits electrònics digitals

Els circuits lògics digitals permeten resoldre moltes necessitats d'automatització i control de processos. La seva importància es fa palesa en nombroses aplicacions i dispositius: calculadores, comunicacions digitals, ordinadors, sistemes de control...

A més de les portes lògiques bàsiques que hem estudiat, hi ha altres circuits lògics més complexos que són molt utilitzats en tota mena d'aplicacions, i també implementats i integrats en xips: sumadors, restadors, comparadors, codificadors, descodificadors, unitats aritmeticològiques (ALU), etc.

Per resoldre un problema real i implementar-lo amb un circuit electrònic lògic cal seguir els passos següents:

1. Identificar les entrades i sortides del sistema.
2. Elaborar la taula de la veritat.
3. Obtenir i simplificar la funció lògica resultant.
4. Dissenyar i implementar el circuit lògic.
5. Avaluar i comprovar el funcionament del circuit.

### *Obtenció de la funció lògica a partir de la taula de veritat*

A partir de la taula de veritat podem obtenir la funció lògica. Un procediment consisteix a localitzar i tenir en compte només les files de la taula on el valor de la variable de sortida sigui '1'. Llavors, l'expressió lògica resultant serà la suma de tots els productes lògics de les variables d'entrada de les files. On hi ha un '0' posem l'entrada corresponent negada; i on hi ha un '1', la variable sense negar.

| $a$ | $b$ | $c$ | $F$ | |
|---|---|---|---|---|
| 0 | 0 | 0 | **0** | |
| 0 | 0 | 1 | **0** | |
| 0 | 1 | 0 | **0** | |
| 0 | 1 | 1 | **1** | $\bar{a} \cdot b \cdot c$ |
| 1 | 0 | 0 | **1** | $a \cdot \bar{b} \cdot \bar{c}$ |
| 1 | 0 | 1 | **1** | $a \cdot \bar{b} \cdot c$ |
| 1 | 1 | 0 | **0** | |
| 1 | 1 | 1 | **1** | $a \cdot b \cdot c$ |

**Taula 4.4.** Taula de veritat

| $a$ | $b$ | $c$ | $a \cdot \bar{b} + b \cdot c$ |
|---|---|---|---|
| 0 | 0 | 0 | **0** |
| 0 | 0 | 1 | **0** |
| 0 | 1 | 0 | **0** |
| 0 | 1 | 1 | **1** |
| 1 | 0 | 0 | **1** |
| 1 | 0 | 1 | **1** |
| 1 | 1 | 0 | **0** |
| 1 | 1 | 1 | **1** |

**Taula 4.5.** Taula de veritat de la funció resultant simplificada

#### EXEMPLE 3

**Un sistema de control de qualitat d'un procés industrial disposa de tres sensors (*a*, *b* i *c*) que verifiquen el correcte acabat d'un producte. Quan es dóna alguna d'aquestes tres circumstàncies el sistema activa una alarma *F*:**

*a)* Sempre que els sensors ***b*** i ***c*** s'activen simultàniament.

*b)* Sempre que s'activen, al mateix instant, els sensors ***a*** i ***c***.

*c)* Quan només detecta anomalia el sensor ***a***.

**A partir d'aquests requeriments, elaborarem la taula de veritat (vegeu taula 4.4) i, posteriorment, obtindrem la funció lògica resultant:**

$$F = (\bar{a} \cdot b \cdot c) + (a \cdot \bar{b} \cdot \bar{c}) + (a \cdot \bar{b} \cdot c) + (a \cdot b \cdot c)$$

**Sempre que es pugui, és convenient simplificar l'equació obtinguda, atès que permet obtenir circuits lògics equivalents més simples i senzills, amb el consegüent estalvi econòmic, d'espai, de temps, de consum, d'avaries, etc.**

**Per simplificar funcions lògiques hi ha diversos mètodes. En aquest exemple, utilitzarem la simplificació algebraica aplicant alguns dels postulats de l'àlgebra de Boole. Particularment, el que diu que una variable sumada a la seva inversa és sempre 1: $a + \bar{a} = 1$.**

**Simplificarem l'expressió traient factor comú de '$a \cdot \bar{b}$' en el 2n i 3r terme de l'equació i de '$b \cdot c$' en el 1r i 4t terme:**

$$F = a \cdot \bar{b} \cdot (c + \bar{c}) + b \cdot c \cdot (a + \bar{a}) =$$
$$= a \cdot \bar{b} \cdot (1) + b \cdot c \cdot (1) = \boxed{a \cdot \bar{b} + b \cdot c}$$

**Si comparem els valors de les taules 4.4 i 4.5 veurem que els resultats són idèntics, la qual cosa demostra que la simplificació efectuada és correcta. La figura 4.44 mostra el circuit lògic final simplificat.**

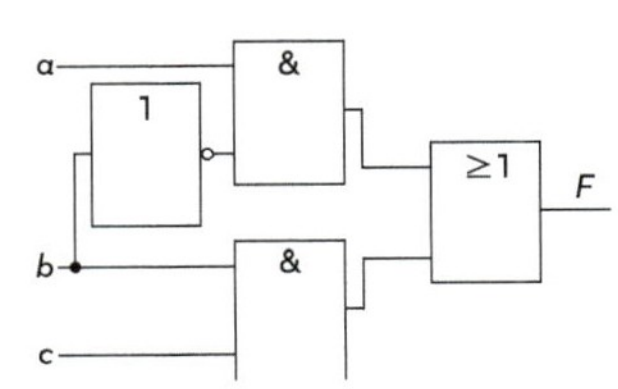


**Fig. 4.44.** Circuit lògic simplificat: $F = a \cdot \bar{b} + b \cdot c$

## ACTIVITATS

36. Obtén la funció lògica de sortida dels circuits següents:

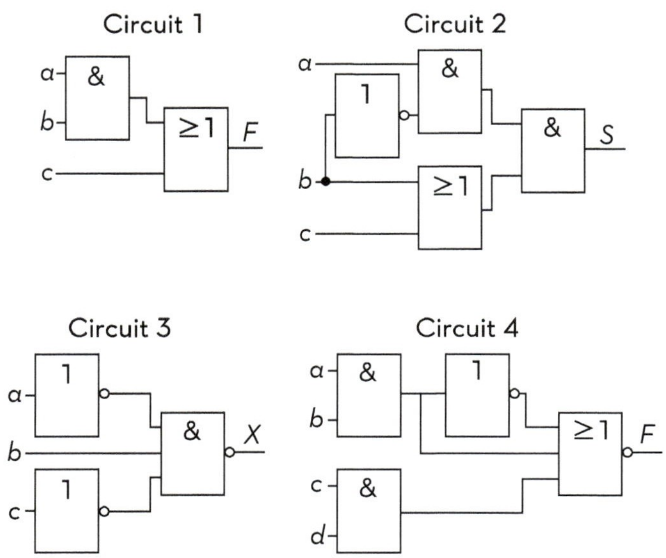


**Fig. 4.45.** Circuits lògics

37. Elabora les taules de veritat dels circuits 1, 2 i 3 de l'activitat anterior.

38. Dibuixa els esquemes elèctrics equivalents dels circuits lògics 1 i 2 de la figura 4.45.

39. Implementa amb portes lògiques els circuits que corresponen a les expressions booleanes següents:

$$S = \bar{a} \cdot b \cdot \bar{c} \qquad F = (a \cdot b) + (\bar{c} \cdot d)$$

$$X = \overline{(a + b) \cdot (c + d)} \qquad S = a \cdot \bar{b} + \bar{a} \cdot b$$

$$S = \overline{\overline{a \cdot b} \cdot \overline{c \cdot d}}$$

40. Simplifica les equacions lògiques següents:

$$F = a \cdot \bar{b} \cdot \bar{c} + a \cdot \bar{b} \cdot c \qquad F = a \cdot b \cdot \bar{c} + a \cdot \bar{b} \cdot \bar{c} + a \cdot c$$

$$F = a \cdot \bar{c} + a \cdot \bar{b} + a$$

41. Dissenya un circuit lògic, implementat amb portes lògiques, per obrir automàticament la porta d'entrada d'un comerç (variable de sortida ***'P'***). Variables d'entrada: sensor interior ***'a'*** i sensor exterior ***'b'***.

42. Un telèfon mòbil activa la il·luminació de la pantalla (variable de sortida ***'L'***) sempre que estigui connectat (variable ***'c'***) i es premi el botó central o d'inici (variable ***'b'***). Elabora la taula de veritat d'aquest sistema de control del telèfon, obtén la funció lògica, implementa el circuit electrònic amb portes lògiques i dibuixa l'esquema elèctric equivalent. En els esquemes, la il·luminació de la pantalla pot ser representada simbòlicament per un led i un resistor en sèrie.

43. A partir del circuit elèctric de la figura, obtén la funció lògica, realitza la taula de veritat i implementa el circuit amb portes lògiques.

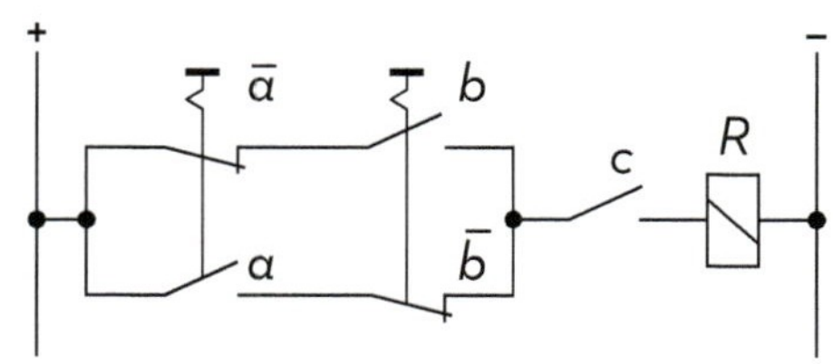

**Fig. 4.46.** Circuit elèctric

44. Comprova el funcionament dels circuits lògics de les tres activitats anteriors amb algun programa o aplicació en línia de simulació de circuits digitals: **Yenka, Logic.ly, Logic Lab,** etc.

45. Implementa els circuits lògics següents només amb portes NO-I (NAND).

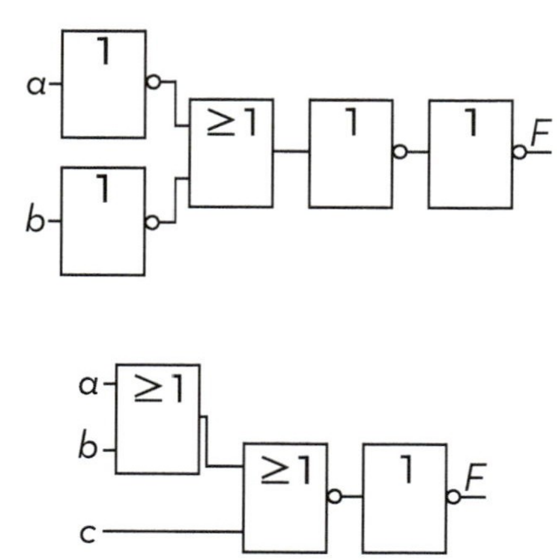

**Fig. 4.47.** Circuits lògics

## POSA'T A PROVA!

### 1. ANALITZA, SIMULA i PRACTICA!

Implementa un circuit electrònic que s'activi quan incideixi un determinat nivell de llum sobre una fotoresistència LDR. El circuit ha de poder ser multifuncional, és a dir, que pugui servir per a diverses aplicacions, com per exemple:

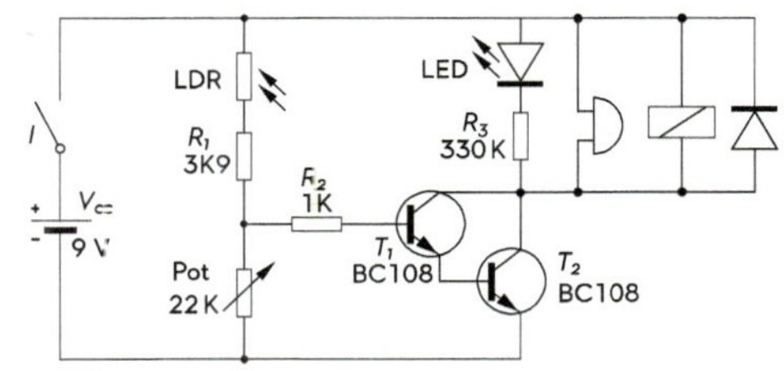


**Fig. 4.48.** Circuit electrònic activat per llum

- Sistema d'alarma activada per llum, la sortida del qual connectarà, per exemple, un llum o led, un brunzidor o sirena, o bé un relé que, al seu torn, podrà posar en marxa qualsevol altre dispositiu.
- Despertador activat per llum.
- Sistema de control automàtic d'un tendal, el qual s'obrirà en detectar-se un determinat nivell de llum i es tancarà quan es faci fosc.

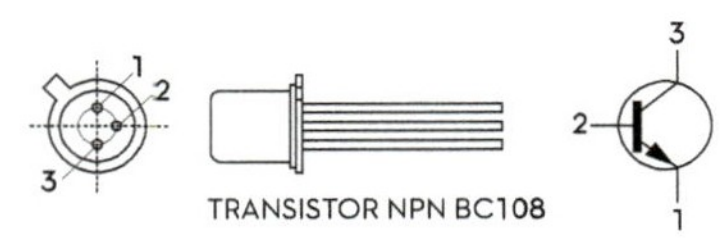


**Fig. 4.49.**

- Sistema d'accionament automàtic de les persianes de les finestres d'un institut. Les persianes s'apujaran quan es faci de dia i s'abaixaran quan es faci fosc.

A la figura 4.48 es mostra un circuit d'exemple. Analitza'l i esbrina com funciona. A continuació, dibuixa i simula aquest mateix circuit d'exemple o un altre de semblant que faci la mateixa funció, amb algun programa o aplicació en línia de simulació de circuits electrònics. Si disposes dels components electrònics suficients, munta'l en una placa de proves *(placa protoboard)* i comprova'n el correcte funcionament.

### 2. DISSENYA, INNOVA, SIMULA I EXPERIMENTA!

Has de dissenyar un sistema de control d'enllumenat eficient per a un institut d'ensenyament secundari amb l'objectiu d'estalviar energia, el qual ha de permetre, en mode automàtic, que s'encenguin els llums d'una aula només quan es detecti presència d'alumnes i no hi hagi prou llum natural; en cas contrari, la il·luminació de l'aula s'apagarà automàticament. En mode manual, els llums romandran encesos permanentment.

Els elements que configuren les tres variables d'entrada (***p*, *s*** i ***a***) són: detector de presència (***p* = 1**); sensor de llum (fosc → ***s* = 1;** clar → ***s* = 0**); comandament automàtic/manual (automàtic → ***a* = 1;** manual → ***a* = 0**). La sortida ***S*** activarà un relé que serà l'encarregat de controlar l'encesa i apagada de la il·luminació de l'aula. Realitza:

*a)* La taula de veritat del sistema d'enllumenat i la funció lògica simplificada.

*b)* El circuit electrònic digital implementat amb portes lògiques.

*c)* La comprovació del funcionament del circuit lògic amb algun programa o aplicació en línia de simulació: **Yenka, Logic.ly, Logic Lab,** etc.

*d)* L'esquema del circuit elèctric equivalent.

*e)* Si disposes d'algun entrenador d'electrònica digital o del material necessari, munta el circuit en l'entrenador o en una placa de proves *(placa protoboard)* i comprova el correcte funcionament.

## ACTIVITATS FINALS

**1. Relaciona cada component electrònic de la llista amb la característica que millor el descriu.**

*resistor - condensador - relé - díode - led - transistor - LDR - NTC*

*a)* Interruptor elèctric accionat per electroimant.

*b)* Emet llum quan és travessat per un corrent elèctric.

*c)* La resistència varia amb la temperatura.

*d)* Ofereix resistència al pas del corrent elèctric.

*e)* Serveix per emmagatzemar temporalment petites càrregues elèctriques.

*f)* La resistència varia segons la llum que hi incideix.

*g)* Permet el pas del corrent en un únic sentit.

*h)* Component electrònic que consta de tres terminals i que pot funcionar com a amplificador.

**2. Indica el nom del component electrònic que correspon a cada símbol.**

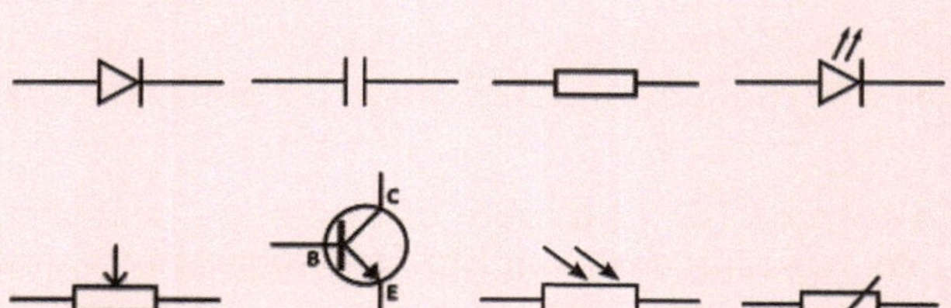


**Fig. 4.50.**

**3. Determina el codi de colors dels resistors que es descriuen a continuació.**

**47 Ω / 10 % - 220 Ω / 5 % - 1 000 Ω / 10 % - 5 600 Ω / 5 % - 68 kΩ / 5 % - 330 kΩ / 5 %**

**4. Obtén el valor nominal i la tolerància dels resistors següents:**

*marró - verd - marró/plata*
*vermell - vermell - groc/or*
*blau - gris - negre/or*
*vermell - negre - verd/or*

**5. Identifica els components electrònics que es mostren a continuació.**

**Fig. 4.51.**

**6. El circuit de sota correspon a un temporitzador. Les frases següents n'expliquen el funcionament. Copia-les en l'ordre correcte.**

*a)* El transistor es troba en estat de bloqueig i la bombeta roman apagada fins que, al cap d'un temps, el condensador està prou carregat i amb voltatge suficient per establir un corrent de base adient per fer conduir el transistor i encendre la bombeta.

*b)* Quan deixem de prémer el polsador ***P***, el condensador comença a carregar-se novament i s'inicia un nou cicle de temporització.

*c)* En prémer el polsador ***P***, el condensador es descarrega, el transistor passa a l'estat de no-conducció i la bombeta s'apaga.

*d)* Quan s'acciona l'interruptor ***I***, el condensador comença a carregar-se a través del corrent elèctric que circula a través del resistor variable de 10 kΩ.

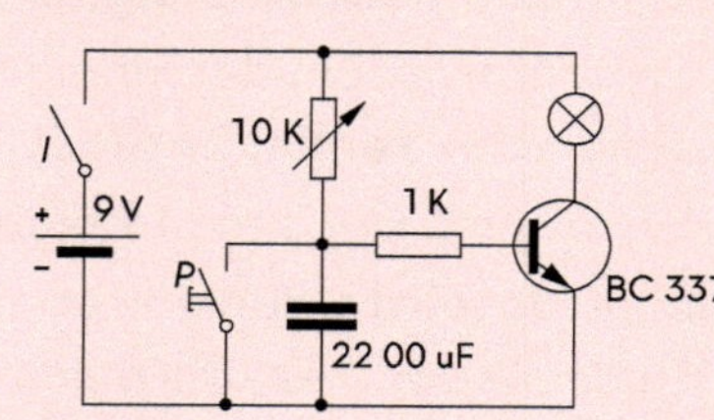


**Fig. 4.52.**

**7.** **Identifica els diferents elements del circuit electrònic, explica com funciona i comenta per a què es podria fer servir.**

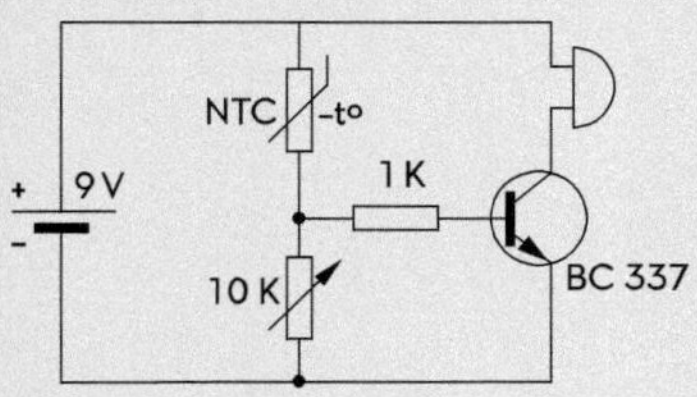


**Fig. 4.53.**

**8.** **Si les variables o els senyals poden prendre, teòricament, infinits valors, és un sistema:**

*a)* Digital
*b)* Analògic
*c)* Multifuncional
*d)* Continu

**9.** **Les variables lògiques poden adoptar:**

*a)* Infinits estats.
*b)* Quatre valors.
*c)* Dos estats.
*d)* Depèn de la funció lògica.

**10.** **El nombre decimal 13 expressat en el sistema de numeració binari és el:**

*a)* 1111 *b)* 1100 *c)* 1101 *d)* 1011

**11.** **El nombre binari 1011 expressat en el sistema de numeració decimal és el:**

*a)* 10 *b)* 11 *c)* 15 *d)* 14

**12.** **La porta que implementa la suma lògica s'anomena:**

*a)* I (AND)
*b)* NO-I (NAND)
*c)* NO (NOT)
*d)* O (OR)

**13.** **En una porta NO-I (NAND), la variable de sortida val '1' quan:**

*a)* Totes les variables d'entrada valen 1.
*b)* Alguna variable d'entrada val 0.
*c)* Totes les variables d'entrada valen 0.
*d)* Alguna variable d'entrada val 1.

**14.** **La porta lògica que implementa la funció $F = \overline{a + b}$ s'anomena:**

*a)* O (OR)
*b)* NO-I (NAND)
*c)* NO (NOT)
*d)* NO-O (NOR)

**15.** **Si apliquem el teorema de De Morgan a l'equació $F = \overline{a + b + c}$, el resultat serà:**

*a)* $F = \overline{a + b} \cdot \overline{c}$
*b)* $F = \overline{a} + \overline{b} + \overline{c}$
*c)* $F = \overline{a} \cdot \overline{b} \cdot \overline{c}$
*d)* $F = \overline{a \cdot b \cdot c}$

**16.** **Aplica les lleis i els postulats de l'àlgebra de Boole i obtén els resultats de les expressions següents:**

$a \cdot a =$ $1 + 1 =$ $a + 1 =$ $a + \overline{a} =$

$1 \cdot 0 =$ $a \cdot 1 =$ $a \cdot \overline{a} =$ $\overline{1} =$

**17.** **Elabora la taula de veritat i dibuixa el circuit electrònic amb portes lògiques de l'equació:**

$$S = (a \cdot \overline{b} + \overline{a} \cdot b) \cdot c$$

**18.** **Obtén la funció lògica de sortida dels circuits següents:**

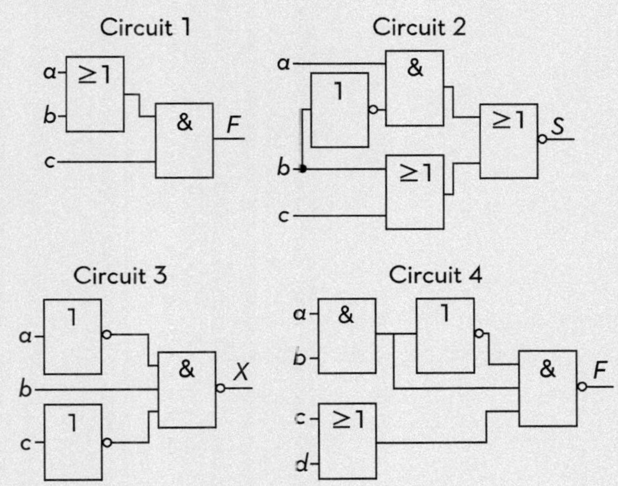


**Fig. 4.54.**

**19.** **Aplica el teorema de De Morgan i transforma aquestes expressions:**

$\overline{\overline{a + b}} =$ $\overline{a \cdot b \cdot \overline{c}} =$ $\overline{a + \overline{\overline{b}}} =$

$\overline{a + b + c} =$ $\overline{c} + \overline{d} =$

**20.** **Una caixa forta té incorporat un pany electrònic amb tres polsadors (*'a'*, *'b'*, i *'c'*). Per obrir-la (variable de sortida *'X'*), cal prémer simultàniament els polsadors *'a'* i *'c'*, i no activar el polsador *'b'*. Determina la funció lògica del sistema d'apertura de la caixa forta i implementa el circuit amb portes lògiques.**

# 5 PNEUMÀTICA I HIDRÀULICA

**Objectius**

- ✓ Identificar aplicacions de les tecnologies pneumàtica i hidràulica
- ✓ Reconèixer els components bàsics dels sistemes pneumàtics i hidràulics a partir dels seus símbols normalitzats i descriure'n les funcions principals
- ✓ Dissenyar circuits pneumàtics senzills a partir de la funció que han de realitzar
- ✓ Utilitzar programari específic de disseny i simulació de circuits pneumàtics i hidràulics

Sumari



# QUÈ EN SAPS?

Observa la imatge que serveix d'introducció a aquesta unitat. Sabries dir què és? i quina és la funció d'aquesta «màquina»? Coneixes el nom dels elements que hi apareixen en color vermell? Quin tipus de moviment aporten? Quina mena de fluid circula pels tubs flexibles de color negre?

Possiblement, els conceptes de *sistemes pneumàtics* i *hidràulics* no et diran gran cosa. Probablement, pensaràs que són aplicacions tecnològiques molt lligades a la indústria. I no et faltarà raó. També és cert, però, que a poc que t'hi fixis, pots trobar ginys, màquines i sistemes pneumàtics i hidràulics al teu voltant més proper com, per exemple, un ascensor, una atracció de fira, les portes dels autobusos, les excavadores...

En aquesta unitat t'introduirem en aquests dos sistemes tecnològics. Veuràs que tenen una gran similitud i moltes aplicacions útils. Aprendràs a identificar-los, analitzar-los, dissenyar-los, simular-ne el funcionament amb eines TIC i, si disposes de material, a construir-los.

Som-hi?

**Fig. 5.1.** Exemples d'aplicacions pneumàtiques. *a)* Tornavís pneumàtic; *b)* Accionament de portes en un autobús; *c)* Manipulador d'objectes; *d)* Martell pneumàtic

# 1 Aplicacions de la pneumàtica i la hidràulica

La tecnologia **pneumàtica** utilitza l'aire comprimit per a la realització de treball.

Són exemples d'aplicacions de sistemes pneumàtics:

- El desplaçament i la subjecció d'objectes en processos industrials.
- L'accionament de portes i frens en vehicles.
- Les eines manuals (tornavís, martell...).

La tecnologia **hidràulica** utilitza un líquid (normalment oli) per transmetre pressió amb la finalitat de realitzar un treball.

Són exemples d'aplicacions de sistemes hidràulics:

- L'accionament d'elements de maquinària pesant.
- Els elevadors de grans càrregues.
- L'accionament de frens de vehicles.

La principal diferència entre els sistemes pneumàtic i hidràulic és el tipus de fluid que utilitzen: l'aire en el cas dels pneumàtics, i l'oli en el cas dels hidràulics. Tot i que utilitzem el terme «hidràulic», els sistemes analitzats són «oleohidràulics» perquè utilitzen l'oli com a fluid.

**Fig. 5.2.** Exemples d'aplicacions hidràuliques. *a)* Fre del tren d'aterratge d'un avió; *b)* Amortidor de bicicleta; *c)* Gat per elevar vehicles; *d)* Maquinària d'obres

## ACTIVITATS

1. **Investiga una aplicació concreta de la tecnologia pneumàtica i una altra de la hidràulica, i presenta un informe que les descrigui.**
2. **Investiga quins són els avantatges i els inconvenients de les tecnologies pneumàtica i hidràulica.**

# 2 Principis de la tecnologia pneumàtica

Si vols realitzar un **treball** com ara desplaçar un objecte, et caldrà disposar de **força.** Aquesta força la pots obtenir d'un fluid a **pressió.** Quan apliquis aquest fluid a un recinte tancat (cilindre) amb una **superfície** mòbil (pistó), obtindràs una força. El fluid actua com a transmissor de l'**energia** que et permet fer el treball.

La relació matemàtica entre la força, la pressió i la superfície és la següent:

$$F = p \cdot A$$

***F*** és la força en newtons (N),
***p*** és la pressió en pascals (Pa),
***A*** és la superfície en $m^2$.

La unitat de mesura de pressió en el Sistema Internacional és el **pascal (Pa),** que és la pressió que, aplicada a 1 $m^2$, proporciona una força d'1 N. Ara bé, aquesta unitat és massa petita per als sistemes tecnològics pneumàtics i hidràulics. És per això que s'utilitza una altra unitat acceptada internacionalment: el **bar.**

$$1\ \text{Pa} = \frac{1\ \text{N}}{1\ \text{m}^2}$$

$$1\ \text{bar} = 10^5\ \text{Pa} = 100\ 000\ \text{Pa}$$

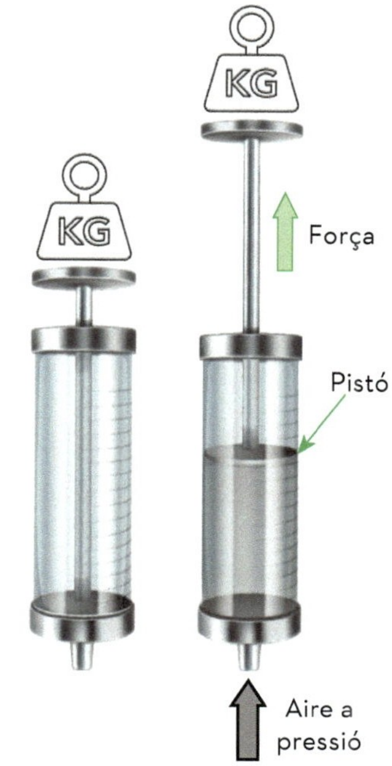


**Fig. 5.3.** L'aire a pressió proporciona força capaç de realitzar un treball.

## EXEMPLE 1

**Necessites elevar 0,5 m un objecte de 300 N de pes. Per fer això disposes d'un cilindre amb un pistó de 2 cm de diàmetre. Quina pressió ha de tenir el fluid perquè puguis realitzar el treball? Quanta energia haurem consumit?**

**Dades**

$s = 0{,}5$ m

$F = 300$ N

$D = 2$ cm $= 0{,}02$ m

$p = ?$

**Resolució**

$$F = p \cdot A \quad \Rightarrow \quad p = \frac{F}{A}$$

La superfície del pistó és: $A = \pi \cdot r^2 = \pi \cdot (0{,}01\ \text{m})^2 = 3{,}14 \cdot 10^{-4}\ \text{m}^2$

La pressió del fluid haurà de ser: $p = \frac{F}{A} = \frac{300\ \text{N}}{3{,}14 \cdot 10^{-4}\ \text{m}^2} = 954{,}93 \cdot 10^3\ \text{Pa}$

Expressant la solució en bar: $954{,}93 \cdot 10^3\ \text{Pa}\ \frac{1\ \text{bar}}{10^5\ \text{Pa}} = 9{,}55\ \text{bar}$

L'energia consumida, suposant que no hi ha pèrdues, serà la mateixa que el treball realitzat: $W = F \cdot s = 300\ \text{N} \cdot 0{,}5\ \text{m} = 150\ \text{J}$

## ACTIVITATS

**3.** **Quina força obtindrem amb un cilindre de Ø16 mm si l'alimentem amb aire a 4 bar de pressió?**

**4.** **Un circuit amb un cilindre treballa a una pressió de 6 bar. Què podem fer per augmentar la força disponible si no és possible augmentar la pressió?**

**5.** **En una aplicació industrial, necessitem moure un objecte i, per a això, ens cal una força de 245 N. Si el circuit pneumàtic treballa a una pressió de 5 bar, quin haurà de ser el diàmetre interior del cilindre?**

**6.** **Els països anglòfons utilitzen la unitat *psi* per mesurar la pressió. Quina és l'equivalència en *bar*?**

# 3 Components d'un sistema pneumàtic

De la mateixa manera que un sistema elèctric necessita un generador que proporcioni l'energia elèctrica, uns conductors per on pugui circular el corrent elèctric, uns receptors que transformin l'energia en treball i uns dispositius de control per poder interrompre o desviar el pas del corrent, un sistema pneumàtic necessita:

- Un equip de **producció** i **condicionament** d'aire comprimit.
- Uns **tubs** o **canonades** per on pugui circular l'aire.
- Uns **actuadors** que transformin l'energia en treball útil.
- Unes **vàlvules** que permetin interrompre, desviar o regular el pas de l'aire.

SABIES QUE...

Els **compressors** necessiten ser accionats per un motor. Normalment, utilitzen motors **elèctrics**, però també n'hi ha que utilitzen motors **tèrmics**, com ara els de gasolina o gasoil.

## 3.1. Producció i condicionament

Un sistema pneumàtic necessita aire comprimit en quantitat i qualitat adequades per alimentar el circuit. D'aquesta funció se n'encarrega l'equip de producció i condicionament, que consta dels elements següents:

compressor - dipòsit - pressòstat - filtre - regulador de pressió - greixador

Un **compressor** és una màquina accionada per un motor que aconsegueix omplir un dipòsit amb aire a una pressió superior a l'atmosfèrica.

**Fig. 5.4.** Equip de producció i condicionament d'aire comprimit

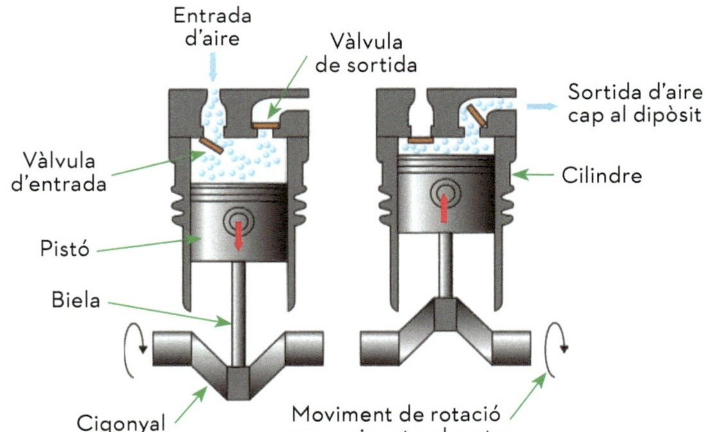


**Fig. 5.5.** Detall del funcionament d'un compressor de pistó o d'èmbol

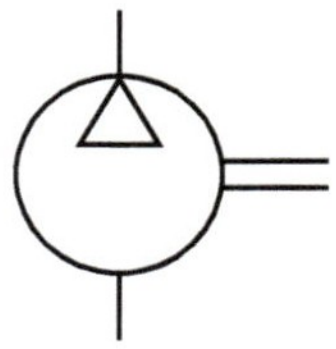

**Fig. 5.6.** Símbol d'un compressor pneumàtic

El **dipòsit** compleix la funció d'emmagatzemar prou quantitat d'aire a pressió perquè el subministrament al circuit sigui uniforme.

Els dipòsits disposen d'una vàlvula de seguretat (limitadora de pressió) que deixa sortir l'aire quan la pressió supera el valor màxim i d'una vàlvula de drenatge per buidar-lo de l'aire i dels residus (aigua, pols, òxid...) que s'hi hagin pogut acumular.

Un **pressòstat** és un interruptor controlat per pressió.

La funció del pressòstat és posar en marxa el motor que acciona el compressor quan la pressió en el dipòsit disminueix, i aturar-lo quan arriba al valor màxim.

L'aire que surt del dipòsit s'ha de **condicionar** abans no arribi al circuit pneumàtic. Aquest condicionament consisteix en un filtratge, una regulació de pressió i una lubrificació.

L'aire atmosfèric conté humitat i pols i a l'interior del dipòsit es poden acumular petites partícules d'òxid. Tots aquests elements poden fer malbé els components del circuit pneumàtic i, per tant, cal filtrar-los per evitar que passin al circuit.

La funció del **filtre** és retenir l'aigua i les petites partícules sòlides que pugui contenir l'aire que surt del dipòsit.

La pressió a l'interior del dipòsit varia entre uns valors màxim i mínim fixats pel pressòstat. El circuit pneumàtic, en canvi, necessita ser alimentat a una pressió constant que, a més, pugui ser escollida per l'operador del sistema en funció del treball a realitzar.

El **regulador de pressió** té la funció de fixar la pressió de l'aire que alimenta el circuit i de mantenir-la constant. La pressió de sortida sempre serà menor que la del dipòsit.

Els circuits pneumàtics incorporen molts elements mòbils que estan sotmesos a fregament i, per tant, a desgast. Si es redueix el fregament, es millora el funcionament i la durabilitat d'aquests elements. Per reduir el fregament, s'utilitza oli lubrificant.

El **greixador** vaporitza petites quantitats d'oli lubrificant a l'aire que surt cap al circuit pneumàtic.

El filtre, el regulador de pressió i el greixador normalment s'integren en un únic conjunt que, a més, incorpora un **manòmetre** que permet visualitzar el valor de la pressió de sortida cap al circuit. Aquest conjunt d'elements es coneix com a **unitat de manteniment.**

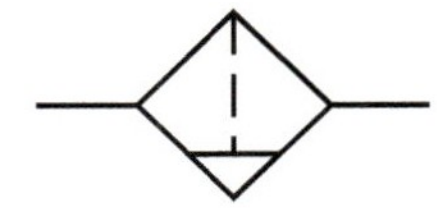
**Fig. 5.7.** Símbol d'un filtre

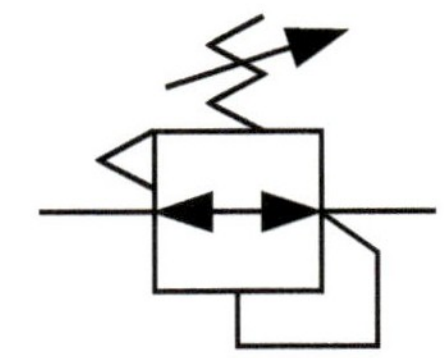
**Fig. 5.8.** Símbol d'un regulador de pressió

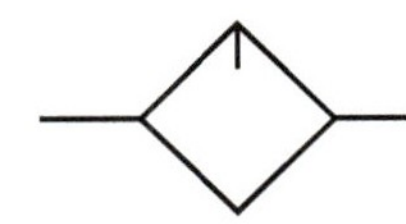
**Fig. 5.9.** Símbol d'un greixador

**Fig. 5.10.** Símbol d'un manòmetre

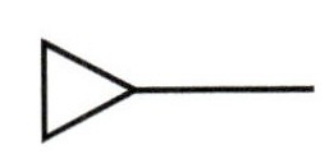
**Fig. 5.11.** Símbol d'una font de pressió

**Fig. 5.13.** Unitat de manteniment

**Fig. 5.12.** Símbol detallat i simplificat d'una unitat de manteniment

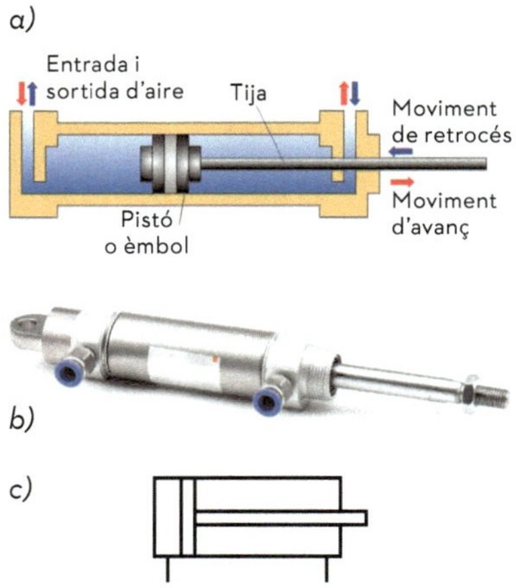


**Fig. 5.14.** Cilindre de doble efecte. *a)* Detall del funcionament; *b)* Fotografia; *c)* Símbol

# 3.2. Actuadors

Un **actuador** pneumàtic és un dispositiu capaç de transformar l'energia de l'aire comprimit en moviment i força per realitzar un treball.

Els actuadors es poden classificar segons el moviment que proporcionen:

- **Cilindres.** Proporcionen un moviment **rectilini.**
- **Actuadors de gir.** Fan un moviment **angular.**
- **Motors pneumàtics.** Fan un moviment de **rotació.**

## A. Cilindres

Aconsegueixen un moviment rectilini en dos sentits: moviment d'avanç quan la tija surt del cilindre i moviment de retrocés quan hi entra. Els dos models bàsics són els de simple efecte i els de doble efecte.

Els de **simple efecte** només tenen una entrada/sortida d'aire; l'avanç es fa gràcies a la pressió de l'aire que hi entra, i el retrocés, gràcies a l'acció d'una molla interna. Aquest tipus de cilindres només fan treball en el moviment d'avanç.

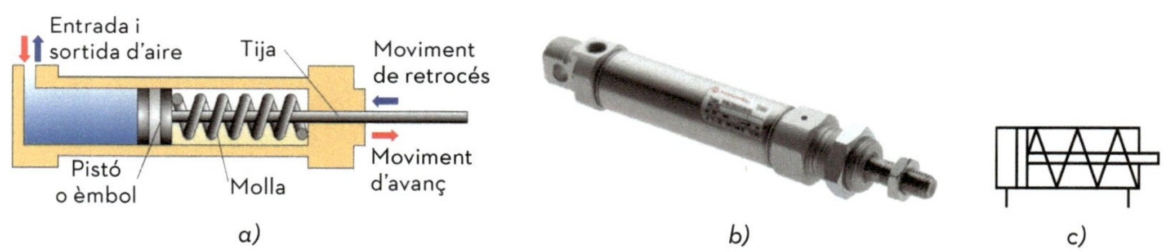


**Fig. 5.15.** Cilindre de simple efecte. *a)* Detall del funcionament; *b)* Fotografia; *c)* Símbol

Els de **doble efecte** tenen dues entrades/sortides d'aire; els dos moviments es fan gràcies a la pressió de l'aire i poden fer treball en tots dos moviments.

## B. Actuadors de gir

Funcionen de forma similar als cilindres de doble efecte. Aconsegueixen un moviment angular en dos sentits gràcies a un mecanisme **pinyó-cremallera.**

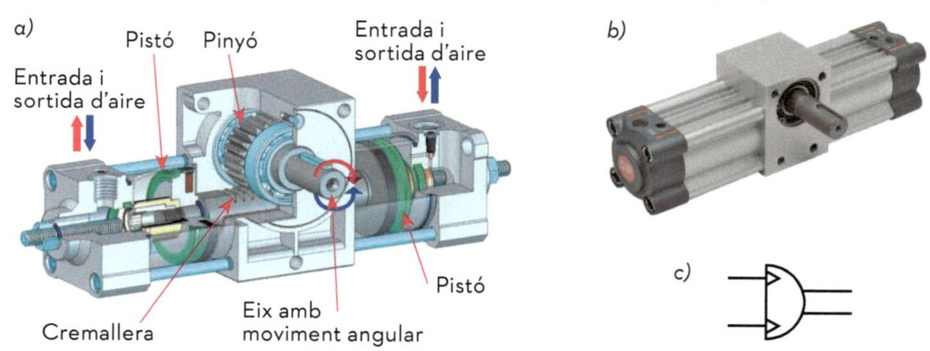


**Fig. 5.16.** Actuador de gir. *a)* Detall del funcionament; *b)* Fotografia; *c)* Símbol

## C. Motors pneumàtics

Proporcionen un moviment de gir continu semblant al dels motors elèctrics. El tornavís pneumàtic és un exemple d'eina que funciona gràcies a aquests tipus de motors.

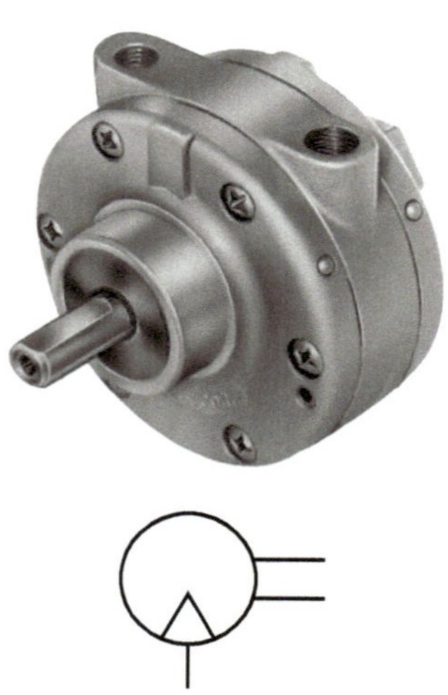

**Fig. 5.17.** Fotografia i símbol d'un motor pneumàtic

# 3.3. Vàlvules

Les **vàlvules** són elements que permeten distribuir o regular la circulació d'aire comprimit dins el circuit pneumàtic.

Segons la seva funció, les vàlvules poden ser **distribuïdores** o **reguladores.**

## A. Vàlvules distribuïdores

S'encarreguen d'obrir, de tancar o de desviar el pas de l'aire comprimit. S'identifiquen amb dues xifres. La primera representa les **vies** d'entrada/sortida d'aire de què disposa, i la segona, les **posicions** que pot adoptar.

Una vàlvula distribuïdora **3/2** té **tres** vies d'entrada/sortida d'aire i **dues** posicions possibles.

En els símbols que representen les vàlvules, les posicions es representen amb petits quadrats, i les vies, amb petites línies que surten d'**un sol** quadrat. A l'interior dels quadrats s'hi representen, amb fletxes i línies, les connexions i obstruccions que afecten cadascuna de les vies.

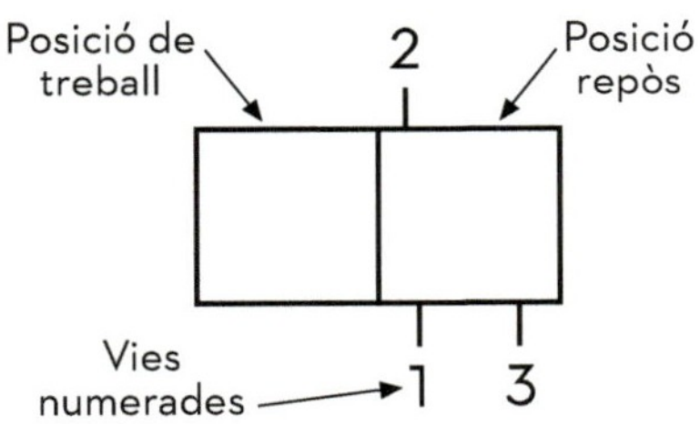


**Fig. 5.18.** Elements del símbol d'una vàlvula distribuïdora

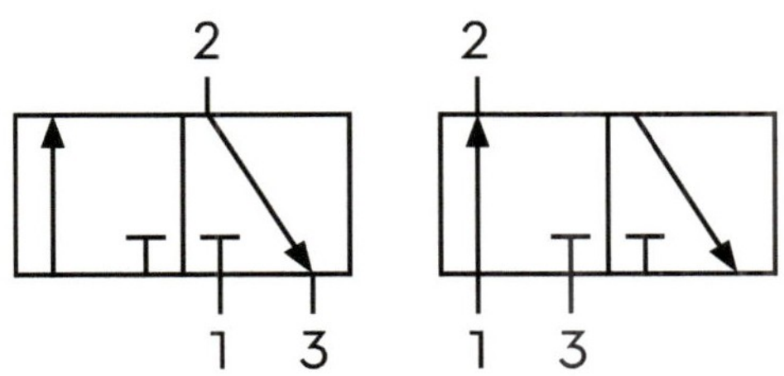


**Fig. 5.19.** Símbols que representen la posició de repòs (esquerra) i de treball (dreta) d'una vàlvula 3/2

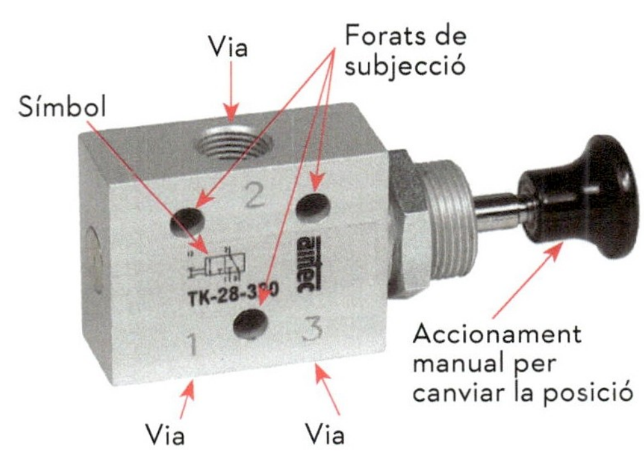


**Fig. 5.20.** Elements d'una vàlvula 3/2 amb accionament manual

A la vàlvula distribuïdora 3/2 de les figures anteriors, en estat de **repòs** (quan no es toca l'accionament manual), la via 1 està **bloquejada** i per tant no permet el pas de l'aire. Les vies 2 i 3 estan **connectades** i l'aire que entra per la via 2 surt per la 3. En estat de **treball** (quan s'acciona manualment), la posició canvia i es bloqueja la via 3. Les vies 1 i 2 queden connectades i l'aire que entra per la 1 surt per la 2.

Tot seguit et mostrem els símbols d'algunes de les vàlvules distribuïdores més comunes.

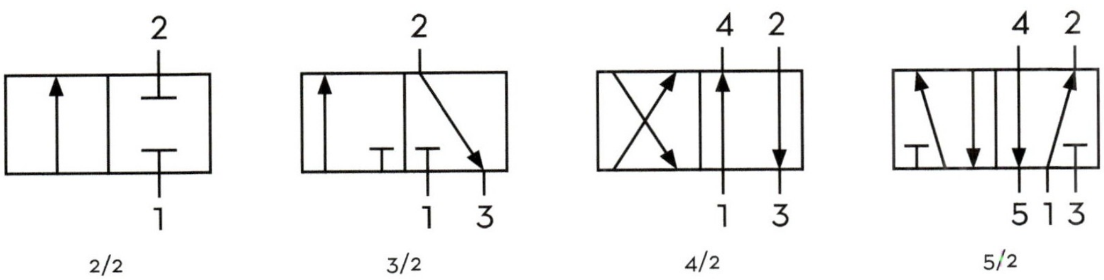


**Fig. 5.21.** Vàlvules distribuïdores

## B. Vàlvules reguladores

Fig. 5.22. Símbol d'una vàlvula antiretorn. L'aire pot circular-hi de dreta a esquerra però no a l'inrevés.

Aquestes vàlvules, a diferència de les distribuïdores, no tenen la funció de desviar o d'interrompre el pas de l'aire comprimit. Les vàlvules reguladores realitzen diverses funcions útils en un circuit.

**Antiretorn.** Permet el pas de l'aire comprimit en un sentit, però no en el sentit contrari.

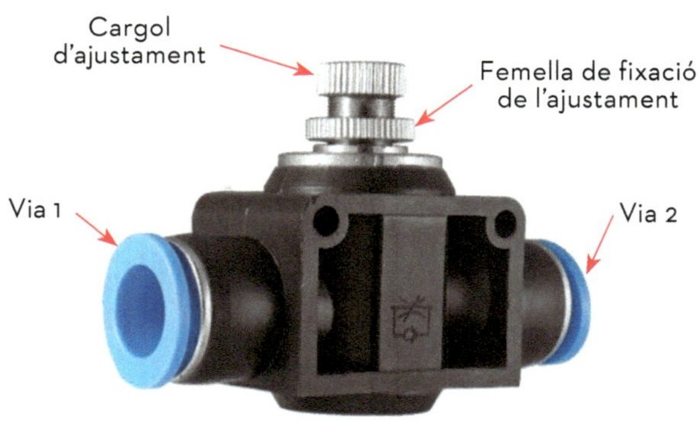


**Fig. 5.23.** Vàlvula reguladora de cabal unidireccional. Només regula quan l'aire passa de la via 1 a la 2.

**Reguladora de cabal.** Permet reduir el cabal d'aire que hi circula en qualsevol dels sentits. Es tracta d'una vàlvula **ajustable** i, per tant, disposa d'un cargol que permet a l'operari ajustar el cabal a les necessitats del circuit. S'utilitza per reduir la **velocitat** dels moviments dels actuadors. Una reducció de cabal comporta una reducció de velocitat sense pèrdua de força en l'actuador.

**Reguladora de cabal unidireccional.** Formada internament per una vàlvula reguladora i una antiretorn, redueix el cabal de l'aire que hi circula, però només en un sentit.

**Fig. 5.24.** Símbols de vàlvules reguladores de cabal. A l'esquerra, vàlvula bidireccional (regula el cabal en tots dos sentits). A la dreta, vàlvula unidireccional (només regula el cabal quan l'aire circula de la via 1 a la 2).

> **SABIES QUE...**
>
> El **cabal** és una relació entre el volum i el temps. En pneumàtica és comú utilitzar la unitat de **l/min** (litres per minut) per mesurar-lo.

**Selectora de circuit.** Es tracta d'una vàlvula amb tres vies, dues d'entrada (1 i 3) i una de sortida (2). L'aire a pressió sortirà per la sortida (2) sempre que hi hagi pressió **en alguna o en totes dues** entrades. S'utilitza, per exemple, per comandar una part del circuit des de dos punts diferents.

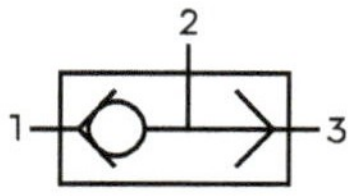


**Fig. 5.25.** Símbol de vàlvula selectora. A la sortida (2) hi haurà pressió sempre que hi hagi pressió en alguna de les entrades o en les dues de manera simultània.

**De simultaneïtat.** També té dues entrades (1 i 3) i una sortida (2). En la sortida obtindrem pressió d'aire **només** si alimentem les dues entrades **alhora.** En algunes aplicacions, aquesta vàlvula s'utilitza com a element de seguretat, ja que obliga l'operari a utilitzar les dues mans per posar en marxa una màquina.

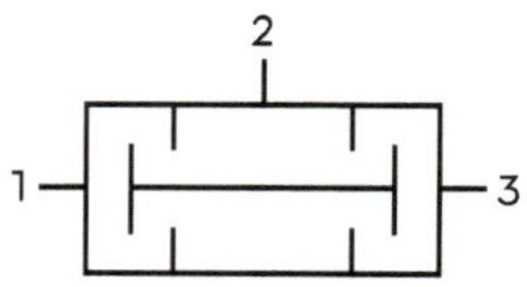


**Fig. 5.26.** Símbol de vàlvula de simultaneïtat. A la sortida (2) hi ha pressió només si apliquem pressió en les dues entrades (1 i 3) de manera simultània.

**Fig. 5.27.** Vàlvula de simultaneïtat

## 3.4. Accionaments

Les vàlvules distribuïdores fan la seva funció canviant la seva posició de repòs a treball i viceversa. Per fer aquests canvis de posició, els cal disposar d'accionaments. N'hi ha de diferents tipus segons la tècnica utilitzada.

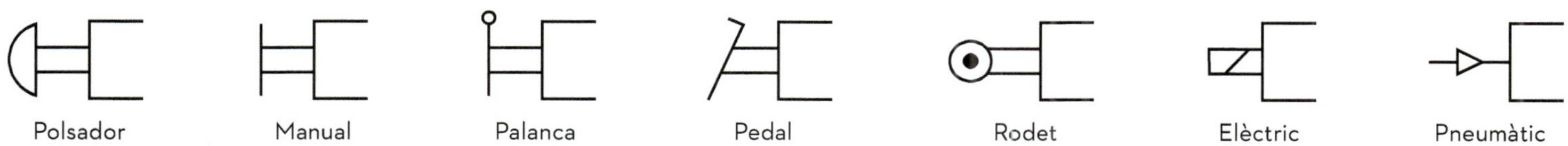


**Fig. 5.28.** Símbols de diferents accionaments

### A. Accionaments mecànics

Poden utilitzar una acció humana (amb la mà o el peu) o bé la d'algun element mòbil. Els més usuals són els **polsadors,** les **palanques** i els **pedals,** tots accionats per persones. D'altra banda, hi ha els **palpadors** i els **rodets,** que utilitzen la força d'elements mòbils, com ara els productes d'una cadena de fabricació, portes, tiges de cilindres, etc. Els accionaments per rodet compleixen la funció de **final de cursa** i detecten quan un element mòbil arriba a una posició prèviament determinada.

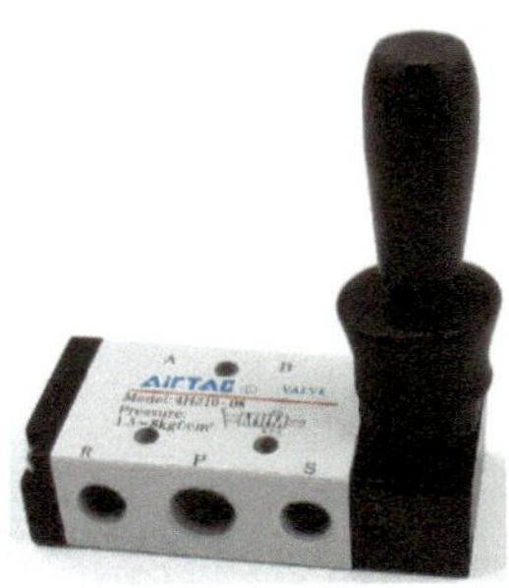


**Fig. 5.29.** Vàlvula distribuïdora 5/2 amb accionament per palanca i retorn per molla

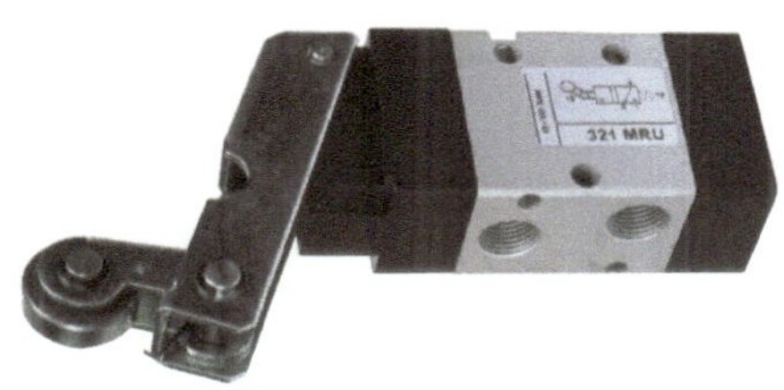


**Fig. 5.30.** Vàlvula distribuïdora 3/2 amb accionament per rodet abatible i retorn per molla

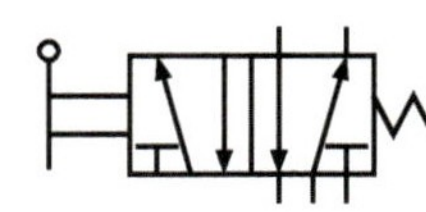

**Fig. 5.31.** Símbol d'una vàlvula distribuïdora 5/2 amb accionament per palanca i retorn per molla

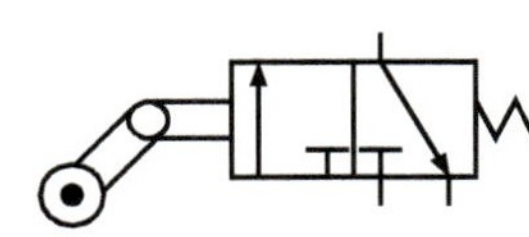

**Fig. 5.32.** Símbol d'una vàlvula distribuïdora 3/2 amb accionament per palanca i retorn per molla

### B. Accionaments elèctrics

Utilitzen una bobina elèctrica amb un nucli ferromagnètic **(solenoide)** per aconseguir un desplaçament de la part mòbil de la vàlvula. Les vàlvules amb aquests accionaments s'anomenen **electrovàlvules.** Tenen el gran avantatge de permetre combinar els circuits pneumàtics amb els elèctrics, i això els obre la possibilitat de ser controlats per ordinador o per dispositius lògics programables.

**Fig. 5.33.** Vàlvula distribuïdora 5/2 amb accionament elèctric i retorn per molla

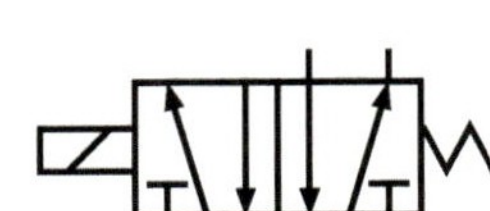

**Fig. 5.34.** Símbol d'una vàlvula distribuïdora 5/2 amb accionament elèctric i retorn per molla

## C. Accionaments pneumàtics

Utilitzen l'aire comprimit per canviar la posició. Les vàlvules amb aquests accionaments són molt útils per **automatitzar** els circuits pneumàtics.

Fig. 5.35. Vàlvula 2/2 amb accionament pneumàtic i retorn per molla

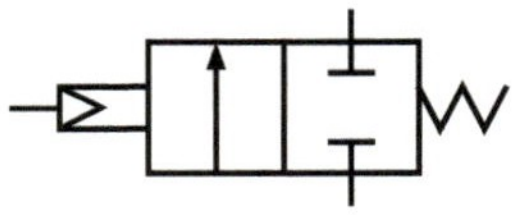

Fig. 5.36. Símbol d'una vàlvula 2/2 amb accionament pneumàtic i retorn per molla

## D. Retorn per molla

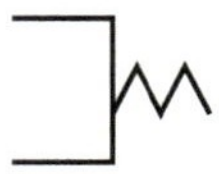

Fig. 5.37. Símbol del retorn per molla

Les vàlvules distribuïdores poden tenir dos accionaments, un per a cada posició. En una mateixa vàlvula pot haver-hi accionaments de diferents tipus; per exemple, podem tenir una vàlvula amb un accionament manual per passar de la posició de repòs a la de treball i un accionament elèctric perquè retorni a la posició de repòs. Una solució molt utilitzada és el retorn per molla, que aconsegueix el canvi a la posició de repòs gràcies a l'acció d'una molla (fig. 5.37).

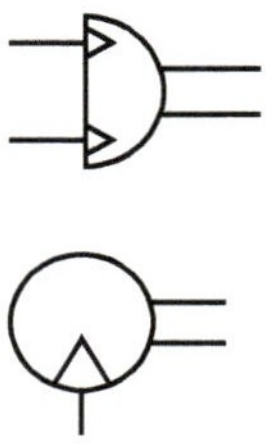

Fig. 5.38. Símbols de dos actuadors

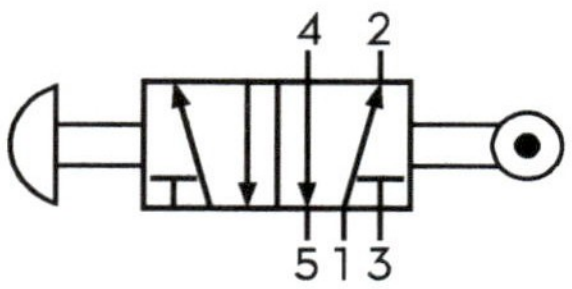


Fig. 5.39. Vàlvula distribuïdora

### ACTIVITATS

7. **Investiga i presenta un informe amb la descripció de dos tipus diferents de compressors pneumàtics que no siguin de pistó.**
8. **En un circuit pneumàtic s'ha espatllat el greixador i la persona responsable l'anul·la i el treu de la unitat de manteniment. Quins efectes pot produir aquesta situació?**
9. **Explica les principals diferències que hi ha entre els actuadors que representen els símbols de la fig. 5.38.**
10. **En una vàlvula com la que representa el símbol de la fig. 5.39, identifica:**
    - El nombre de vies i de posicions.
    - Els tipus d'accionaments.
    - En quin cas hi haurà pressió a la via 4 si a la via 1 li apliquem 4 bar?
    - Quina és l'acció que cal fer perquè la vàlvula passi a la posició de treball i quina perquè passi a la posició de repòs?
11. **Un circuit pneumàtic disposa d'un cilindre que avança a una velocitat de 2,5 m/s i cal reduir-la a 1,5 m/s. Quin tipus de vàlvula hauràs d'incorporar al circuit?**

# 4 Anàlisi de circuits pneumàtics

Per analitzar circuits pneumàtics és convenient que ho facis en dues parts. Primer, la identificació dels **components** i, després, la descripció del **funcionament.**

Et mostrem com fer una anàlisi del circuit de la fig. 5.40.

| | *Identificació dels components* |
|---|---|
| 1A | Cilindre de doble efecte. |
| 1V1 | Vàlvula reguladora de cabal unidireccional. |
| 1S1 | Vàlvula distribuïdora 5/2 amb accionament per polsador i retorn per molla. |
| 0Z2 | Unitat de manteniment (composta de filtre i regulador amb manòmetre). |
| 0Z1 | Font d'aire a pressió. |

Fixa't que a la identificació de les vàlvules s'indica, a banda de les vies i les posicions, quins són els seus accionaments.

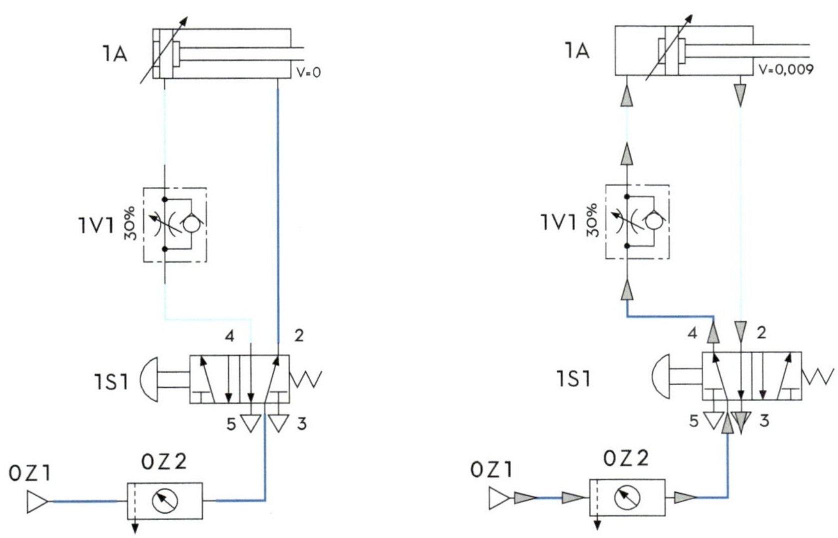


**Fig. 5.41.** A l'esquerra, simulació del circuit amb la vàlvula 1S1 en estat de repòs. A la dreta, la mateixa simulació, però amb estat d'activació de la vàlvula 1S1

### Descripció del funcionament

En repòs, el cilindre 1A està en posició de retrocés. Quan accionem el polsador de la vàlvula 1S1, la tija del cilindre avança lentament. Quan deixem d'accionar la vàlvula 1S1, la tija del cilindre retorna a la posició de retrocés i tot el circuit torna a l'estat de repòs.

Fixa't que en la descripció del funcionament no s'explica en cap cas l'itinerari que segueix l'aire comprimit. Sempre has de començar per l'estat de repòs, indicant la posició dels actuadors. Posteriorment, has d'explicar cadascuna de les accions (sobre els accionaments) que poden fer variar l'estat de repòs del circuit i les conseqüències que provoquen en els actuadors. Al final de la descripció has d'indicar com torna el circuit a la situació inicial (de repòs).

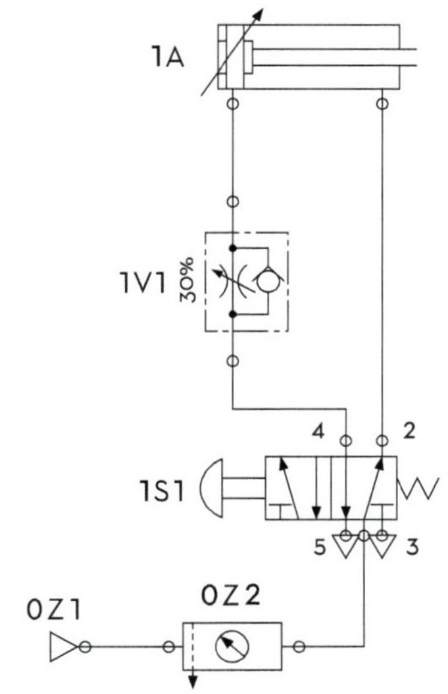


**Fig. 5.40.** Esquema d'un circuit pneumàtic

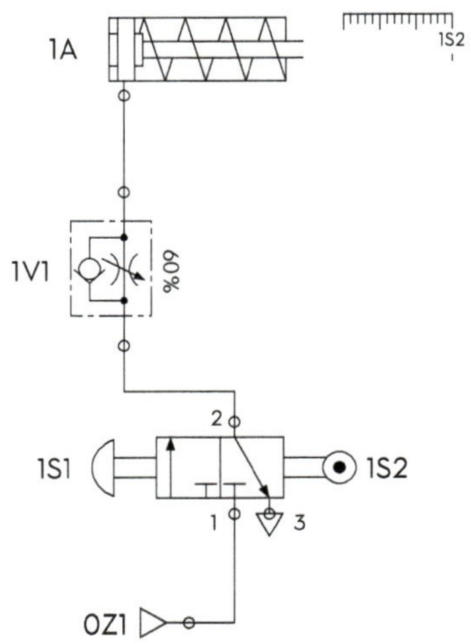


**Fig. 5.42.** Circuit pneumàtic analitzat

| Etapa | Actuador | |
|---|---|---|
| | A | B |
| 1 | | + |
| 2 | + | |
| 3 | | – |
| 4 | – | |

**Fig. 5.43.** Quadre de seqüència de moviments

| Etapa | Actuador | |
|---|---|---|
| | A | B |
| 1 | + | + |
| 2 | | – |
| 3 | | + |
| 4 | | – |
| 5 | – | |

**Fig. 5.44.** Quadre de seqüència de moviments

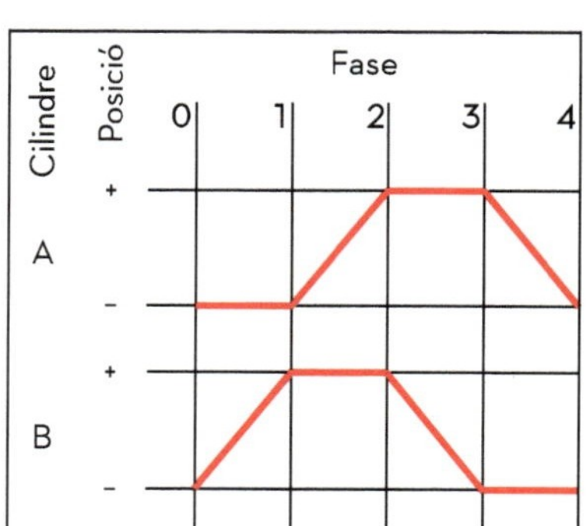


**Fig. 5.45.** Diagrama espai-fase

Mostra d'anàlisi del circuit de la fig. 5.42.

| ***Identificació dels components*** | |
|---|---|
| 1A | Cilindre de simple efecte. |
| 1V1 | Vàlvula reguladora de cabal unidireccional. |
| 1S1 | Vàlvula distribuïdora 3/2 amb accionament per polsador i retorn per rodet (final de cursa 1S2). |
| 0Z1 | Font d'aire a pressió. |

**Descripció del funcionament**

En repòs, el cilindre 1A està en posició de retrocés. Quan accionem el polsador de la vàlvula 1S1, la tija del cilindre avança. Quan deixem d'accionar la vàlvula 1S1 i la tija del cilindre arriba al final del seu recorregut d'avanç, acciona el final de cursa 1S2 i la tija del cilindre retorna lentament a la posició de retrocés i tot el circuit torna a l'estat de repòs.

Hi ha dos instruments gràfics molt útils a l'hora d'analitzar circuits pneumàtics. Aquests instruments resulten més útils encara quan hem de fer-ne el disseny. Es tracta del **quadre de seqüència de moviments** i el **diagrama espai-fase.**

## A. Quadre de seqüència de moviments

Consisteix en una taula on cada fila correspon a una **etapa** del funcionament del circuit. Una etapa és quan es produeix un canvi de posició d'algun dels actuadors del circuit. Per a cada actuador es disposa d'una columna. En el cas dels cilindres, els seus moviments es representen amb **«+»** quan és d'**avanç** (la tija surt del cilindre) i amb **«–»** quan és de **retrocés** (la tija entra al cilindre).

L'exemple de la fig. 5.43 correspon a un circuit amb dos cilindres A i B i la seqüència de treball consta de quatre etapes. A la primera etapa avança el cilindre B, a la segona avança el cilindre A, a la tercera retrocedeix el B i a l'última retrocedeix l'A. La seqüència de treball també es podria representar amb el text següent: B+, A+, B–, A–.

L'exemple de la fig. 5.44 també correspon a un circuit amb dos cilindres, però, en aquest cas, la seqüència de treball consta de cinc etapes. Fixa't que en la primera etapa avancen tots dos cilindres alhora. La seqüència seria: A+B+, B–, B+, B–, A–.

## B. Diagrama espai-fase

Consisteix en un gràfic lineal per a cada actuador. En aquest cas, els canvis de posició dels cilindres es denominen **fases** i no s'hi representen els moviments, sinó les posicions que van agafant les tiges en cada instant. A la fig. 5.45 pots veure el diagrama espai-fase que correspon al quadre de seqüència de moviments de la fig. 5.43.

## ACTIVITATS

12. Analitza els dos circuits següents (identifica-hi els components i descriu-ne el funcionament).

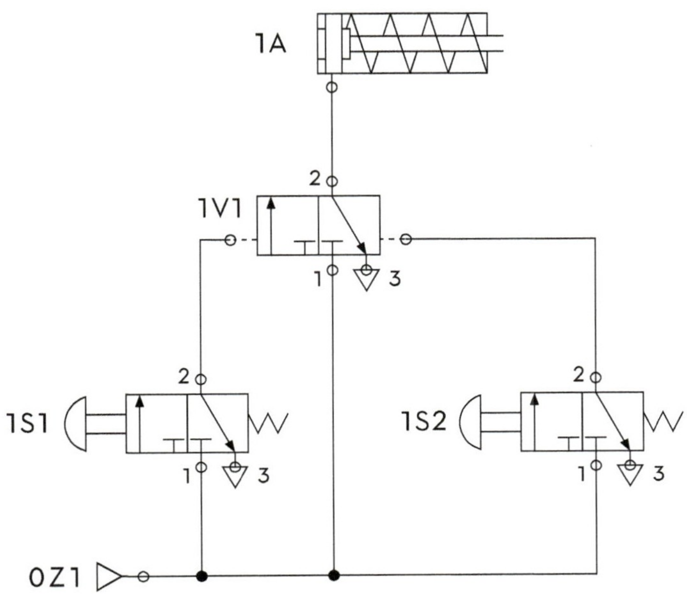


**Fig. 5.46.** Circuit 1

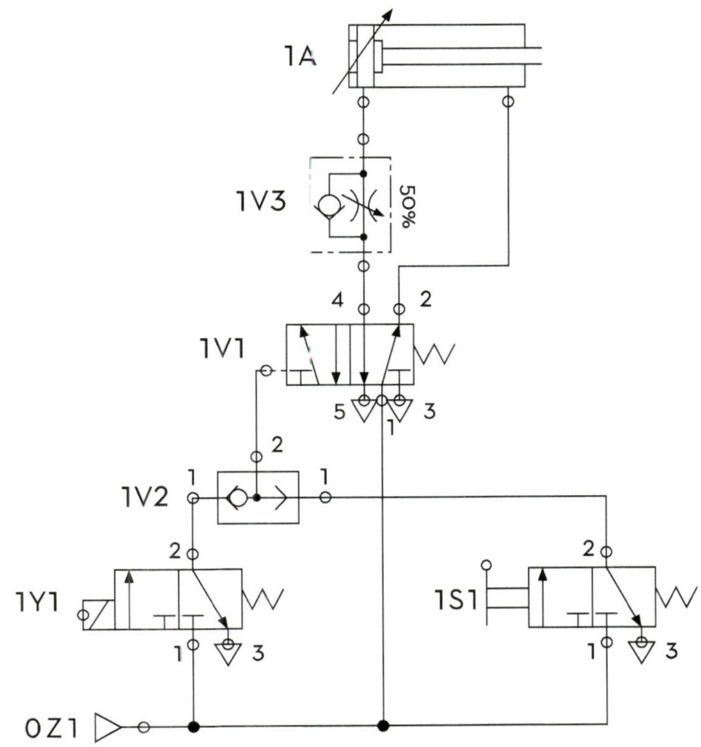


**Fig. 5.47.** Circuit 2

13. Per a cadascun dels circuits anteriors, dibuixa el quadre de seqüència de moviments i el diagrama espai-fase.

14. Una aplicació pneumàtica té el comportament següent: en repòs, el cilindre 1A està en posició de retrocés. Quan accionem alguna de les dues vàlvules 1S1 o 1S2, la tija del cilindre 1A avança lentament. Quan deixem d'accionar les dues vàlvules 1S1 i 1S2, la tija retorna a la posició de retrocés i tot el circuit torna a l'estat de repòs. Dibuixa l'esquema d'un circuit que faci aquesta funció.

15. Un circuit pneumàtic amb dos cilindres executa la seqüència A+, A-B+, B-. Dibuixa el quadre de seqüència de moviments que li correspon.

16. Explica el comportament dels cilindres d'un circuit que té un diagrama espai-fase com el de la figura. Fes també el quadre de seqüència de moviments que li correspon.

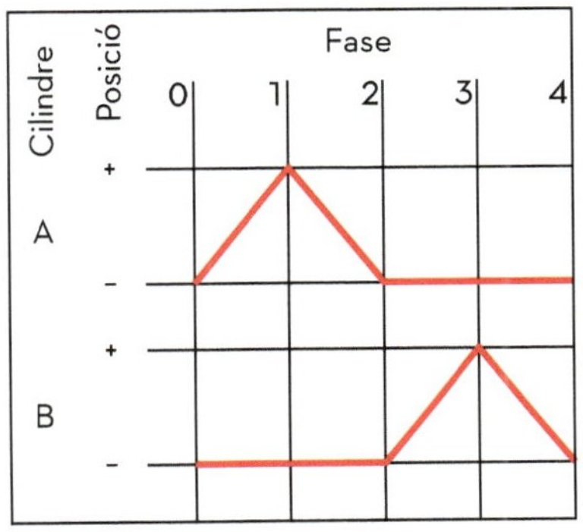


**Fig. 5.48.** Diagrama espai-fase

# 5 Disseny i simulació de circuits pneumàtics



Hi ha programari específic que facilita el disseny i la simulació del funcionament de circuits pneumàtics abans de la seva construcció. Un exemple n'és FluidSIM. Pots descarregar una versió de demostració i un manual d'ús a:

**fluidsim.de/index_e.htm**

Et recomanem la versió 3. Malgrat ser una versió antiga, no presenta limitacions. De tota manera, el teu professor/a t'indicarà quin és el programari i la versió que has d'utilitzar.

Un dels passos a seguir abans de la construcció d'un sistema pneumàtic que doni solució a un problema tècnic és el **disseny** del circuit. El disseny consisteix en l'elaboració d'un **esquema** amb els símbols dels components i les seves connexions. Aquesta tasca se sol fer amb **programari** específic.

El programari de disseny de circuits pneumàtics consta, normalment, d'una zona d'**edició** on es van situant tots els components representats pels seus símbols normalitzats i que es poden anar seleccionant des d'una *Llibreria* de símbols, normalment situada a l'esquerra de la pantalla.

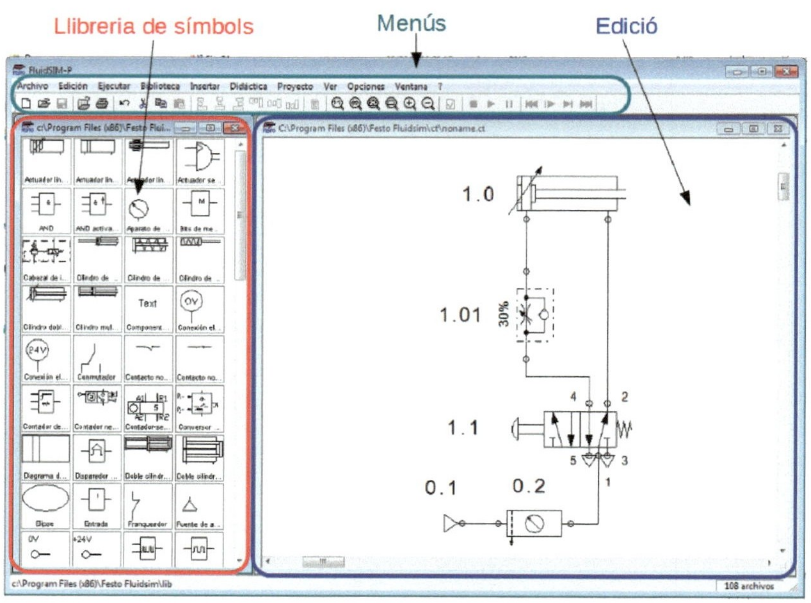


**Fig. 5.49.** Pantalla de l'aplicatiu de disseny i simulació FluidSIM

A l'hora de distribuir i identificar els diferents elements d'un circuit, cal que segueixis les **normes** estàndard que, de manera resumida, et mostrem a les figs. 5.50 i 5.51.

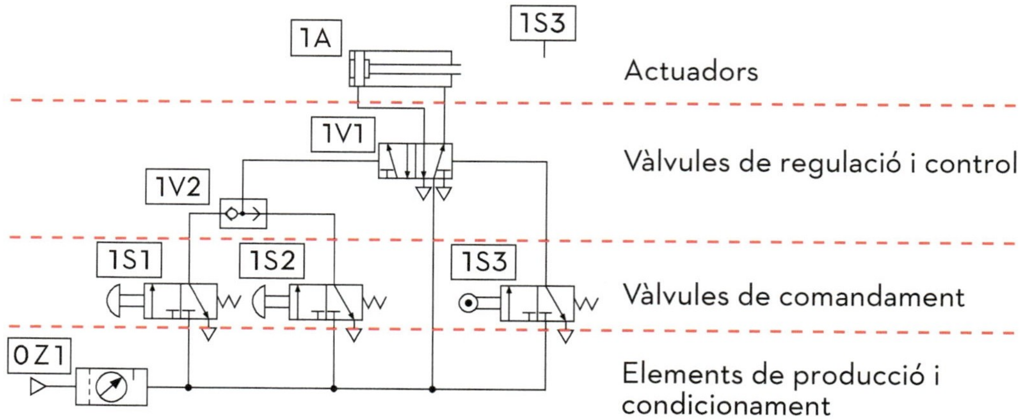


**Fig. 5.50.** Distribució normalitzada dels elements en un circuit pneumàtic

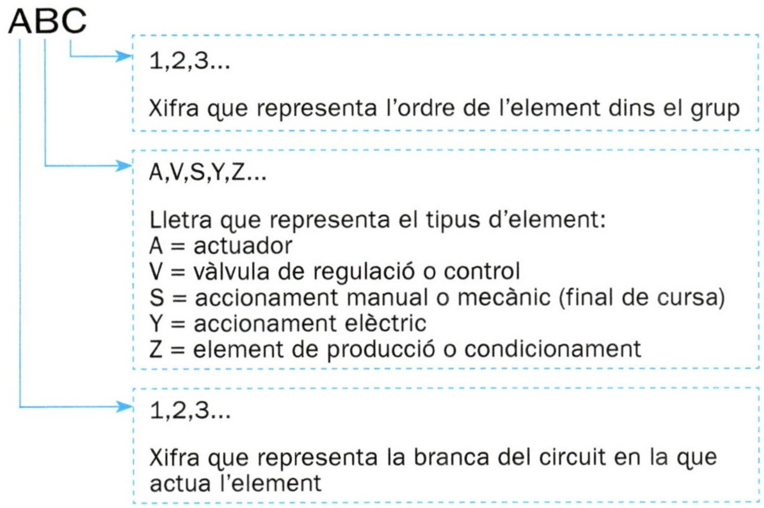


**Fig. 5.51.** Denominació dels elements d'un circuit

A FluidSim, per incloure un **símbol** en l'esquema, només has de clicar-lo i arrossegar-lo fins a la zona d'edició. En el cas de les vàlvules, hauràs de seleccionar, com et mostrem a la fig. 5.53, quins són els seus **accionaments.** Has de parar atenció als **escapaments** de les vàlvules, és a dir, a les vies que no tenen connexió i que, per tant, queden obertes oferint a l'aire una sortida lliure cap a l'atmosfera. En aquests casos, cal que seleccionis, com et mostrem a la fig. 5.54, el tipus d'escapament per tal d'evitar que el programa t'indiqui un **error.**

Un cop dissenyat el circuit, pots **simular** el seu funcionament activant la icona *play* de la barra de menú. Per simular l'accionament de les vàlvules només cal clicar damunt el mateix accionament. Observaràs que les connexions que estan sotmeses a pressió es presenten amb un **blau més intens.**

WEB

**Logiclab** és una aplicació en línia que et permet **simular** el funcionament d'uns quants circuits pneumàtics amb una **representació realista dels elements.**

**logiclab.hu/index.php**

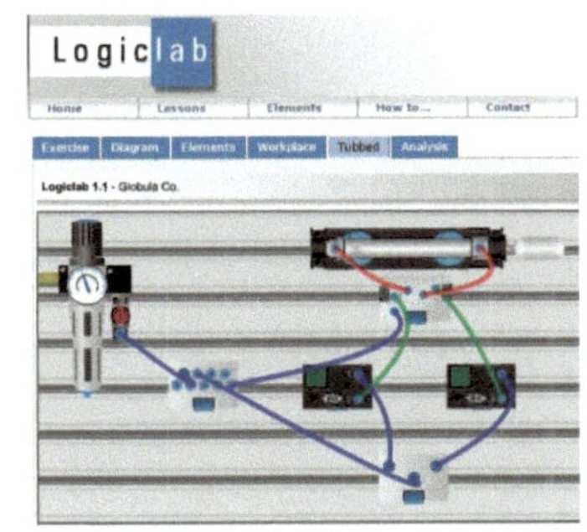


**Fig. 5.52.** Pantalla de Logiclab

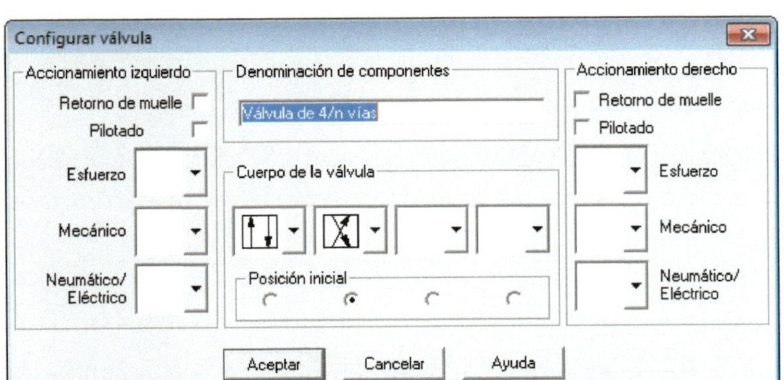


**Fig. 5.53.** Quadre de diàleg que s'obté fent doble clic damunt del símbol d'una vàlvula i que permet seleccionar-ne els accionaments

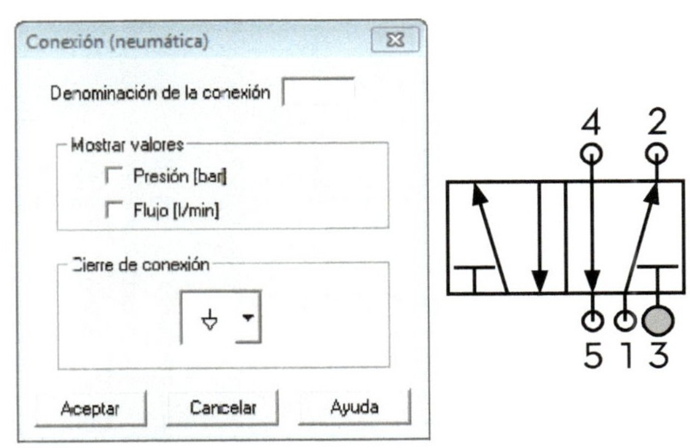


**Fig. 5.54.** Quadre de diàleg que s'obté fent doble clic en una de les vies de la vàlvula i que permet definir-ne el tipus d'escapament

## ACTIVITATS

**17. Utilitzant programari específic de disseny i simulació de circuits pneumàtics, reprodueix i simula el funcionament dels circuits de l'activitat 12.**

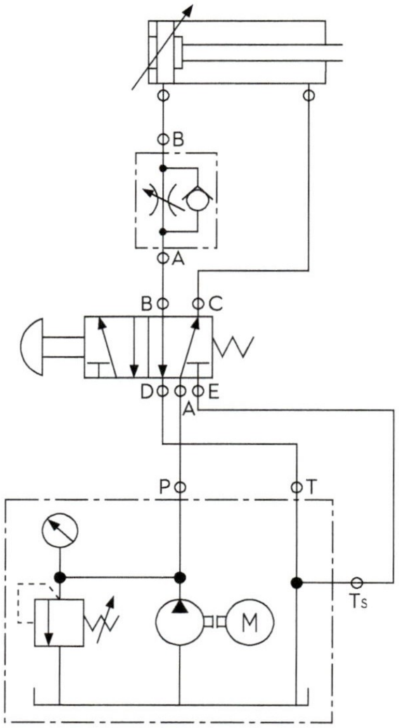


Fig. 5.55. Circuit hidràulic

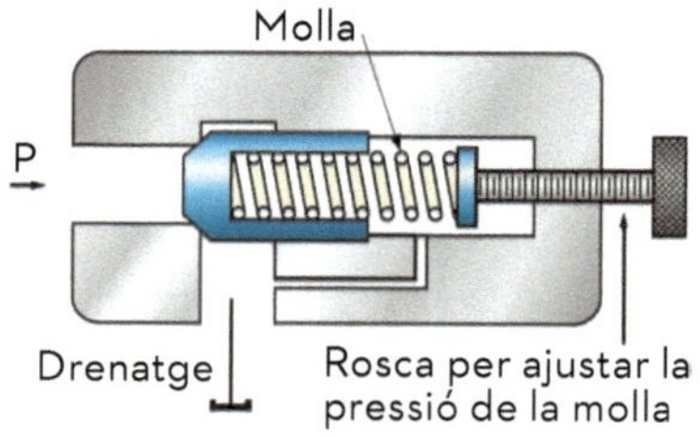


**Fig. 5.57.** Funcionament d'una vàlvula limitadora de pressió hidràulica

**Fig. 5.58.** Símbol del retorn d'oli al dipòsit

# 6 Sistemes hidràulics

En els circuits hidràulics, el **grup de pressió**, encarregat de transformar l'energia, és diferent dels pneumàtics. El fluid (oli) es manté en un **dipòsit a la pressió atmosfèrica.** La bomba, generalment accionada per un motor elèctric, absorbeix l'oli del dipòsit a través d'un filtre i el subministra a pressió al circuit principal. Una **vàlvula limitadora de pressió** (també anomenada de seguretat) s'encarrega d'evitar que la pressió al circuit principal superi el valor nominal drenant oli del circuit cap al dipòsit.

En un circuit hidràulic no es poden deixar vies obertes a l'atmosfera, ja que sortiria l'oli a l'exterior. Per tant, cal preveure, al llarg de tot el circuit, el **retorn** de l'oli cap al dipòsit **(drenatge)** a través dels tubs corresponents.

Un altre aspecte important a tenir en compte quan un circuit hidràulic s'utilitza per moure grans masses és la **sobrepressió** que aquestes poden provocar quan una vàlvula tanca una via i talla sobtadament la circulació d'oli. Per evitar aquestes sobrepressions cal instal·lar en el punt adequat del circuit una vàlvula limitadora de pressió amb el seu corresponent drenatge cap al dipòsit.

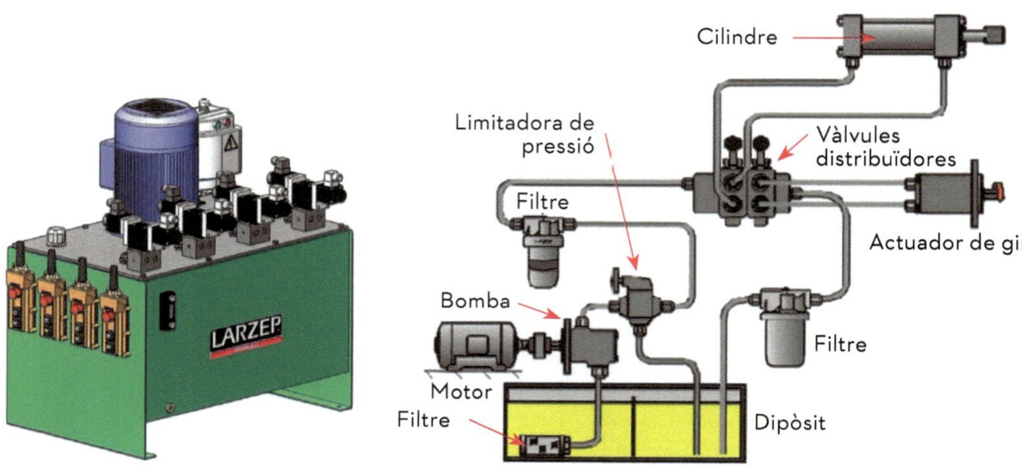


**Fig. 5.56.** A l'esquerra, representació d'un grup de pressió hidràulic. A la dreta, esquema dels components bàsics d'un circuit hidràulic

## ACTIVITATS

**18.** **Adapta el circuit de la fig. 5.47 per tal que funcioni igual, però utilitzant la tecnologia hidràulica en comptes de la pneumàtica. Inclou a l'esquema del circuit el símbol del grup de pressió i no t'oblidis de posar-hi tots els drenatges. Suposa que el cilindre no ha de moure grans masses.**

**19.** **Quins efectes podria tenir una sobrepressió en un circuit hidràulic si no disposés de vàlvules limitadores?**

**20.** **Per quin motiu cal instal·lar vàlvules limitadores de pressió en determinats punts d'un circuit hidràulic, a part de la que s'instal·la en el grup de pressió?**

## POSA'T A PROVA!

Les llaunes de beguda, un cop buides, constitueixen un residu aprofitable per a reciclatge, però tenen l'inconvenient d'ocupar molt de volum. Els sistemes de recollida i tractament són més eficients si els residus ocupen poc volum. Aixafar manualment aquestes llaunes comporta el risc de patir talls a les mans. Et proposem el repte de dissenyar un dispositiu que, utilitzant la tecnologia pneumàtica, aconsegueixi deformar còmodament i de manera segura les llaunes de beguda buides abans de dipositar-les al contenidor groc.

**Fig. 5.59.** Reducció del volum dels residus

Les **condicions** que hauria de complir la solució són:

- Garantir la seguretat de l'usuari per tal d'evitar talls produïts per les arestes vives de la làmina metàl·lica de les llaunes, cops produïts per una expulsió involuntària de la llauna i aixafaments involuntaris de les mans o dels dits.
- Seria adequat que disposés d'un alimentador de llaunes on poder dipositar-ne unes quantes abans d'iniciar l'operació d'aixafament.
- Les llaunes aixafades han de dipositar-se, sense intervenció de l'usuari, en un recipient que, un cop ple, servirà per dur-les al contenidor groc.

Aplica el **procés tecnològic** per obtenir la solució al problema plantejat. Recorda:

- Cerca d'informació (serveis de vídeo com ara Youtube poden ser una eina útil en aquest cas).
- Disseny de la solució (esquema del circuit, simulació, croquis i plànols dels elements auxiliars, mesura de la força necessària, càlcul del diàmetre del/s actuador/s i de la pressió...).
- Construcció del prototip, proves de funcionament, avaluació i redisseny amb les millores detectades.

Consulta al teu professor/a sobre el nombre de persones que ha de formar el grup de treball, el nivell de realització del projecte, els elements a presentar (esquemes, croquis, càlculs, construcció del prototip, presentació de resultats, etc.) i la forma de presentació.

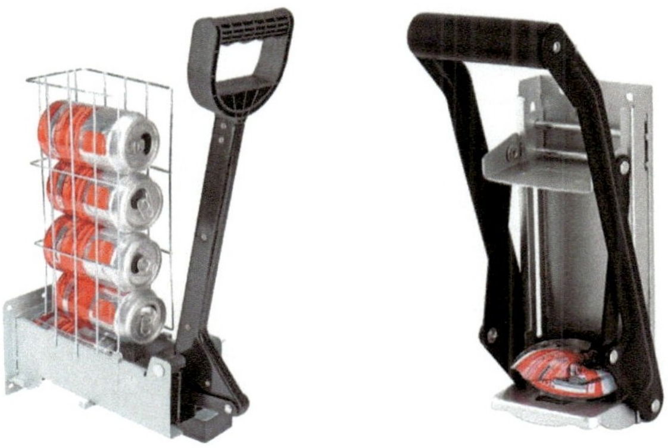

**Fig. 5.60.** Diferents models comercials de compactadores manuals de llaunes, amb i sense alimentador

1. Explica dos exemples d'aplicacions de les tecnologies pneumàtica i hidràulica.

2. Calcula la força que tindrem disponible en un cilindre pneumàtic de doble efecte i Ø 40 mm si l'alimentem amb aire a una pressió de 5 bar.

3. Identifica els símbols següents i, per a cadascun d'aquests indica el grup al qual pertanyen (producció - condicionament - actuadors - vàlvules distribuïdores - vàlvules reguladores).

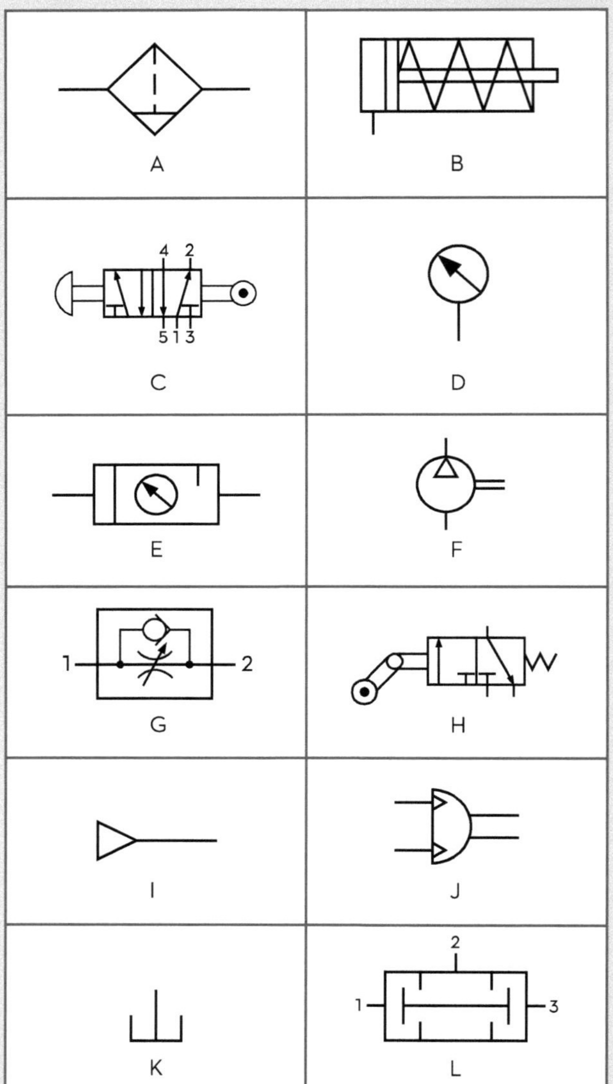


**Fig. 5.61.**

4. Descriu la funció d'un pressòstat en un equip de producció d'aire a pressió.

5. Identifica els components i descriu el funcionament dels circuits següents.

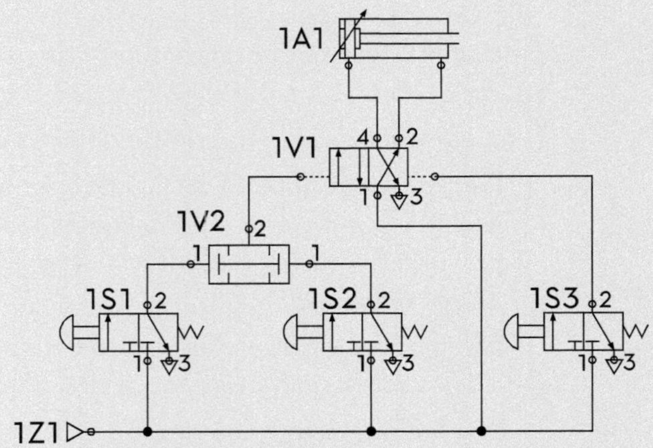


**Fig. 5.62.** Circuit pneumàtic 1

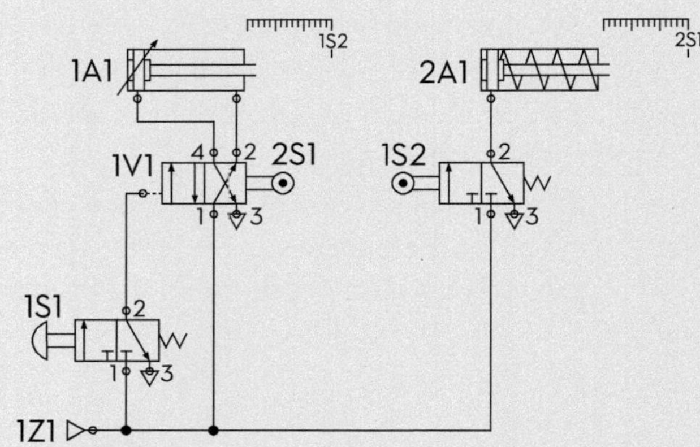


**Fig. 5.63.** Circuit pneumàtic 2

6. Dibuixa el quadre de seqüència de moviments i el diagrama espai-fase que correspon a cadascun dels circuits de l'activitat anterior.

7. Indica algunes de les principals diferències que hi ha entre els circuits pneumàtics i els hidràulics.

8. **Identifica els components i descriu el funcionament del circuit següent. Identifica també tots els elements que componen el grup 1Z1.**

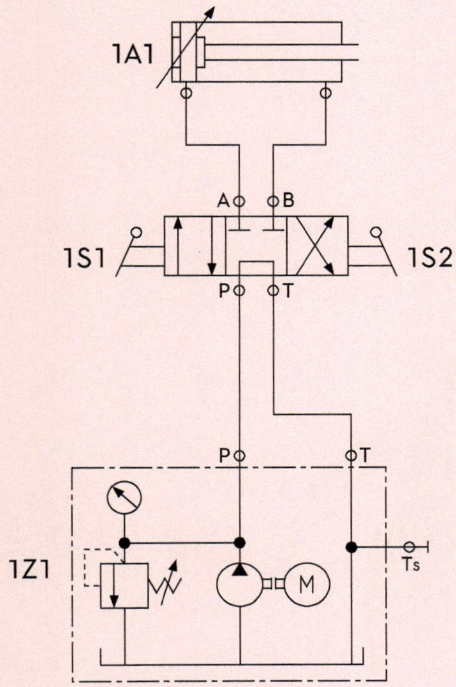


**Fig. 5.64.** Esquema d'un circuit hidràulic

9. **Identifica i descriu els components del grup de la imatge següent.**

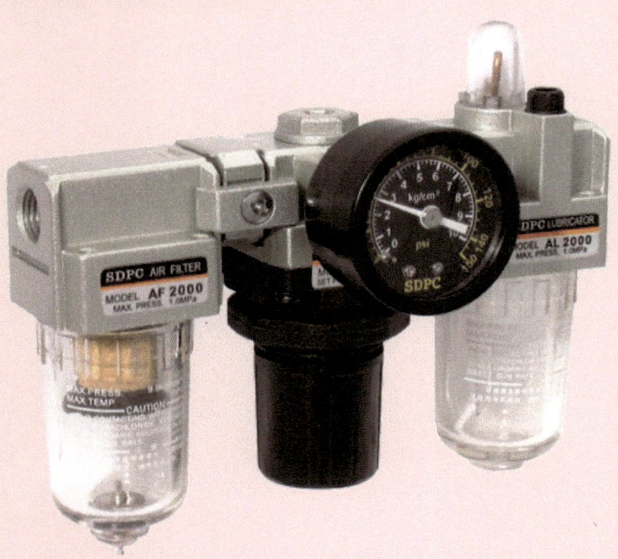


**Fig. 5.65.** Grup funcional d'un sistema pneumàtic

10. **Digues si les afirmacions següents són certes o falses. En cas que siguin falses, explica per què.**

*a)* El regulador de pressió aconsegueix augmentar o disminuir la pressió del dipòsit i mantenir-la constant gràcies a un comandament ajustable.

*b)* El manòmetre regula, en bar o psi, la pressió del circuit pneumàtic.

*c)* Els actuadors de gir només poden fer moviments angulars, mai girs de 360°.

*d)* Els cilindres de simple efecte, que només disposen d'una entrada/sortida d'aire, quan fan el moviment d'avanç, només poden exercir la força que proporciona la molla interna.

*e)* Una vàlvula distribuïdora 3/2 és aquella que té tres vies (entrades/sortides) i dues posicions.

*f)* Una vàlvula reguladora de cabal ens permet ajustar la força que exerceix un actuador, com ara un cilindre.

*g)* La vàlvula antiretorn serveix per impedir el retrocés de la tija d'un cilindre mentre no arriba al final del seu recorregut d'avanç.

*h)* Els accionaments fan possible el canvi de vies de les vàlvules distribuïdores.

*i)* Quan es dibuixa l'esquema d'un circuit pneumàtic, els actuadors se situen sempre a la part superior, i els elements de producció i condicionament, a la part inferior.

*j)* En el grup de pressió d'un sistema hidràulic, l'oli del dipòsit es manté a pressió atmosfèrica.

*k)* En un circuit hidràulic, els perills d'una sobrepressió s'eviten amb els tubs de drenatge.

# 6 CONTROL, AUTOMATITZACIÓ I ROBÒTICA

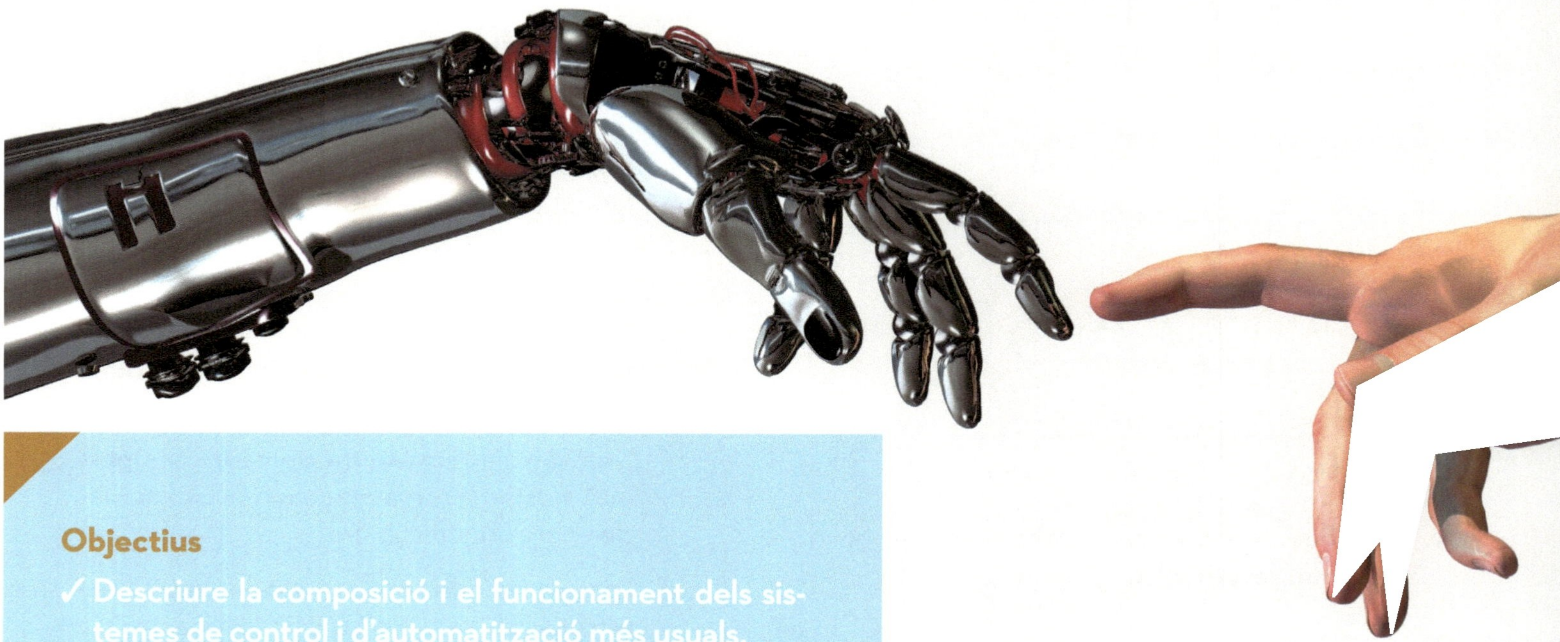

**Objectius**

- ✓ Descriure la composició i el funcionament dels sistemes de control i d'automatització més usuals.
- ✓ Valorar les aportacions de la tecnologia de control en les condicions de vida i en l'estalvi energètic.
- ✓ Identificar els sensors que formen part d'un automatisme.
- ✓ Elaborar algorismes de control bàsics i implementar-los en automatismes.
- ✓ Dissenyar i construir un automatisme senzill.
- ✓ Valorar l'impacte laboral i social que comporta l'automatització i la robotització dels processos industrials.

# QUÈ EN SAPS?

La història és plena d'avenços en què l'enginy humà ha buscat la forma de resoldre les tasques amb menys esforç físic, amb més força, amb més precisió, amb més rapidesa. Els robots són el resultat de la recerca de màquines que substitueixin les funcions humanes en tasques repetitives o molt dures, o que requereixin molta precisió, o que hi hagi perill per a la integritat física.

La tecnologia ha evolucionat en molts àmbits diferents que es complementen. La microelectrònica, els sensors i les comunicacions han propiciat la creació de màquines amb «intel·ligència» incorporada capaç de prendre decisions en funció de l'estat de la mateixa màquina i del seu entorn exterior i, en ocasions, a velocitat molt més gran que el cervell humà.

En la imatge es contrasten dues realitats ben diferents: una mà humana i una mà biònica. Que et suggereix aquest contrast?

Quin element creus que fa possible que la mà biònica pugui fer els moviments sincronitzats i amb la força adequada per sostenir objectes?

## Sumari

# 1 Anàlisi d'automatismes

Un automatisme té com a objectiu substituir l'acció humana per accions que fa una màquina de manera autònoma en funció de les condicions internes de la màquina i de les condicions del seu entorn.

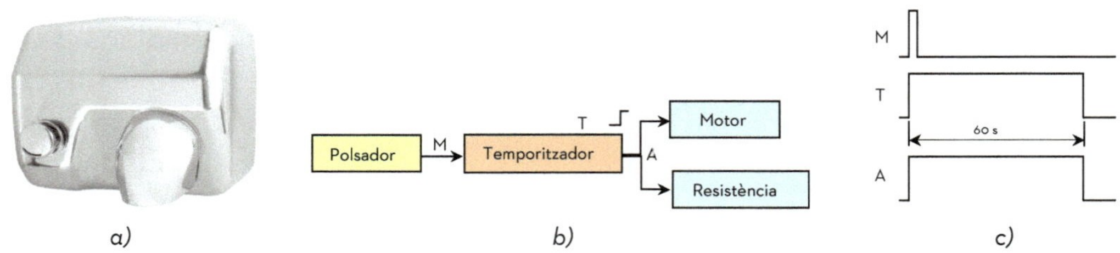


**Fig. 6.1.** *a)* Assecador de mans d'accionament manual; *b)* Esquema en blocs; *c)* Cronograma de funcionament

**Fig. 6.2.** Conjunt emissor-receptor d'infraroigs utilitzat com a sensor de proximitat d'objectes per reflexió.

Les figures 6.1 i 6.5 mostren tres assecadors de mans; el primer s'acciona manualment, i els dos següents s'accionen automàticament en detectar la presència de les mans en la sortida del bufador d'aire. Què els fa diferents?

El model de la figura 6.1 s'acciona manualment amb un **polsador normalment obert** que activa un **temporitzador,** que en limita el temps màxim de funcionament (per exemple 60 s) i al seu torn activa el calefactor i el motor. Encara que les mans es retirin abans d'acabar el temps, l'assecador seguirà en marxa durant el temps programat.

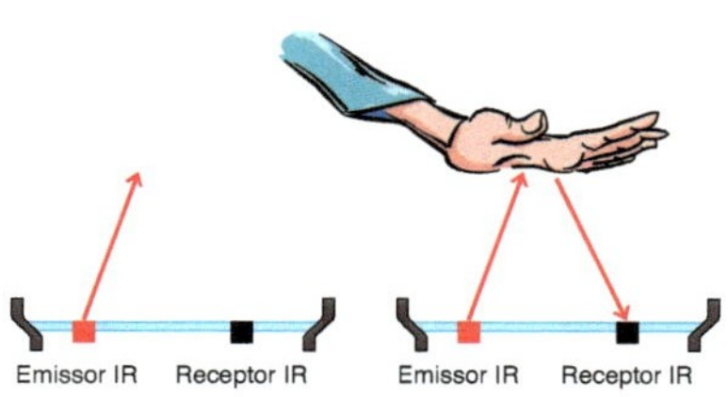


**Fig. 6.3.** Funcionament d'un sensor d'infraroigs per reflexió

En un **cronograma** es representen les variables que intervenen en un automatisme en relació amb el temps i això permet interpretar-ne el funcionament. En el cronograma de la figura 6.1.c es pot veure l'impuls generat en prémer el polsador (M), l'activació del temporitzador (T) i del conjunt motor-resistència (A).

Els models de la figura 6.5 s'accionen amb **un sensor de llum infraroja** que detecta la presència de les mans (M) i activa un temporitzador (T) de limitació de temps (per exemple 30 s) i el conjunt (A) motor-resistència. Aquest s'atura si es dóna una de les dues condicions, o totes dues: la retirada de les mans i la superació del temps límit.

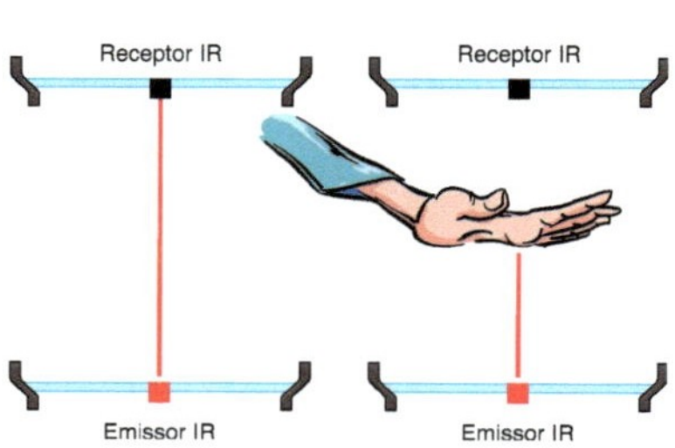


**Fig. 6.4.** Funcionament d'una barrera òptica de llum infraroja

Hi ha dos tipus de sensors de presència de llum infraroja:

- Sensor de reflexió.
- Sensor de barrera òptica.

L'assecador de mans de la figura 6.5.*a* empra un sensor de reflexió de llum infraroja, i el de la figura 6.5.*b* empra un sensor de barrera de llum infraroja.

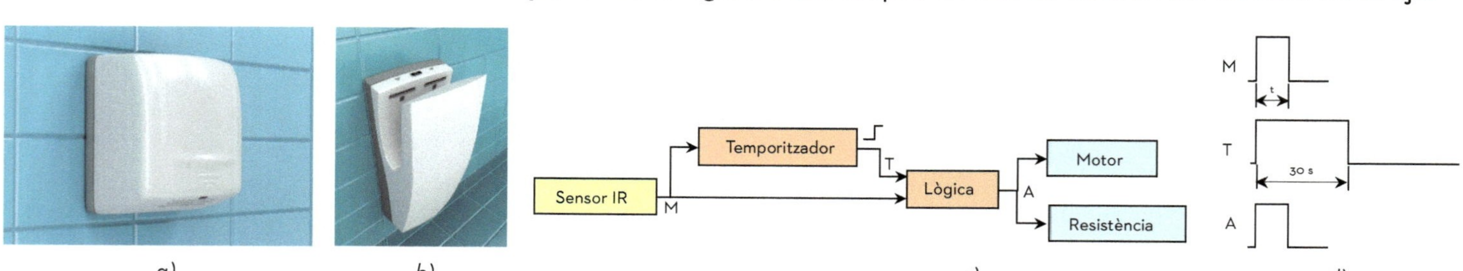


**Fig. 6.5.** *a)* i *b)* Assecadors de mans d'accionament automàtic; *c)* Esquema de blocs; *d)* Cronograma, en el cas de t<30 s

En l'esquema de blocs de la figura 6.5.c, el bloc «lògica» respon a la taula de la veritat representada en la figura 6.6, que coincideix amb la funció lògica I *(AND).*

En un sistema automàtic hi intervenen els elements següents:

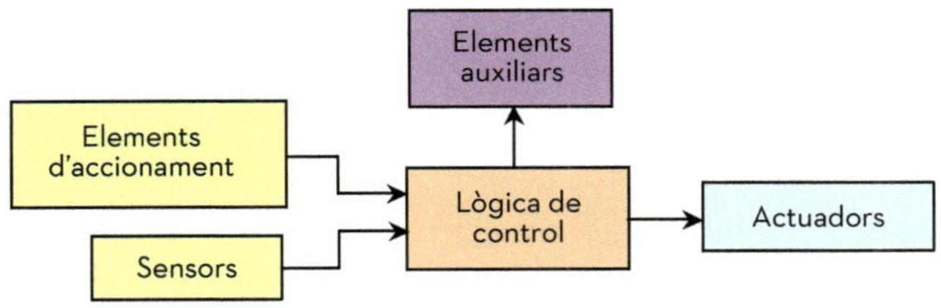


**Fig. 6.7.** Esquema d'un sistema de control automàtic

| M | T | A |
|---|---|---|
| 0 | 0 | 0 |
| 0 | 1 | 0 |
| 1 | 0 | 0 |
| 1 | 1 | 1 |

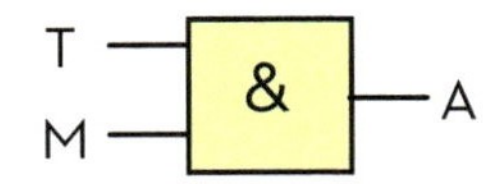


**Fig. 6.6.** Taula de la veritat i funció lògica dels assecadors d'accionament automàtic

Els elements auxiliars d'un automatisme són els que permeten la interacció entre la màquina i l'operador, com ara els indicadors lluminosos, les pantalles de dades, les alarmes, els polsadors...

La **lògica cablada** està implementada en un circuit que s'ha destinat a una funció molt concreta, i per adaptar-se a una nova funció cal refer el circuit.

Els sistemes més simples solen estar elaborats amb aquesta tecnologia, que empra dispositius electromecànics com ara polsadors, relés, contactors, temporitzadors, interruptors, etc.

La **lògica programable** està implementada amb circuits microelectrònics que poden modificar les funcions de l'automatisme a través de **programari.**

La funcionalitat i els paràmetres de l'automatisme poden canviar-se modificant el programa. Això els fa molt flexibles i adaptables a moltes situacions. El programa respon a un **algorisme de control** que relaciona valors interns de l'automatisme i lectures dels sensors a partir dels quals determina l'estat dels actuadors.

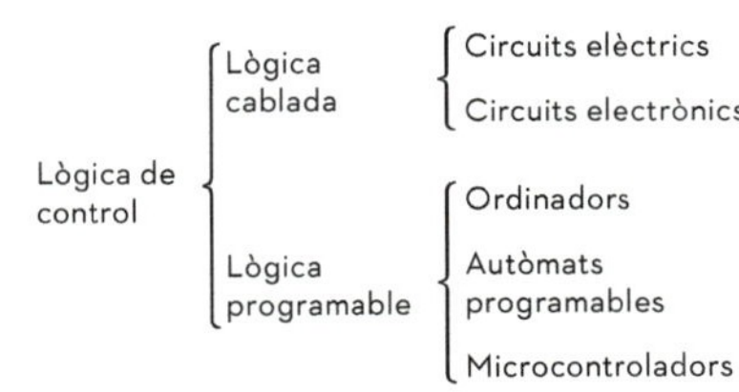


**Fig. 6.8.** Tipus de lògica de control

## ACTIVITATS

1. **Fes una llista amb els avantatges que presenten els assecadors de mans de les figures 6.1 i 6.5. i explica com el disseny d'un automatisme pot millorar-ne les característiques.**
2. **Quin tipus de tecnologia de control (cablada-programable) deuen portar els assecadors de mans de la pregunta anterior? Justifica la resposta.**
3. **Una cisterna de lavabo incorpora un sistema de control automàtic totalment mecànic. Identifica els elements de la cisterna segons la funció que fan d'acord amb l'esquema de la figura 6.7 i explica'n la lògica de funcionament.**
4. **Fes un esquema de blocs dels elements que formen l'automatisme d'una porta (d'un supermercat, d'una botiga...) d'obertura i de tancament automàtics. Elabora la taula de la veritat de l'automatisme.**
5. **Una rentadora està controlada per un sistema automatitzat. Sabries dir quins sensors incorpora i amb quina finalitat?**

**SABIES QUE...**

El **nivell de consigna** és el llindar en què canvia el valor de sortida. Ara bé, al voltant del punt de consigna hi ha una «zona morta» per sobre i per sota per diferenciar el punt d'activació del de desactivació. Aquesta zona morta té la funció de crear un **cicle d'histèresi** al voltant de la consigna per evitar que quan el senyal d'entrada és coincident amb el valor de consigna, la sortida oscil·li provocant un funcionament inestable de l'automatisme.

Per exemple, si la consigna d'un termòstat és de 20 ºC i té una zona d'histèresi de ±1 ºC, es desactivarà a 20 + 1 = 21 ºC i s'activarà per sota de 20 − 1 = 19 ºC.

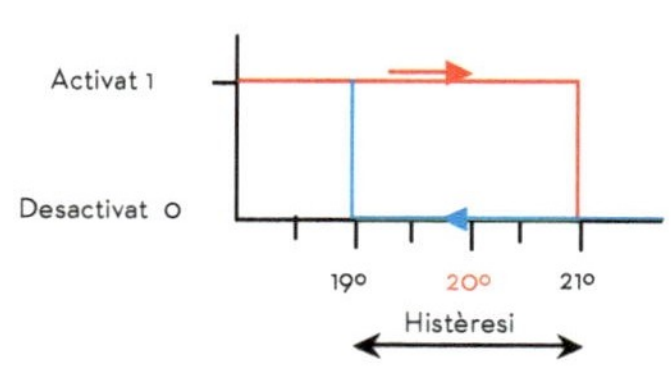


**Fig. 6.11.** Cicle d'histèresi d'1 ºC en un termòstat regulat a 20 ºC

**Fig. 6.12.** Final de cursa amb rodet

# 2 Elements dels sistemes automàtics

## 2.1. Sensors i detectors

En un sistema automàtic, els sensors i els detectors proporcionen al controlador informació de les variables que intervenen en l'automatisme.

Un **sensor** és un dispositiu que transforma el valor d'una magnitud física o química en una magnitud elèctrica. Les magnituds registrades per un sensor solen ser **variables analògiques** que adquireixen un conjunt de valors continus.

Són magnituds analògiques: la temperatura, la pressió, la intensitat de llum, la força, la distància, la velocitat, etc. Un sensor proporciona un senyal elèctric analògic (tensió, intensitat, resistència) d'acord amb la magnitud mesurada.

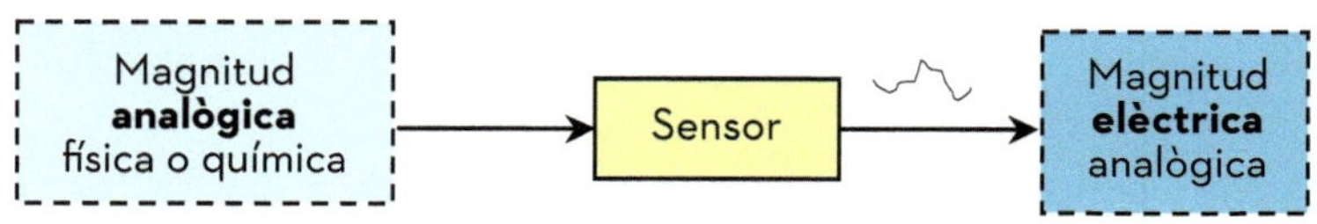


**Fig. 6.9.** Funcionament d'un sensor

Algunes característiques que es valoren en els sensors són:

- **Precisió:** és l'error màxim de mesura esperat.
- **Resolució:** és la mínima variació de la magnitud d'entrada que pot detectar-se en la sortida.
- **Rang de mesura:** límits de mesura entre els quals treballa el sensor.

Un **detector** és un dispositiu capaç de percebre un fenomen, físic o químic, i de proporcionar una informació de sortida que només té dos valors o estats.

Alguns detectors consten d'un sensor i d'una electrònica complementària per tal de realitzar aquesta funció. Són detectors: un termòstat, un detector de metalls, una cèl·lula fotoelèctrica.

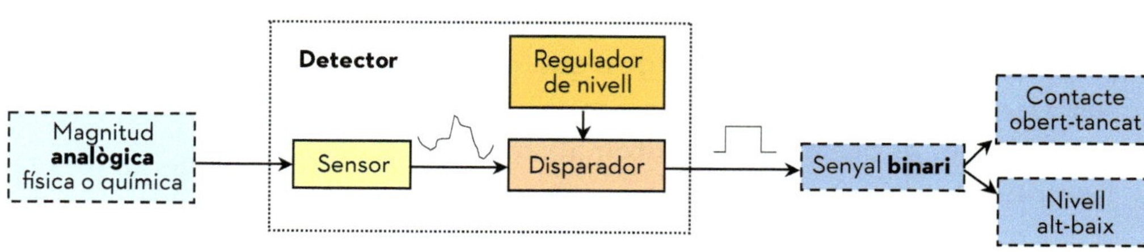


**Fig. 6.10.** Funcionament d'un detector amb sensor

El **regulador de nivell** serveix per ajustar el punt de commutació, que actua de llindar, per generar el senyal binari de sortida a partir del senyal analògic d'entrada. El nivell de commutació ajustat rep el nom de **consigna** (nivell de comparació).

Els **finals de cursa** són detectors, però de tipus electromecànic.

## A. Sensor de llum

La **resistència sensible a la llum** o **LDR** *(light dependent resistor)* té la propietat de variar el valor de resistència segons la intensitat de llum incident sobre la superfície sensible. Reacciona a la llum visible en radiacions de longitud d'ona entre 500 i 600 nm. Quan augmenta la intensitat de llum *(Ev)*, disminueix la resistència *(R)*, i a l'inrevés.

La figura 6.14 mostra una forma d'emprar una LDR en un circuit divisor de tensió, en què la sortida és *Vs*. Quan la intensitat de llum augmenta, el valor de la LDR disminueix i, en conseqüència, la tensió de sortida *Vs* també disminueix.

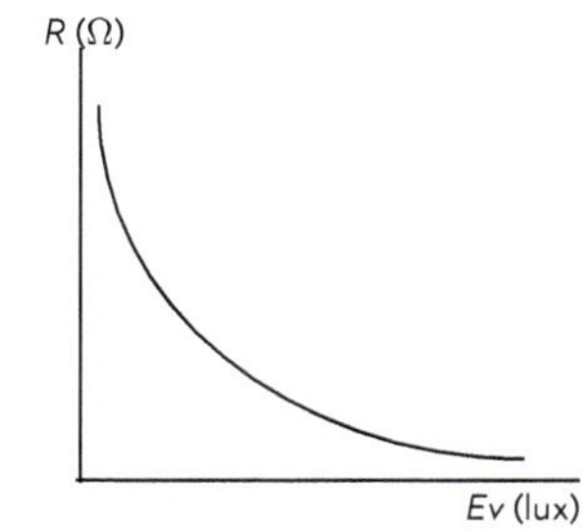


**Fig. 6.13.** Corba de resposta *R = f(Ev)* d'una LDR

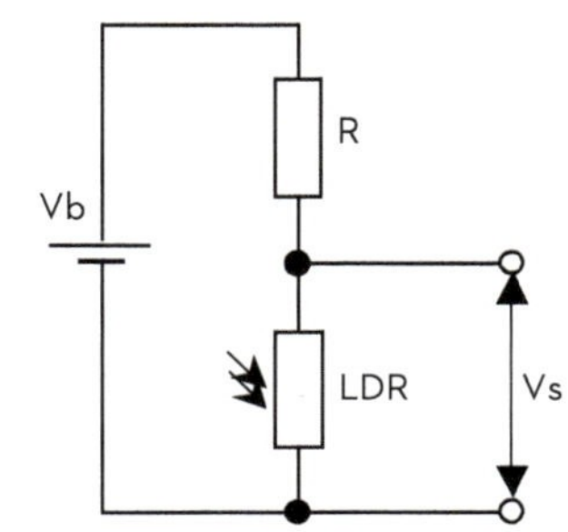


**Fig. 6.14.** Circuit d'aplicació de la LDR en un pont divisor

## B. Detectors de llum infraroja

Amb la llum infraroja (IR) es construeixen diferents tipus de sensors i de dispositius de comunicació que són insensibles a la llum visible.

El **detector de presència amb barrera de llum infraroja** es construeix amb un díode led emissor d'IR i un fototransistor o un fotodíode receptor d'IR, de la mateixa longitud d'ona. Quan un objecte opac interfereix el feix, el receptor canvia d'estat. En la figura 6.15 es mostra un circuit típic d'una barrera d'IR. El led emet un feix de llum sobre la base del transistor receptor d'IR, que el situa en estat de conducció; en la sortida *(Vs)* hi ha una tensió de 5 V. Quan s'interromp el feix, el transistor entra en bloqueig i actua com un circuit obert.

També hi ha els **detectors de presència per reflexió de llum infraroja,** en què el díode d'IR i el fototransistor receptor estan en la mateixa càpsula. El seu funcionament es basa en el fet que l'emissor emet un feix de llum infraroja cap al front i quan un objecte opac s'hi aproxima, part de la radiació emesa es reflecteix i torna cap al fototransistor, i l'estat de sortida d'aquest canvia.

El **detector passiu d'infraroig** *(PIR - passive infraRed)* s'empra en els sistemes d'alarma. Els cossos calents emeten radiació infraroja que detecta aquest sensor i, a més, avalua el moviment del cos, fet que permet detectar intrusions en el volum de cobertura del sensor.

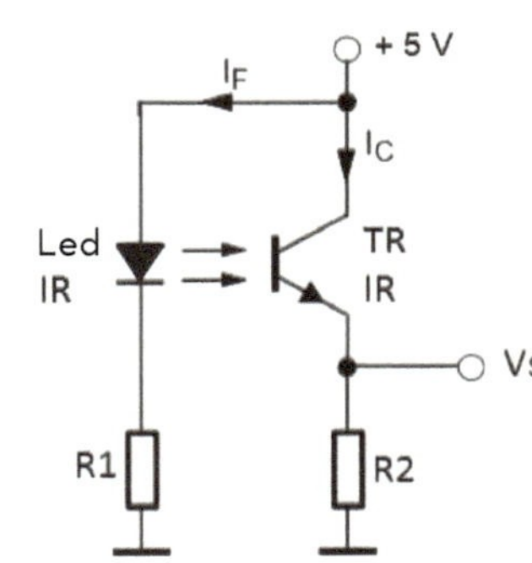


**Fig. 6.15.** Circuit d'un sensor d'IR amb l'emissor i el receptor

**Fig. 6.16.** Detector passiu d'infraroig (PIR) d'una instal·lació d'alarma

## C. Sensors de temperatura

Els **termistors** són resistències que varien amb la temperatura. N'hi ha de dos tipus, de **coeficient negatiu de temperatura** o **NTC**, i de **coeficient positiu de temperatura** o **PTC.** En els termistors NTC, l'increment de temperatura provoca una disminució de la resistència, i en els PTC passa el contrari. S'utilitzen, entre d'altres, en circuits de termòstats electrònics.

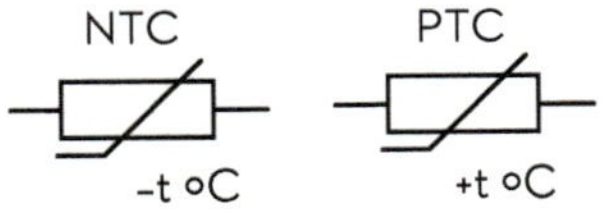


**Fig. 6.17.** Símbols dels termistors NTC i PTC

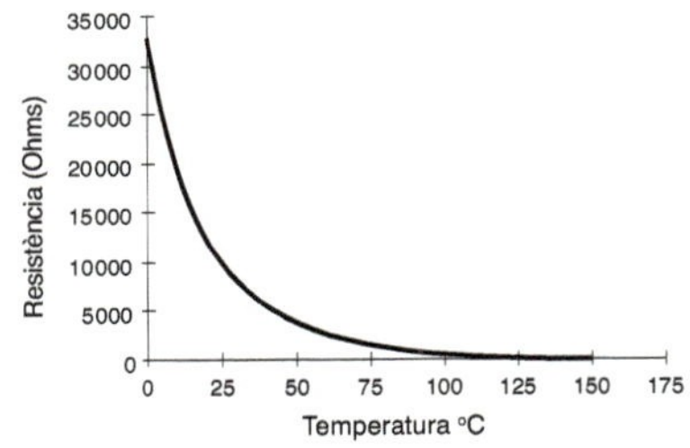


**Fig. 6.18.** Corba de resposta d'un termistor NTC de 10 kΩ

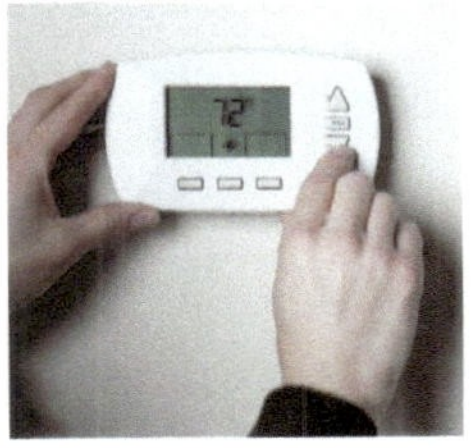

**Fig. 6.19.** Cronotermòstat digital amb termistor

**Fig. 6.20.** Termòstat de bimetall

## PER SABER-NE MÉS

**Característiques tècniques del sensor de temperatura TMP36**

Tensió d'alimentació: 2,7 V a 5,5 V

Rang de mesura: -40 °C a +125 °C

Factor d'escala: 10 mV/°C

Tensió de sortida a 25 °C: 750 mV

Els **termòstats electromecànics** estan fets amb dues làmines de metalls de diferent coeficient de dilatació (bimetall) de manera que el bimetall es va deformant fins que obre el circuit i deixa de passar-hi corrent. En refredar-se torna a la posició original tancant de nou el circuit.

Els **sensors de temperatura integrats** incorporen una electrònica interna per tal de donar una tensió de sortida proporcional a l'increment de temperatura, facilitant-ne l'ús en sistemes de control. El sensor TMP36 n'és un exemple.

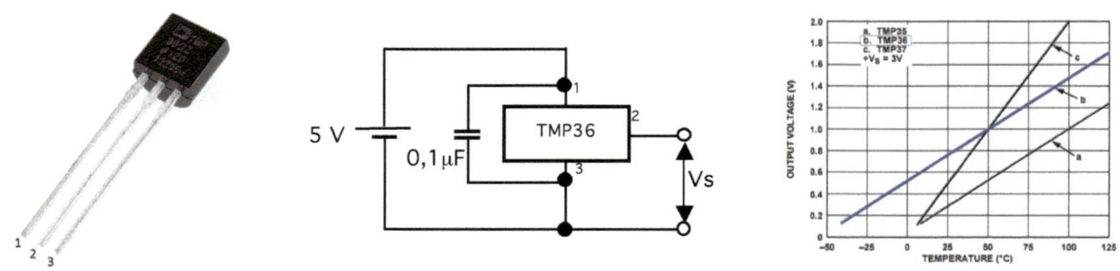


*a)* *b)* *c)*

**Fig. 6.21.** *a)* Sensor de temperatura TMP36; *b)* Circuit d'aplicació; *c)* Corba de resposta

## D. Sensor de presència per ultrasons

Els **ultrasons** són ones que estan lleugerament per sobre de la freqüència audible per als humans, sobre els **40 kHz.** El sensor de presència amb ultrasons consta d'un dispositiu emissor d'ultrasons que genera un conjunt d'impulsos i d'un dispositiu receptor que en recull el retorn o eco, en un angle de cobertura de 15°. La mesura del temps entre la sortida i el retorn de l'impuls, a més de detectar la presència d'un obstacle, permet mesurar la distància a la qual es troba.

**Fig. 6.22.** Sensor de presència per ultrasons HC-SR04 que permet mesurar distàncies entre 2 i 400 cm.

### EXPERIMENTA

**Analitza el funcionament d'una resistència variable amb la llum (LDR); per fer això necessitaràs:**

- Una resistència LDR.
- Un multímetre i pinces.
- Una resistència de 4,7 kΩ.
- Pila de 4,5 V o una font d'alimentació.

**En primer lloc, mesura la resistència de la LDR a tres nivells d'il·luminació:**

*a)* Molta intensitat (apropa-la a una finestra o il·lumina-la amb una llanterna).

*b)* Intensitat mitjana.

*c)* Foscor (tapa-la amb algun objecte opac de color negre).

**Apunta les dades en una taula per a cada un dels nivells d'il·luminació.**

**Munta el circuit de la figura 6.14 i mesura la tensió de sortida Vs.**

| *Intensitat de llum* | *Resistència LDR (Ω)* | *Vs (V)* |
|---|---|---|
| Elevada | | |
| Mitjana | | |
| Foscor | | |

**Quines conclusions treus d'aquest experiment?**

## SABIES QUE...

En molts textos tècnics és comú trobar el terme ***resistor*** per referir-se al component **resistència** i així diferenciar-se del concepte resistència. Tot i això, es fa servir indistintament *resistor* i resistència.

## 2.2. Actuadors

Un **actuador** és un dispositiu que transforma l'energia elèctrica, pneumàtica o hidràulica en una acció mecànica.

Són actuadors els motors elèctrics, els cilindres i els motors pneumàtics i hidràulics. El seu accionament requereix la intervenció d'elements auxiliars, com ara relés, contactors i electrovàlvules.

### A. Motors elèctrics

De motors elèctrics n'hi ha de diferents tipus:

- **Motor de corrent continu.** N'hi ha de diverses potències, tensions d'alimentació i mides. Per a les aplicacions habituals, necessita una caixa reductora externa per tal de reduir la velocitat de gir a la sortida.
- **Motor pas a pas.** És un motor que funciona per impulsos elèctrics que el fa avançar o retrocedir de manera molt precisa. Una volta completa es divideix en un nombre de passos determinats, per exemple 200, aleshores cada pas és d'1,8°. Cada impuls que rep el fa avançar o retrocedir un pas. N'hi ha de diferents tipus; el més habitual és el bipolar, que externament disposa de quatre cables de connexió. Per controlar-lo amb facilitat sol emprar-se algun circuit integrat específic. S'utilitzen en impressores d'injecció i 3D, i en robots.
- **Servomotor.** En essència és un motor de corrent continu que incorpora una caixa reductora i un sistema de control per tal d'aconseguir girs en posicions exactes, entre 0 i 180°. Disposa de tres cables, dos d'alimentació (vermell i negre) i un de comandament (blanc o groc) per on se li envia el senyal de posicionament. Aquest consisteix en un impuls elèctric d'un període d'entre 10 i 20 ms i una amplada variable segons l'angle que hagi de girar. Els impulsos es generen, de manera contínua, en el dispositiu controlador de l'automatisme.

**Fig. 6.23.** Motor de corrent continu amb caixa reductora

**Fig. 6.24.** Motor pas a pas

**Fig. 6.25.** Servomotor

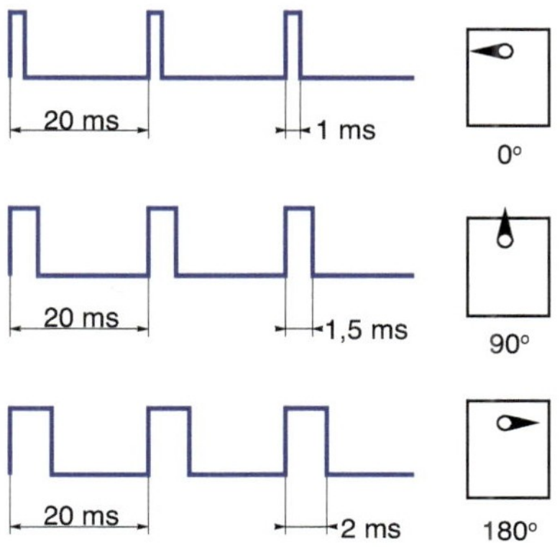


**Fig. 6.26.** Posicionament d'un servomotor

### B. Cilindres i motors pneumàtics i hidràulics

Aquests actuadors funcionen amb l'energia de l'aire comprimit, en el cas dels actuadors pneumàtics, i de la pressió exercida en un fluid hidràulic. Es fan servir vàlvules per regular el flux del fluid per activar o desactivar l'acció d'aquests.

Les vàlvules amb accionament elèctric s'anomenen **electrovàlvules** i són elements auxiliars sobre els quals actua el sistema de control, ja sigui cablat o programable. Per tal d'integrar els cilindres en sistemes de control elèctrics, n'hi ha que incorporen en el mateix cilindre detectors de posició.

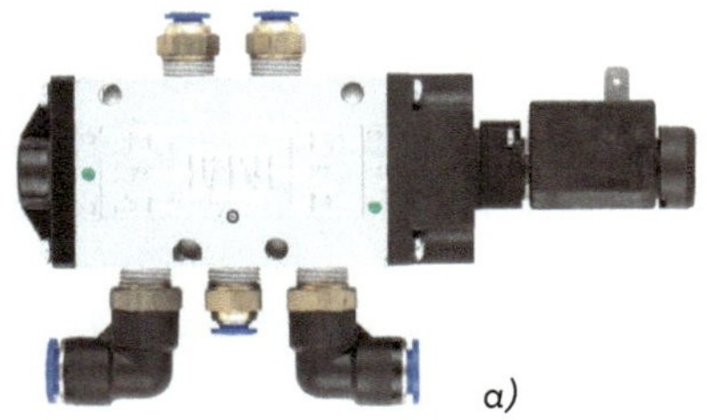

*a)*

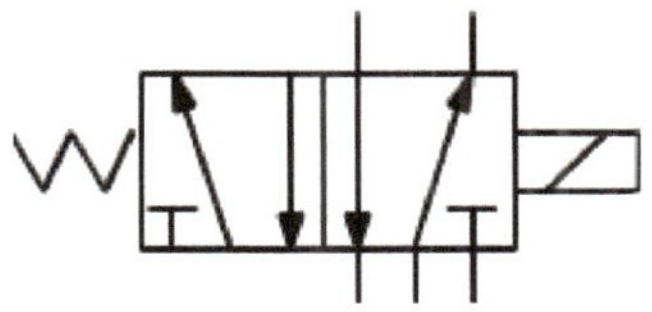

*b)*

**Fig. 6.27.** *a)* Electrovàlvula pneumàtica 5/2, d'accionament elèctric i retorn per molla; *b)* Símbol

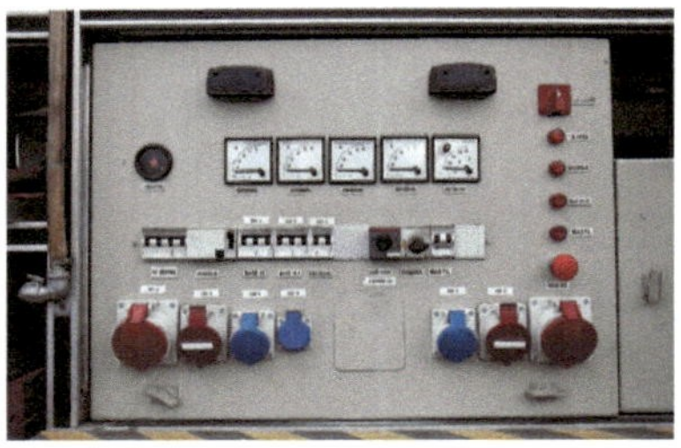

**Fig. 6.28.** Panell de control amb presentadors d'informació i elements de comandament

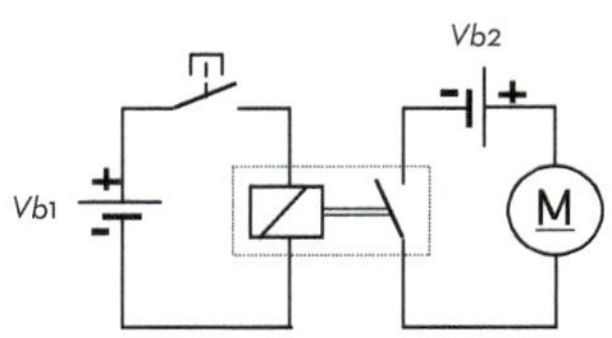


**Fig. 6.29.** Control d'un motor de corrent continu amb relé

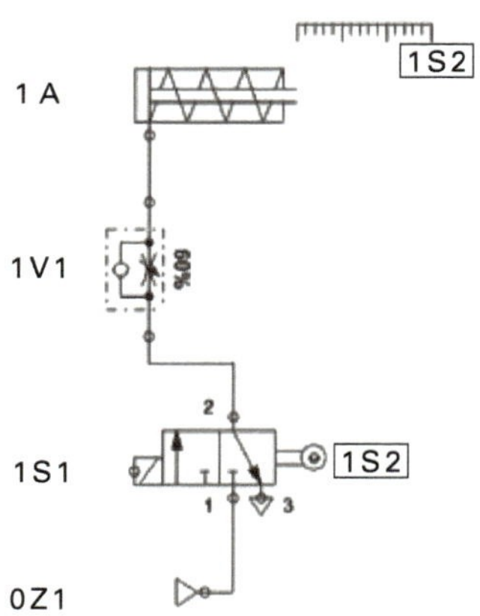


**Fig. 6.30.** Control d'un cilindre de simple efecte comandat amb electrovàlvula i retorn per accionament mecànic

## 2.3. Elements auxiliars

La consideració d'elements auxiliars és molt àmplia i inclou elements molt variats, des d'un senzill led fins a una pantalla de cristall líquid que mostra valors d'un automatisme. Una classificació d'elements auxiliars és:

- **Presentadors d'informació**

  Els leds i els indicadors de neó són indicadors lluminosos binaris que presenten dos valors com a informació. Per presentar informacions analògiques numèriques hi ha els visualitzadors analògics d'agulla o els presentadors alfanumèrics de led o de cristall líquid (LCD). Per representar informacions més complexes s'empren pantalles LCD, TFT o amb tecnologia led.

- **Dispositius d'acoblament**

  El **relé,** com ja has vist en una unitat anterior, permet separar dos circuits de característiques elèctriques diferents, el de comandament que funciona a baixa potència i el circuit de potència que actua directament sobre un actuador. En els automatismes cablats és un element fonamental per realitzar funcions de memòria.

  L'**electrovàlvula** en un sistema pneumàtic o hidràulic permet el control del fluid i, per tant, l'accionament dels actuadors.

  Aquests dos elements disposen d'un electroimant que fa possible el comandament elèctric. L'atracció magnètica desplaça una peça d'acer i aquest moviment obre o tanca el pas del corrent elèctric en un relé o el pas de l'aire comprimit en una electrovàlvula.

- **Elements de comandament**

  Els teclats, potenciòmetres, polsadors i selectors són elements de comandament destinats a fer que un operador realitzi accions sobre l'automatisme. Per exemple, canviar la temperatura d'un forn o modificar la velocitat de gir d'un motor.

### ACTIVITATS

6. **Explica la diferència entre un sensor i un detector. Posa'n un exemple de cada.**

7. **Hem de dissenyar un sistema per detectar canvis de temperatura amb un termistor NTC que a 25 ºC té una resistència de 4,7 kΩ. Dissenya un circuit que amb una tensió d'alimentació de 5 V i una resistència proporcioni una tensió de sortida de 2,5 V a 25 ºC, i quan la temperatura augmenti, ho faci també la tensió de sortida.**

8. **Investiga quin és el circuit electrònic necessari per fer funcionar un servomotor manualment. Dibuixa l'esquema i fes la llista de components.**

9. **Com afegiries un indicador lluminós que indiqui que el motor de la figura 6.29 està funcionant? Dibuixa l'esquema i explica'n el funcionament.**

10. **Quina funció té la caixa reductora a la sortida d'un motor de corrent continu?**

## 2.4. Controladors

El controlador és l'element que conté la lògica de l'automatisme. Els més simples solen elaborar-se amb **lògica cablada,** i els que tenen més funcions i possibilitats són els **controladors programables.**

**Fig. 6.31.** Potenciòmetres

### A. Lògica cablada

Ara veurem un automatisme clàssic que sol realitzar-se amb un relé. Es tracta d'un automatisme d'engegada i aturada d'un motor mitjançant dos polsadors, un per engegar i un altre per aturar, en què es realitza la **funció memòria.** El relé ha de portar dos jocs de contactes, un dels quals s'utilitza per a l'acció d'**enclavament** en el moment de posar-se en marxa i evitar que el relé torni al repòs. El polsador de posada en marxa és del tipus normalment obert i el d'aturada és del tipus normalment tancat. En prémer el polsador M s'activa el relé, desplaçant els seus contactes; un porta la tensió d'alimentació cap a un terminal del relé i l'altra tanca el circuit del motor. Quan es deixa de prémer M, el motor segueix en marxa, ja que el relé ha quedat enclavat a través del contacte que el manté alimentat. Si es prem el polsador A, el relé queda sense tensió i torna al repòs i el circuit del motor queda obert.

**Fig. 6.32.** Caixa de polsadors per automatisme

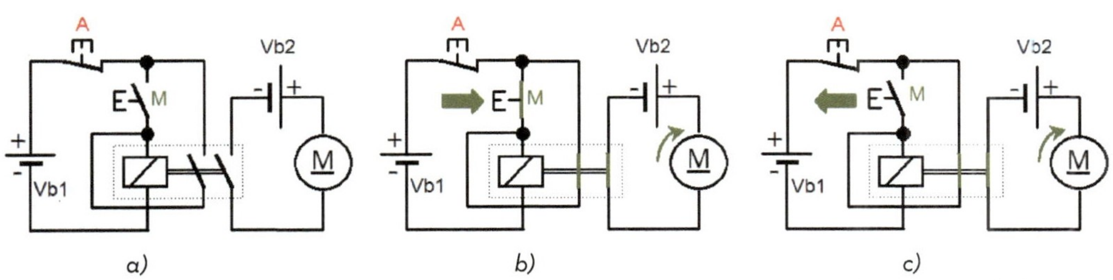


**Fig. 6.33.** Circuit memòria realitzat amb relé realimentat; *a)* Circuit en repòs; *b)* Activació del circuit per accionament del polsador M; *c)* En deixar de prémer el polsador M, el relé segueix activat.

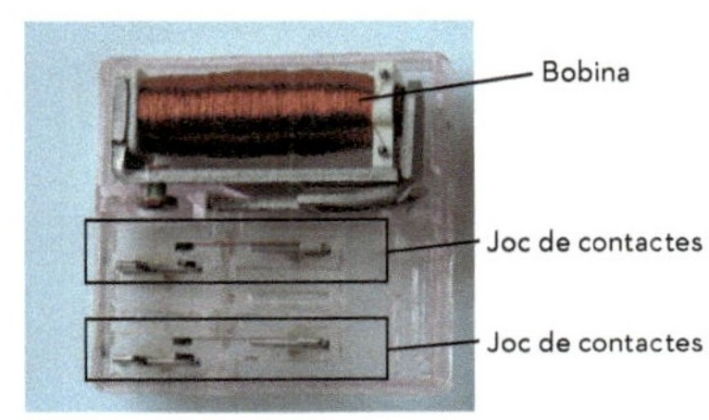


**Fig. 6.34.** Relé de dos jocs de contactes

### B. Lògica programable. L'autòmat programable

Hi ha diverses tecnologies per construir automatismes programables. En el context industrial, l'**autòmat programable** *(PLC - programable logic controler)* és el dispositiu més desenvolupat i àmpliament usat per les seves excel·lents característiques d'estandardització, seguretat i fiabilitat. Un autòmat programable conté un processador, una memòria i una unitat de gestió d'entrades i de sortides, que poden ser digitals i/o analògiques. En les entrades poden connectar-se diferents tipus de sensors i de detectors industrials. Les sortides poden comandar actuadors a través de relés.

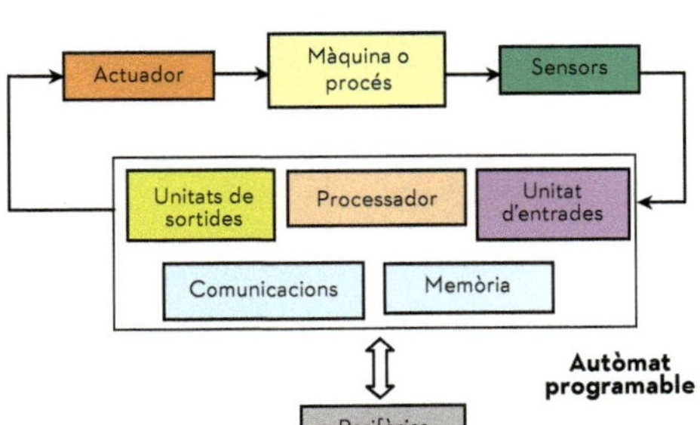


**Fig. 6.35.** Diagrama de blocs d'un autòmat programable industrial

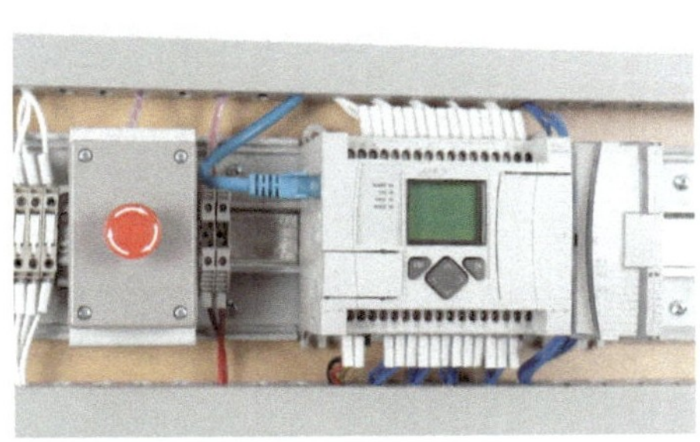

**Fig. 6.36.** Autòmat programable industrial

VÍDEO

Aquest vídeo mostra el funcionament de l'autòmat programable.

**goo.gl/zSoUcU**

## PER SABER-NE MÉS

Un llenguatge de programació d'autòmats molt didàctic és el **GRAFCET** *(Graphe Fonctionnel de Commande Etape Transition)*. És un llenguatge gràfic que es construeix a base d'una seqüència d'etapes i de transicions. Les etapes es representen amb rectangles i contenen les accions sobre les sortides. Les etapes s'uneixen amb línies sobre les quals es marquen les transicions, que són les condicions que marquen l'estat dels sensors o les variables internes.

En ser un llenguatge gràfic, afavoreix el seguiment de la lògica de control amb molta facilitat.

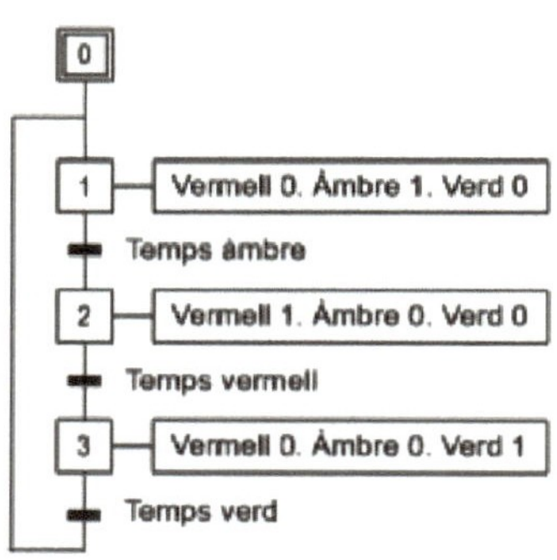


**Fig. 6.37.** GRAFCET simplificat d'un semàfor

**Fig. 6.38.** Placa Imagina Android/Scratch. Incorpora un microcontrolador *Picaxe* 20M2.

Les accions sobre les sortides estan determinades per l'**algorisme de control** que s'ha transferit a la memòria de l'autòmat. Aquest llegeix l'estat de la màquina o procés sota control a través dels sensors connectats en les entrades, i l'algorisme de control pren decisions per actuar sobre les sortides.

La tipologia de llenguatges més usuals per implementar els algorismes en autòmats són: **diagrama de contactes, llista d'instruccions** i **blocs funcionals.** Una vegada el programa s'ha transferit a la memòria, queda resident de manera permanent encara que es quedi sense tensió. Així sempre que es torna a posar en marxa s'executa de nou el programa. Si cal canviar alguna funció de l'automatisme només caldrà canviar el programa. El **programa s'executa de manera cíclica** des de la primera ordre fins a l'última i torna a començar.

Els autòmats, a més de funcionar aïlladament, poden treballar col·laborativament amb altres a través de **xarxes especialitzades,** compartint informacions i coordinant accions.

## C. Lògica programable. Controladors basats en microcontroladors

Els **microcontroladors** són xips dissenyats per crear automatismes amb molta flexibilitat i a costos molt reduïts.

Les **plaques Arduino/Genuino,** d'àmplia difusió i de cost reduït, incorporen microxips de la marca Atmel. Els microcontroladors **Picaxe** són microcontroladors de la marca Microchip en què s'ha gravat un ***firmware*** o programari resident amb un interpretador de llenguatge de Picaxe.

L'estructura interna dels microcontroladors es compon de: microprocessador, memòria, unitat d'entrades, unitat de sortides, convertidors analogicodigitals, port de comunicacions. Es programen des d'un ordinador emprant el llenguatge específic de cada microcontrolador.

### *Lògica programable. Placa Imagina Android/Scratch*

La placa Imagina Android/Scratch incorpora un xip Picaxe 20M2 i integra leds, sensor de llum LDR, sensor de temperatura NTC; receptor de llum infraroja, pot controlar motors de corrent continu de baixa potència i permet la connexió externa de leds, servomotors, receptors i emissors d'IR, i el comandament *Nunchuk* de videoconsola.

Entorns de programació Picaxe:

- Programming Editor, utilitza grafismes de diagrames de flux per programar.
- AXEpad és un editor sintàctic, amb ordres i paràmetres específics.
- Blockly, entorn visual amb blocs encastables.

Un entorn alternatiu als anteriors és l'Scratch for Arduino (S4A), que disposa dels adaptadors per comunicar-se amb els microcontroladors Arduino. Això permet aprofitar l'experiència en programació en aquest llenguatge gràfic en què la placa Imagina actua com un perifèric més. L'S4A està disponible en llengua catalana.

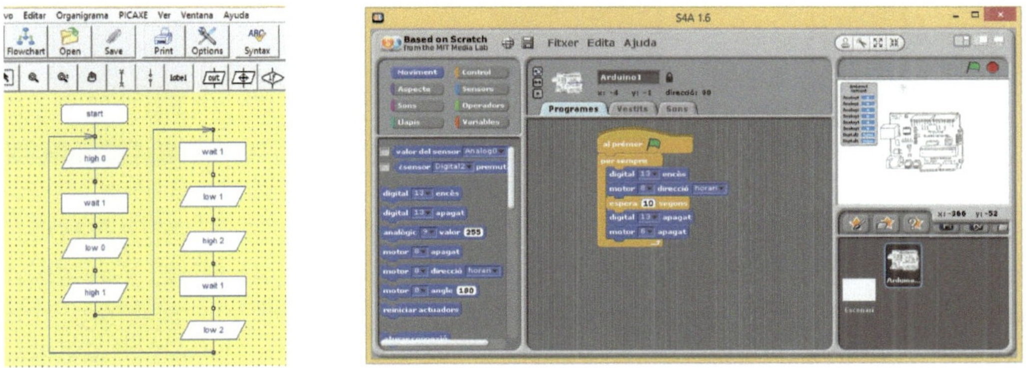

a) b)

**Fig. 6.39.** *a)* Diagrama de flux en el Programming Editor; *b)* Entorn de programació de Scratch for Arduino (S4A)

## *Lògica programable. Plaques Arduino/Genuino*

Arduino/Genuino disposa d'un conjunt de models de plaques que s'adapten a necessitats diferents. El model més popular és l'**UNO.** Les característiques més destacades d'aquest model són: 14 línies d'entrada/sortida digitals, 6 entrades analògiques, un port USB; alimentació externa configurable. Pot controlar directament leds i servomotors, però no motors de corrent continu, per als quals necessita una electrònica complementària que pugui gestionar més potència.

Aquestes plaques porten un conjunt de connectors que permeten inserir al damunt altres plaques, anomenades ***shield,*** amb funcions complementàries. Hi ha molts tipus de *shield*: control de motors pas a pas, plaques amb relés, plaques per comprovar prototips, control de motors de corrent continu, etc.

a) b) c) d)

**Fig. 6.41.** *Shields* per a Arduino. *a)* Mòdul amb placa de prototips; *b)* Mòdul amb quatre relés; *c)* Mòdul de control de dos motors de corrent continu inserida a l'Arduino UNO; *d)* Mòdul de pantalla tàctil

Arduino es programa des d'un entorn de desenvolupament (*Integrated Development Environtment* - IDE) que empra un llenguatge derivat del Processing.

El programa elaborat es transfereix a la memòria d'Arduino a través del port USB i aleshores pot desconnectar-se i executar-se de manera autònoma.

RECURSOS

Els *drivers* per a la placa Imagina Android/Scratch, les instruccions i el tutorial es poden descarregar de:

**goo.gl/sAQNVJ**

El programari de Picaxe està disponible a:

**goo.gl/jE8T9c**

**Fig. 6.40.** Placa Arduino UNO

## PROGRAMARI

L'**IDE d'Arduino,** juntament amb els *drivers* del sistema operatiu, es descarreguen de:

**goo.gl/oNTD6M**

Una vegada baixat, cal instal·lar-lo a l'ordinador, conjuntament amb els *drivers*. El cable USB s'ha de connectar una vegada s'ha acabat la instal·lació.

L'**Snap for Arduino** és una excel·lent opció per programar amb un llenguatge gràfic molt fàcil d'utilitzar. Per funcionar, requereix el *firmware* anomenat ***firmata,*** que cal transferir a l'Arduino. Es descarreguen de:

**http://s4a.cat/snap/**

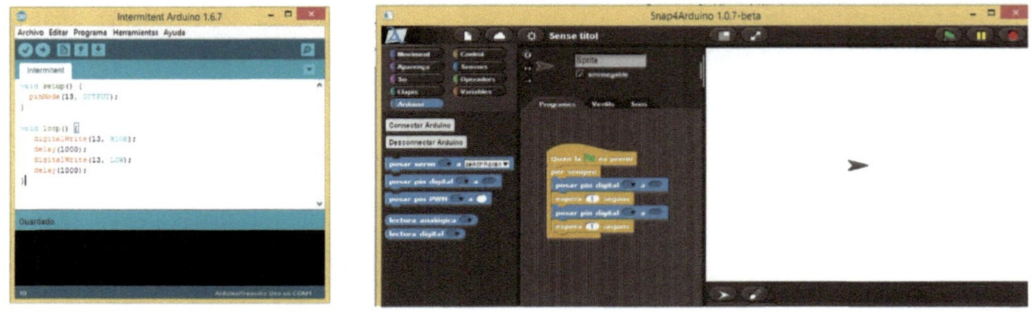


*a)* *b)*

**Fig. 6.42.** *a)* Entorn de programació Arduino; *b)* Entorn de programació visual de ***Snap for Arduino***

Hi ha altres entorns de programació, com l'***Scratch for Arduino, Visualino, Ardublock...,*** a través dels quals s'elaboren programes amb llenguatges gràfics. ***Snap for Arduino*** és un entorn de programació amb blocs molt potent, flexible i intuïtiu.

La figura 6.43 mostra el detall de distribució de connexions de l'Arduino UNO i un exemple de simulació d'un semàfor amb led en una placa de prototips i el codi de programació escrit a l'IDE.

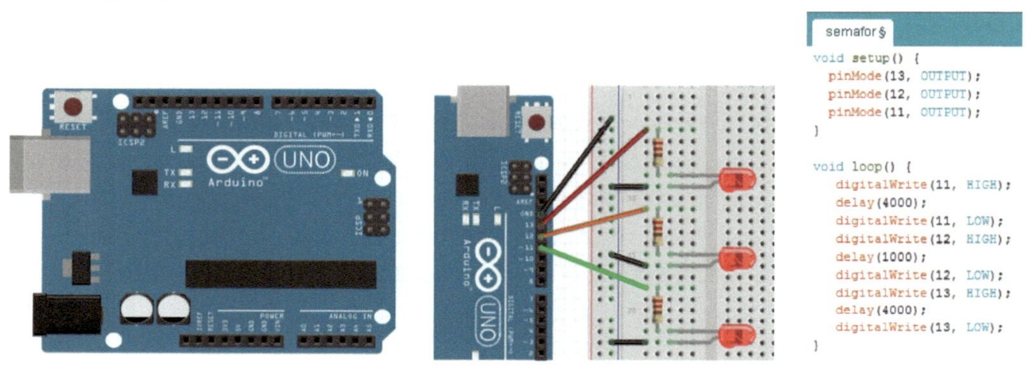


*a)* *b)* *c)*

**Fig. 6.43.** *a)* Distribució de connexions de l'Arduino UNO; *b)* Detall de la connexió dels components per simular un semàfor; *c)* Codi del programa del semàfor

## ACTIVITATS

**11.** Afegeix a l'esquema del relé amb realimentació de la figura 6.33.*a* un indicador amb led de manera que s'encengui quan el motor estigui activat. Les tensions d'alimentació són $V_{b1}$ = 12 V i $V_{b2}$ = 24 V.

**12.** Simula el circuit anterior en algun dels programaris simuladors de circuits elèctrics/electrònics.

**13.** Fixa't en el GRAFCET d'un semàfor representat a la figura 6.37 i en el codi de programació del semàfor en una placa Arduino/Genuino mostrat a la figura 6.43.c. Dibuixa el GRAFCET i escriu, al costat de cada acció, les línies de codi que li corresponen.

**14.** Elabora un GRAFCET que realitzi una intermitència d'un led, de manera que estigui encès durant 2 s i apagat durant 1 s. Escriu, al costat de cada acció del GRAFCET, el codi de programació corresponent per a una placa Arduino/Genuino, suposant que el led està connectat al *pin* digital 13.

**15.** Explica quina funció té la memòria en un autòmat. I en un microcontrolador?

**16.** A quin tipus d'entrada d'un microcontrolador s'ha de connectar el sensor de temperatura TMP36 de la figura 6.21? Justifica la resposta i dibuixa un esquema d'aplicació en una placa Arduino/Genuino.

# 3 Tipus d'automatismes i sistemes de control

## 3.1. Tipus d'automatismes

Es distingeixen dos tipus bàsics d'automatismes segons el tipus de variable que han de controlar en la seva sortida. Els que hem vist fins ara són automatismes que actuen sobre **variables digitals,** activant i desactivant dispositius que funcionen tot o res. Hi ha processos industrials que s'han de regular de manera contínua i amb molta precisió, cosa que només és possible actuant sobre **variables analògiques.** Les tecnologies són molt diferents en cada un dels casos.

L'acció sobre variables analògiques es fa a través de controladors que disposen de **sortides analògiques,** anomenats **reguladors,** en què el seu valor pot variar de manera contínua entre els límits d'un rang. Aquestes responen a algorismes complexos que recullen informació de sensors analògics. En aquest cas parlem d'un **sistema de regulació automàtica.**

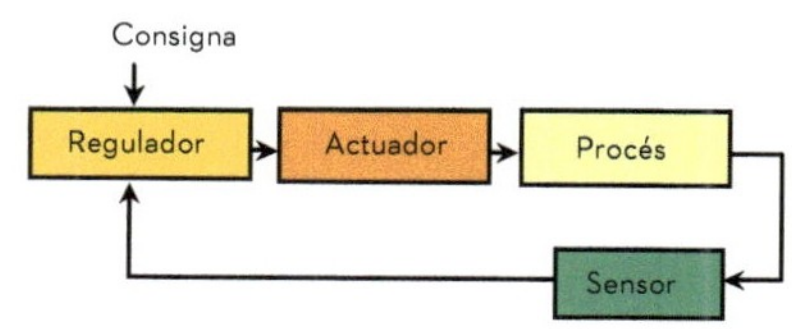


**Fig. 6.44.** Sistema de regulació en llaç tancat

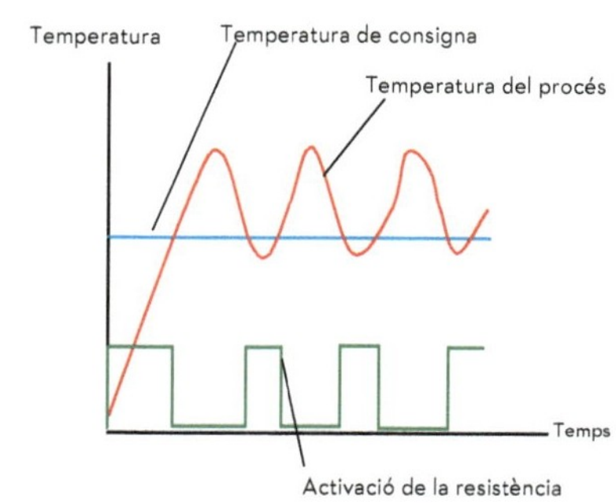


**Fig. 6.45.** Control de temperatura tot o res

## 3.2. Tipus de sistemes de regulació automàtica

Els **sistemes de regulació automàtica** són del tipus de **llaç tancat,** en què la sortida està contínuament regulada segons els valors de les variables d'entrada i les condicions establertes en l'algorisme de control.

Un exemple és la regulació de temperatura d'un procés. Si es fa amb un automatisme tot o res, l'activació i la desactivació de la resistència provoca unes oscil·lacions importants de temperatura al voltant de la temperatura de **consigna.** En determinats processos aquestes variacions són crítiques per obtenir un producte adequat. Aleshores cal fer una regulació contínua de la temperatura del procés que eviti les oscil·lacions.

El sistema de regulació **proporcional integral derivatiu (PID)** parteix de l'error entre el paràmetre de sortida i la consigna, i combina tres efectes per determinar la regulació sobre l'actuador analògic. El proporcional per reaccionar a l'error actual, l'integral ho fa en relació amb errors anteriors i el derivatiu en previsió dels errors futurs.

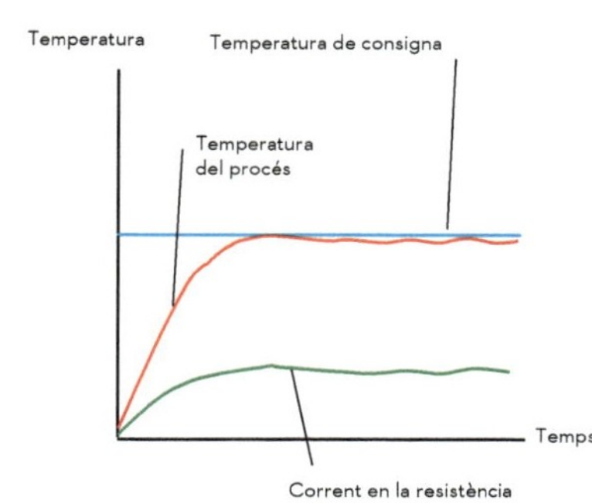


**Fig. 6.46.** Regulació analògica de temperatura

### ACTIVITATS

**17.** Explica la diferència que hi ha entre un controlador i un regulador d'un sistema automàtic.

**18.** En un sistema de regulació, quina funció té l'error o diferència entre el valor de sortida del sistema automàtic i el valor de consigna? Com ha de reaccionar el regulador per aconseguir un error mínim?

**19.** Què representa el valor d'histèresi en un sistema de control? Quin problema evita en l'automatisme?

**Fig. 6.47.** Robots industrials de soldadura

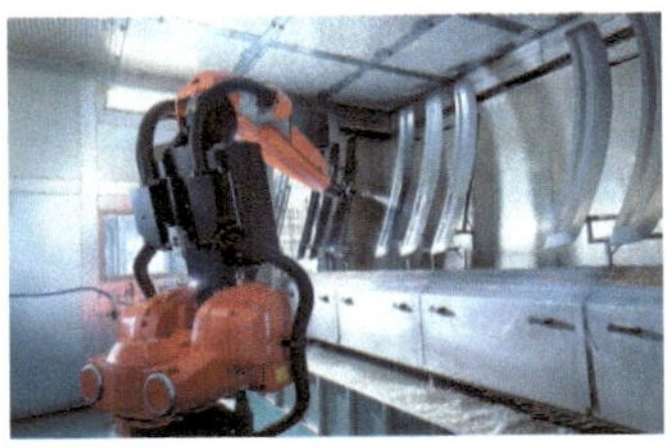

**Fig. 6.48.** Robots industrials de pintura

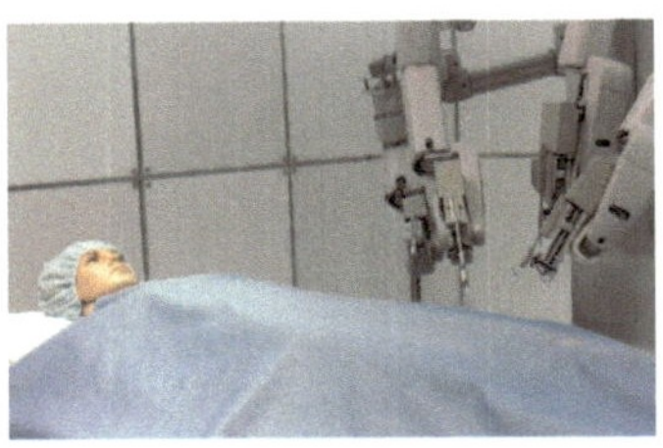

**Fig. 6.49.** Robot d'aplicació mèdica en cirurgia

**Fig. 6.50.** Robot humanoide ASIMO

# 4 Robots i les seves aplicacions

El desenvolupament de les tecnologies de control i regulació han propiciat avenços molt importants en la creació de màquines i dispositius automàtics, que tenen una màxima expressió en els anomenats robots.

Un **robot** és un dispositiu que desenvolupa funcions i moviments automàtics, seguint un conjunt d'instruccions. Un **robot industrial** és una màquina manipuladora equipada amb sensors i actuadors, multifuncional, programada per realitzar diferents moviments i tasques en processos de fabricació, emmagatzematge i/o verificació.

En el **context industrial,** els robots substitueixen la intervenció humana en feines repetitives, pesades o perilloses, millorant la rapidesa, la precisió i la repetitivitat. Això és possible gràcies als avenços en la mecànica, en els actuadors, la visió artificial, els controladors i l'algorísmica. La indústria de l'automòbil és el sector industrial més robotitzat del món.

Els robots industrials estan dedicats a diferents tasques com ara soldadura, pintura i muntatge. Els robots adapten automàticament el procés de treball al model que els arriba des de la cadena de fabricació. Formen part de sistemes de fabricació altament tecnificats i informatitzats.

La implantació de cadenes de fabricació automatitzades i robotitzades presenta molts avantatges tècnics i econòmics, però té una contrapartida molt important: la **reducció de llocs de treball.**

En el **context de la medicina** els robots van guanyant protagonisme, especialment en la cirurgia, ja que aporten precisió de moviments i més rapidesa. En cirurgia, els robots no tenen el tremolor que pot patir la mà d'un cirurgià i poden accedir a llocs extremament difícils. Altres aplicacions estan en la rehabilitació, les pròtesis o l'emmagatzematge i la gestió de medicaments.

Els **robots humanoides,** amb aparença humana, tenen diverses utilitats com l'assistència i el guiatge o les aplicacions lúdiques i experimentals. Un dels robots més coneguts per la seva similitud a la morfologia i al comportament humà és l'ASIMO, creat per l'empresa Honda. Està dotat d'habilitats relacionals, com ara el reconeixement de persones a través de la identificació facial. Interpreta odres de veu i gestos de la mà humana i respon, en conseqüència, tan gestualment com amb veu.

Hi ha altres robots d'aplicació a l'exploració submarina, a la desactivació d'explosius, a l'exploració espacial i a molts altres àmbits menys significatius.

## ACTIVITATS

**20.** **Fes un informe de les diferents estructures de robots industrials i quins moviments executen. Explica què s'entén per «grau de llibertat» en un robot.**

**21.** **Investiga en què consisteix la visió artificial i com funciona. A continuació, elabora un informe explicant el que hagis trobat.**

## POSA'T A PROVA!

### 1. INVESTIGA

Per escriure el codi d'un algorisme de control per a un microcontrolador cal conèixer les regles sintàctiques, les ordres i les ordres específiques per enviar i rebre dades. Cada microcontrolador té les seves particularitats. En aquesta unitat t'hem parlat de dos tipus: Picaxe i Arduino/Genuino. En aquesta activitat et proposem que cerquis algunes ordres de control específiques per a cada un d'aquests i les organitzis en una taula, com la que es mostra.

goo.gl/OYBNAX
Picaxe

goo.gl/NoLz9A
Arduino

| Acció | Picaxe | Arduino/Genuino |
|---|---|---|
| Escriure el valor en una sortida digital | HIGH Pin<br>LOW Pin | DigitalWrite (Pin, Value) |
| | | |

Ordres: llegir una entrada digital, llegir una entrada analògica, generar un to, fer una pausa de temps (en milisegons), definir un pin (configurable) del microcontrolador com a entrada o com a sortida.

### 2. PROGRAMA UN INTERRUPTOR CREPUSCULAR AMB UN MICROCONTROLADOR

Un automatisme emprat en moltes instal·lacions domèstiques és el control d'un llum de jardí que s'encén quan es fa fosc i s'apaga quan es fa de dia. És l'anomenat interruptor crepuscular. Et proposem elaborar el projecte seguint els passos següents:

- Disseny de l'esquema elèctric del circuit:
  - Selecciona el microcontrolador que t'aconselli el professorat.
  - Una LDR i una resistència han d'estar connectades a una entrada analògica.
  - Un led d'alta lluminositat connectat a una sortida digital ha de simular una làmpada.
- Disseny del programa de control:
  - Fes un esquema previ o GRAFCET de com ha de funcionar el programa.
  - Elabora el codi del programa.
- Muntatge i verificació de l'automatisme:
  - Si disposes de l'equipament, munta el circuit i transfereix el programa per verificar-ne el funcionament.
- Pensa en altres variants d'aquest automatisme que puguin complementar-lo i dissenya una solució possible.

## ACTIVITATS FINALS

1. Explica què és un algorisme de control i quina funció fa en un automatisme.

2. Quina utilitat té un GRAFCET? A quin tipus d'automatisme s'aplica?

3. Dissenya el GRAFCET d'un automatisme de quatre leds arrenglerats que segueixi la seqüència següent:
   - El primer led d'un extrem s'encén un temps (2 s).
   - S'apaga el led i s'encén el següent i així successivament fins a arribar al led de l'extrem contrari.
   - El led encès «retorna» en sentit contrari.
   - Repeteix el cicle.

4. Descriu les característiques d'un robot industrial i quins avantatges aporta en un sistema de producció.

5. Copia el circuit en el teu quadern i completa'l amb les connexions que falten a l'esquema perquè el relé faci la funció memòria. Substitueix el motor per un díode led.

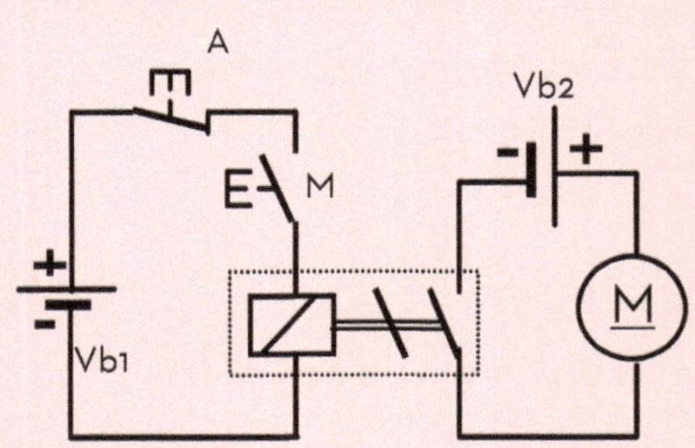


**Fig. 6.51.**

6. Es vol construir un robot seguidor de línia negra (cinta aïllant negra) sobre superfície blanca amb dos detectors d'infraroig de reflexió per detectar si està al damunt de la línia. El robot porta dues rodes motrius amb un motor elèctric independent cada una, i una tercera roda boja. Si els dos sensors estan sobre superfície blanca, els dos sensors detecten reflexió i el vehicle avança en línia recta. Si un dels dos sensors està sobre la línia negra, no hi ha retorn d'infraroig. En aquesta situació el motor del seu costat s'ha d'aturar i l'altre segueix funcionant fins a recuperar la zona blanca. Dissenya el circuit elèctric de connexió dels sensors en una placa Arduino/Genuino i elabora la taula de la veritat d'actuació sobre els dos motors.

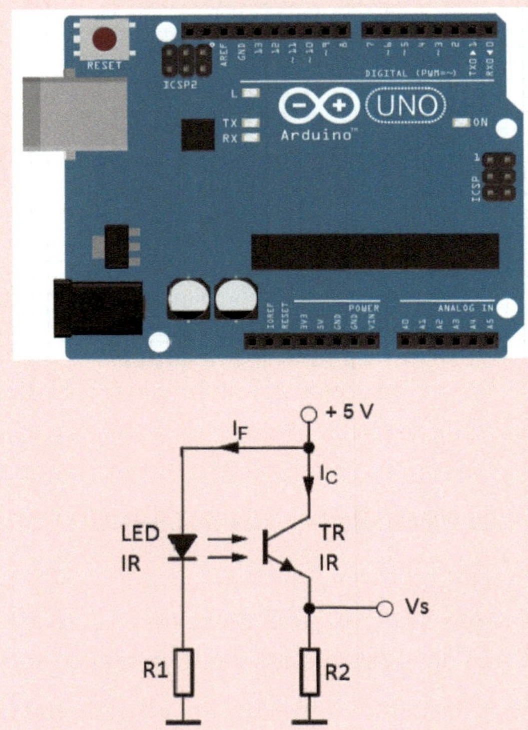


| *Sensor dret* | *Sensor esquerre* | *Motor dret* | *Motor esquerre* |
|---|---|---|---|
| | | | |
| | | | |
| | | | |
| | | | |

**Fig. 6.52.**

7. Explica què és una placa *shield* i quins avantatges té aquest sistema.

8. Explica la diferència entre un sistema de control cablat i un sistema programable.

9. El cicle d'histèresi d'un sensor és útil per:
   *a)* Tenir més precisió en la mesura.
   *b)* Disposar d'una resolució més acurada.

*c)* Guanyar en sensibilitat.
*d)* Evitar les fluctuacions de l'automatisme al voltant del punt de consigna.

**10. El tipus de regulador que permet ajustar millor la resposta de l'automatisme a l'exigència de l'aplicació és:**
*a)* Automàtic.
*b)* Proporcional-integral-derivatiu.
*c)* Hidràulic.
*d)* Binari.

**11. Un sensor PIR detecta:**
*a)* Les radiacions ultraviolades.
*b)* La llum visible.
*c)* La radiació infraroja emesa pels cossos calents.
*d)* Les vibracions mecàniques.

**12. Un servomotor:**
*a)* Disposa de quatre cables externs per governar els electroimants que el fan girar.
*b)* Disposa de dos cables, com la majoria de motors de corrent continu.
*c)* Disposa de tres cables, dos per a l'alimentació en contínua i un per als impulsos de posicionament.
*d)* Disposa de tres cables, ja que s'alimenta amb corrent altern trifàsic.

**13. Un servomotor:**
*a)* Pot girar el seu eix, amb precisió, a posicions angulars específiques.
*b)* Necessita sensors de posició externs per limitar el seu recorregut.
*c)* Es mou, pas a pas, en recorreguts angulars molt petits.
*d)* Cap de les anteriors.

**14. Un detector és:**
*a)* Un sensor o dispositiu sensible a alguna magnitud que proporciona una sortida binària.
*b)* Un tipus d'actuador.
*c)* Un regulador electrònic.
*d)* Un automatisme en llaç tancat.

**15. La sortida d'un regulador reacciona a partir de:**
*a)* La seqüència temporal programada.
*b)* La diferència o l'error entre el valor de la variable de sortida i el valor de consigna.
*c)* De la consigna.
*d)* D'un valor històric de la variable de sortida.

**16. El sistema de regulació que més s'ajusta a les necessitats d'un automatisme eficient és del tipus:**
*a)* De llaç tancat. *b)* De llaç obert.
*c)* Electromecànic. *d)* Temporitzat.

**17. Un sensor NTC és sensible a:**
*a)* La temperatura.
*b)* La radiació infraroja.
*c)* La pressió atmosfèrica.
*d)* La llum visible.

**18. Un autòmat programable està integrat per:**
*a)* Un processador, memòria, unitat d'entrades i unitat de sortides.
*b)* Un controlador, relés, sensors i memòria.
*c)* Port USB, unitat d'alimentació, programador.
*d)* Un processador, una unitat de DVD, relés i indicadors.

**19. Un servomotor:**
*a)* Gira contínuament a la velocitat que se li indica.
*b)* Gira pas a pas.
*c)* Gira a posicions fixes entre 0 i 180º.
*d)* És un motor lineal.

**20. El termòstat d'un sistema de calefacció forma part d'un sistema de control:**
*a)* En llaç tancat. *b)* Híbrid.
*c)* Microcontrolat. *d)* En llaç obert.

**21. Es pot considerar que la cisterna d'un lavabo és un:**
*a)* Sistema de control en llaç obert.
*b)* Sistema de control en llaç tancat.
*c)* Sistema sense control.
*d)* Sistema programable.

# 7 APLICACIONS INFORMÀTIQUES TIC

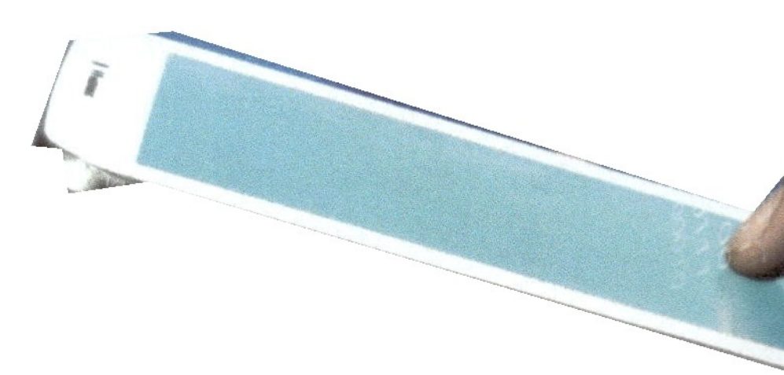

### Objectius

- ✓ Definir i gestionar diferents tipus de sistemes operatius.
- ✓ Realitzar programes simples per a dispositius mòbils (apps) aplicats a la resolució de problemes de l'entorn immediat.
- ✓ Capturar, editar i realitzar muntatges de fotografies, vídeo i àudio.
- ✓ Crear continguts multimèdia amb la integració de diferents elements.
- ✓ Desenvolupar continguts per a Internet que incorporin recursos multimèdia aplicant estàndards d'accessibilitat.
- ✓ Respectar el dret a la intimitat en la xarxa, la propietat intellectual de les creacions digitals i tenir cura de la pròpia identitat digital i la dels altres.

Sumari



# QUÈ EN SAPS?

La irrupció de les noves tecnologies en la nostra vida quotidiana obre unes expectatives extraordinàries. Només cal veure els serveis que ofereixen els telèfons intel·ligents *(smartphones)*, les illimitades possibilitats d'Internet, dels sistemes de navegació per satèl·lit (GPS) o bé la gran quantitat d'aplicacions multimèdia existents.

Les noves tecnologies faciliten, universalitzen i popularitzen el coneixement, la comunicació i les relacions interpersonals. Si bé és cert que són molts els aspectes positius que aporten: facilitat de comunicació, revolució de les eines de treball, agilització de tràmits i gestions, creació de xarxes..., també cal valorar els aspectes negatius que poden esdevenir en fer-ne un mal ús o un ús abusiu: problemes d'addicció, deteriorament de les relacions personals, vulnerabilitat de la intimitat i de la propietat intel·lectual, dependència d'Internet, etc.

En aquesta unitat aprendràs a emprar diferents aplicacions, serveis i eines TIC, tot conscienciant-te de la necessitat de fer servir continguts que no vulnerin els drets d'autor.

Observa la imatge que acompanya aquest text. Què et suggereix? Sabries identificar diferents formats d'arxius en un telèfon intel·ligent?

Series capaç de crear una aplicació per al teu mòbil? I editar un arxiu de vídeo o d'àudio? Saps fer servir algun programa d'edició d'imatges? Sabries retocar una cara en una fotografia digital?

En finalitzar l'estudi d'aquesta unitat hauries de ser capaç de donar resposta a totes aquestes qüestions.

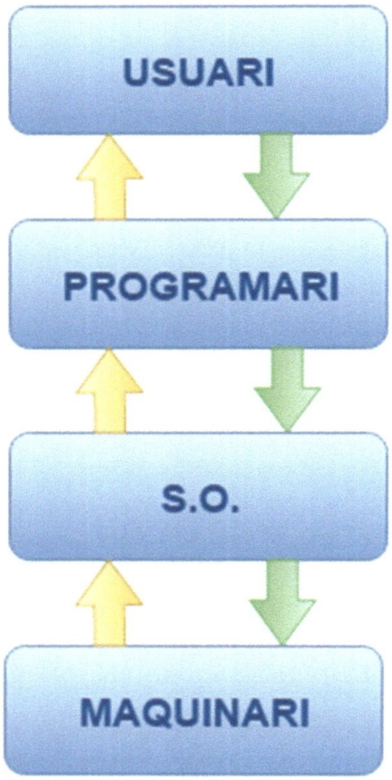


**Fig. 7.1.** Esquema funcional del sistema operatiu

# 1 Sistemes operatius

Quan engegues un telèfon intel·ligent *(smartphone)* o bé un ordinador, pots accedir i fer anar diferents aplicacions o programes *(software)*, però, perquè això sigui possible, és necessari que algú s'encarregui de gestionar l'intercanvi d'informació entre el processador, la memòria i els perifèrics, és a dir, del control del maquinari *(hardware)*.

Un **sistema operatiu** (SO) és un conjunt de programes que permeten gestionar els recursos d'un ordinador o d'un dispositiu intel·ligent.

Les principals tasques d'un sistema operatiu són:

- Iniciar el sistema i assegurar el funcionament dels perifèrics connectats al maquinari.
- Controlar i gestionar processos i executar programes d'usuari.
- Gestionar de manera eficient els recursos de maquinari.
- Administrar la gestió de permisos d'usuari.
- Configurar el sistema segons les nostres preferències i necessitats.
- Gestionar les comunicacions en xarxa.
- Detectar i recuperar errors.
- Garantir la fiabilitat del sistema i la seguretat en l'accés a les dades.

## 1.1. Tipologia i característiques dels sistemes operatius

Els SO més usats arreu del món pel que fa a ordinadors de taula i portàtils són: el Windows, el Mac OS X i el GNU/Linux.

**Fig. 7.2.** Els tres SO per a PC més usats en l'actualitat; d'esquerra a dreta: GNU/Linux, Mac OS X i Windows

Quin és el millor? Cadascun té les seves pròpies característiques i qualitats que el fan millor o pitjor segons l'ús que se'n vulgui fer. Per tant, a l'hora d'escollir entre algun d'aquests sistemes operatius és important conèixer-ne les principals característiques.

En la taula 7.1 et mostrem algunes característiques d'aquests tres SO.

**SABIES QUE...**

Segons dades de 2015, dels tres sistemes operatius més usats, Windows és, amb molta diferència, el que té la quota de mercat més gran, amb un 90 % aproximadament d'usuaris; després amb un 6 %, Mac OS X, i, finalment, el percentatge aproximat d'usuaris que usen el GNU/Linux és del 2 %. La resta són altres SO minoritaris, com per exemple: Unix, Solaris o bé Google Chrome OS.

| SO | Desenvolupador | Darreres versions | Altres dades |
|---|---|---|---|
| Windows | Microsoft | Xp, Vista, 7, 8 , 10 | • Major *software* disponible.<br>• Instal·lació senzilla.<br>• Vulnerable als virus.<br>• Preu assequible.<br>• El més inestable dels tres SO. |
| Mac OS X | Apple | 10.8 Mountain Lion<br>10.9 Mavericks<br>10.10 Yosemite | • Destaca per la potència gràfica.<br>• Molt estable.<br>• Molt visual i fàcil d'usar.<br>• Preu elevat. |
| GNU/Linux | Ubuntu<br>OPenSuse<br>Debian | 14.04<br>13.1<br>7.0 | • És gratuït.<br>• Robust, segur i resistent als virus.<br>• És de codi obert, gran comunitat de programadors fent millores.<br>• No disposa de tantes aplicacions. |

**Taula 7.1.** Característiques dels principals sistemes operatius

Pel que fa a dispositius mòbils, els sistemes operatius més usats són: **Android, iOS, WindowsPhone, Blackberry OS** i **Symbian OS.** Tots són sistemes operatius força més simples que els d'ordinador.

**Fig. 7.3.** Els principals sistemes operatius en dispositius mòbils, d'esquerra a dreta: Android, iOS, Blackberry i Symbian OS

## INVESTIGA, APRÈN I EXPOSA!

**Imagina que treballes en una important empresa d'informàtica com a assessor/a tècnic. Avui han vingut dos clients demanant informació sobre quin és el millor sistema operatiu per treballar. Els perfils dels clients són:**

*a)* Albert. Es dedica a fer curtmetratges i vol un ordinador per poder editar les seves produccions de manera professional.

*b)* Bàrbara. És professora d'institut, treballa molt amb el processador de textos, fulls de càlcul, Internet i alguns programes de ciències.

**Investiga cada cas, cerca informació i exposa quines recomanacions els faries.**

### SABIES QUE...

**GNU/Linux** té diverses distribucions (Ubuntu,Debian, OpenSuse, Fedora, etc.). **Linkat** és una distribució educativa basada íntegrament en Ubuntu i que ofereix el Departament d'Ensenyament a la comunitat educativa i a tota la societat.

**linkat.xtec.cat/portal**

### SABIES QUE...

Els **programes «portables»** no necessiten ser instal·lats per fer-los servir. Es poden dur en unitats de memòria externa, com els USB, i els pots fer servir en qualsevol ordinador.

**portableapps.com**

**Fig. 7.4.** A GNU/Linux pots instal·lar programes des del *Centre de programari.*

## 1.2. Instal·lació i desinstal·lació de programari i optimització dels SO

Amb Windows, per instal·lar o desinstal·lar un programa, pots fer-ho de diverses maneres en funció del suport que estiguis fent servir:

*a)* Des d'un CD o DVD , en aquest cas la instal·lació se sol iniciar automàticament o bé seguint l'assistent d'instal·lació.

*b)* Descarregant directament d'Internet l'arxiu amb extensió **.exe.**

En qualsevol dels dos casos, l'assistent et va guiant i et permet personalitzar algunes opcions d'instal·lació.

Per desinstal·lar un programa a Windows has d'accedir a l'aplicació *Programes i característiques* que trobaràs a *Tauler de control*. Només cal que seleccionis el programa i cliquis l'opció *Desinstal·lar.*

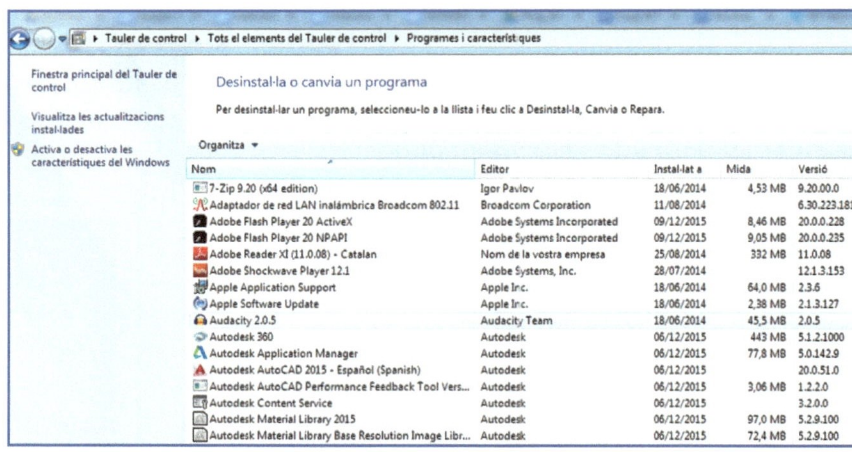


**Fig. 7.5.** Tauler de control del Windows on es poden veure els programes instal·lats.

RECORDA!

En informàtica, la quantitat d'informació es mesura en *bytes*, amb els seus múltiples:

1 MB (1 024 kB)
1 GB (1 024 MB)
1 TB (1 024 GB)

Tots els programes que instal·les al teu ordinador, així com també fotografies, vídeos i altres arxius, s'emmagatzemen en el **disc dur.** Aquesta unitat d'emmagatzematge té una capacitat prou gran (1 TB, 2TB...). Hi ha, però, altres maneres de desar la informació: en discos durs externs (500 GB, 2 TB, 4 TB...), en un dispositiu de memòria USB (16, 32, 64 GB...), en un DVD (4,7 GB...) o bé en una targeta de memòria SD o MicroSD (8, 16, 32, 64, 128 GB...).

**Fig. 7.6.** Interior d'un disc dur d'ordinador

**Fig. 7.7.** Disc dur extern

Una altra manera de desar la informació és fer-ho al núvol *(cloud computing)*, un espai virtual on pots accedir a un compte privat. Alguns exemples en són: el Google Drive, Dropbox, Box o bé Microsoft SkyDrive.

**Fig. 7.8.** Al núvol hi pots guardar tot tipus d'arxius.

A mesura que vas instal·lant programes i desant tot tipus d'arxius al teu ordinador, és probable que el rendiment del sistema operatiu disminueixi. Hi ha, però, alguns consells que et poden ser d'utilitat per optimitzar recursos i fer que l'ordinador funcioni millor:

1. Desinstal·lar programes que no hagis utilitzat mai i que creguis que no faràs servir.
2. Utilitzar algun programa per fer neteja de registres; sovint, encara que desinstal·lis programes, poden quedar part d'aquests, o bé arxius temporals, *cookies*, etc. El CCleaner és una bona opció per fer neteja.
3. Desfragmentar el disc dur. Amb el pas del temps en el disc dur van quedant espais sense usar. En desfragmentar-lo fem que no hi quedin tants espais lliures i, per tant, optimitzem recursos i guanyem rapidesa en l'execució dels programes.
4. Mantenir el sistema operatiu, els programes i els controladors actualitzats.

**SABIES QUE...**

CCleaner és un programa que disposa de diverses eines que serveixen per optimitzar i guanyar rendiment en el sistema operatiu.

**piriform.com/ccleaner**

## ACTIVITATS

1. **Explica quines característiques han de tenir els sistemes operatius perquè puguin ser considerats de programari lliure.**
2. **Cerca informació sobre els sistemes operatius Live CD o Live DVD i explica'n les característiques i la utilitat.**
3. **Per què creus que el Windows és el sistema operatiu més utilitzat? Raona la resposta.**
4. **Qui desenvolupa els sistemes operatius basats en GNU/Linux?**
5. **Entra en el web linkat.xtec.cat/portal_linkat/, cerca-hi informació sobre la Linkat lleugera i explica en què consisteix.**
6. **Amb el permís del teu professor, instal·la un programa per al sistema operatiu del teu ordinador. Un cop hagis comprovat que s'ha instal·lat correctament, segueix el procés per desinstal·lar-lo.**
7. **Entra en el web portableapps.com/, descarrega't el programari portable al teu USB i afegeix-hi algun programa que consideris que et pot ser útil tenir-lo.**
8. **Quin sistema operatiu per a dispositius mòbils és de programari lliure? Per què?**
9. **Els sistemes operatius poden ser multitasca o monotasca i multiusuari o monousuari. Cerca informació sobre el significat d'aquestes dues característiques i digues per què creus que els SO moderns són multitasca i multiusuaris.**
10. **Cerca informació per Internet, en algun fullet publicitari o bé en botigues especialitzades sobre tipus d'unitats de memòria externes que hi ha al mercat actualment. Fes una taula amb els diferents dispositius que trobis, indicant-ne les principals característiques i preus.**
11. **Prepara una exposició oral, individual o en grup, sobre el sistema operatiu per a mòbil o tauleta que més t'agradi. Intenta convèncer la resta de la classe, amb bons arguments, que és la millor opció a triar.**
12. **Fes una llista en què enumeris tres avantatges i tres inconvenients que consideris sobre l'ús del *cloud computing*.**
13. **Revisa el teu ordinador de treball i digues què faries per tal que el SO funcioni de manera més eficient.**

# 2 Programació d'aplicacions

**Fig. 7.9.** En l'actualitat pots trobar milions d'aplicacions per a mòbils i/o tauletes.

La humanitat ha evolucionat, al llarg dels segles, al ritme de les innovacions tecnològiques. Si fa uns anys la irrupció de la telefonia mòbil va significar un gran avenç en el camp de les comunicacions, en permetre establir connexions de veu des de gairebé qualsevol punt del món, avui en dia són els telèfons intel·ligents o *smartphones* els que ens han permès fer un salt de qualitat en el nostre dia a dia en transformar la forma de fer de la nostra societat i iniciar, segurament, «l'era de les noves tecnologies de la informació i la comunicació».

El gran èxit dels *smartphones* rau en la gran varietat d'aplicacions que s'hi poden descarregar (la majoria gratuïtes) per poder fer-les servir.

> Una **aplicació mòbil** (app) és un programa que s'executa en el telèfon o tauleta tàctil i que desenvolupa una tasca específica.

**Fig. 7.10.** Amb la geolocalització es pot localitzar una persona, un objecte, una empresa..., en un lloc geogràfic exacte.

Algunes de les funcions que pots fer amb una aplicació són: serveis de geolocalització, accés a continguts multimèdia (fotografia, vídeo, etc.), Internet, xarxes socials, compres on-line, serveis de salut, activitats d'oci, jocs, etc.

Per poder disposar d'una determinada aplicació mòbil, abans hi ha una sèrie d'intermediaris que ho fan possible: propietaris, distribuïdors, plataformes mòbils i sistemes operatius formen tot l'univers de les apps.

### SABIES QUE...

Com a usuari, pots obtenir les apps a través dels diferents distribuïdors. Poden ser: gratuïtes, de pagament o de micropagament (de descàrrega gratuïta, però cal pagar per accedir a determinades funcions).

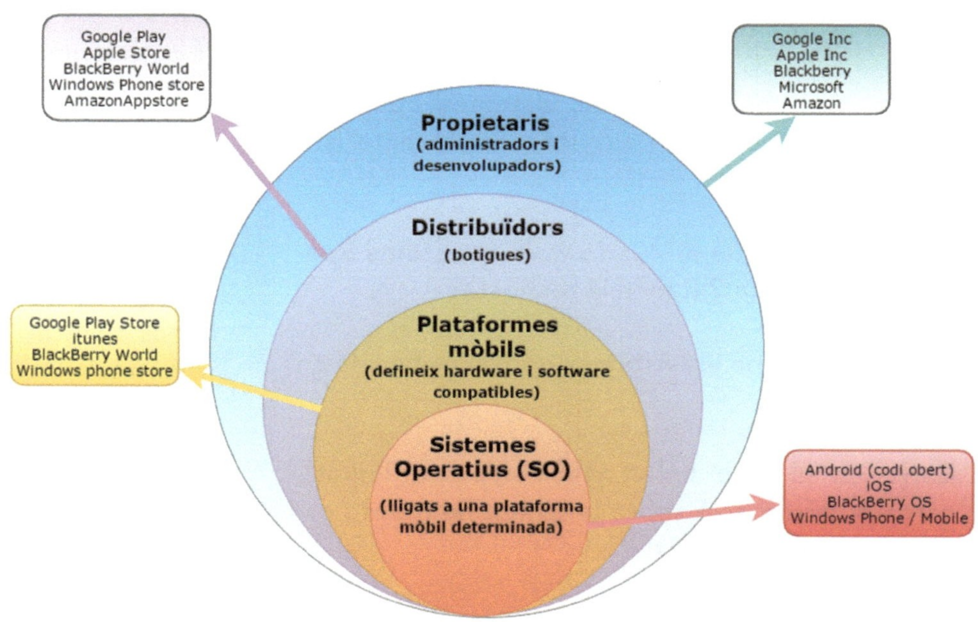


**Fig. 7.11.** Diagrama del procés d'obtenció d'una determinada aplicació mòbil

### INVESTIGA I EXPOSA!

**Tria una aplicació per a mòbil que t'agradi i investiga-hi: quin és el servei que vol oferir? A qui va dirigida? Quines són les seves principals característiques? Què en milloraries? Finalment, exposa per què creus que aquesta app pot tenir èxit.**

Has vist que el procés per obtenir una app passa per moltes etapes. Per crear una app ho pots fer de tres maneres principalment:

1. Programant amb llenguatge JAVA i les llibreries de rutines predefinides Android.
2. En webs especialitzades en crear apps a partir de plantilles.
3. Amb alguna aplicació que generi apps senzilles, de manera intuïtiva, sense escriure directament el codi Java. Una d'aquestes eines és **App Inventor.**

> **WEB**
>
> Hi ha serveis webs especialitzats per crear aplicacions per a mòbils:
>
> **es.ibuildapp.com/**
>
> **www.appmakr.com**

## 2.1. Introducció a la programació d'aplicacions amb App Inventor

**App Inventor** és una plataforma en línia que permet dissenyar i desenvolupar aplicacions per a mòbils Android de manera senzilla i totalment gratuïta. Només necessites tenir connexió a Internet i un compte de Gmail.

Per accedir a l'entorn de programació has d'entrar en el web **appinventor.mit.edu/;** un cop a dins, fes clic en el botó *Create apps*, i després d'acceptar les condicions d'ús entraràs a la **pantalla de projectes.**

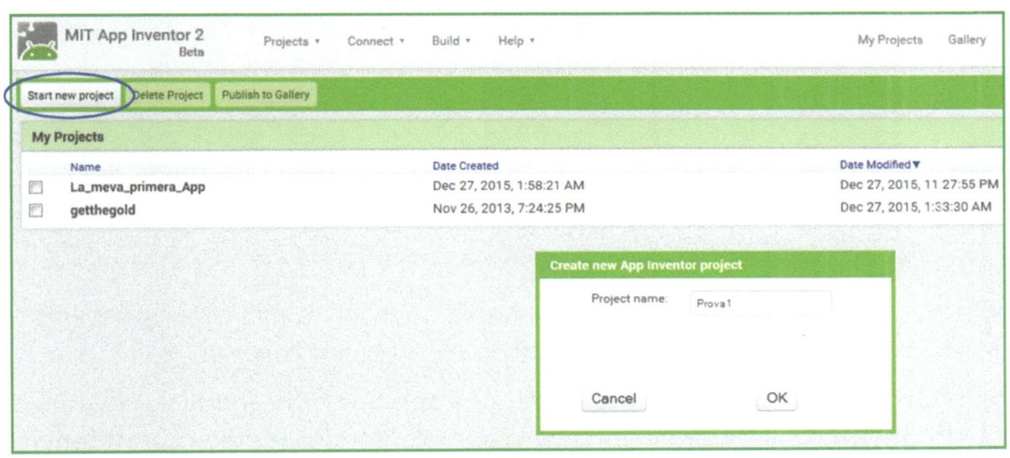


**Fig. 7.12.** Per iniciar un projecte nou has de clicar sobre el botó *Start new project*. Des d'aquesta finestra pots seleccionar, també, l'idioma del programa.

> **SABIES QUE...**
>
> **App Inventor** és un entorn de programació per a dispositius mòbils Android, creat originàriament per **Google** i recollit posteriorment pel **MIT** (Massachusetts Institute of Technology). És un entorn de programació per blocs.

App Inventor té tres modes de treball diferents: **Mode Disseny** *(Designer)*, per fer el disseny de pantalla de la teva app; **Mode Programació** *(Blocks)*, on es programa el comportament dels diferents components i, finalment, el **Mode Execució** *(Connect)*, des d'on pots comprovar el funcionament del teu programa.

Hi ha tres maneres de fer anar el **Mode Execució:**

1. Connectar l'ordinador i el dispositiu mòbil a una mateixa Wi-Fi, escollint ***AI Companion.***
2. Utilitzar l'emulador de dispositiu mòbil des del mateix ordinador.
3. Connectar el dispositiu mòbil a l'ordinador amb un cable USB.

**Fig. 7.13.** Mode execució

La millor opció és seleccionar *AI Companion*, llavors es generarà un codi QR que l'hauràs de llegir amb el teu dispositiu mòbil; per fer-ho, prèviament descarregat l'aplicació MIT AI2 Companion des de la Play Store.

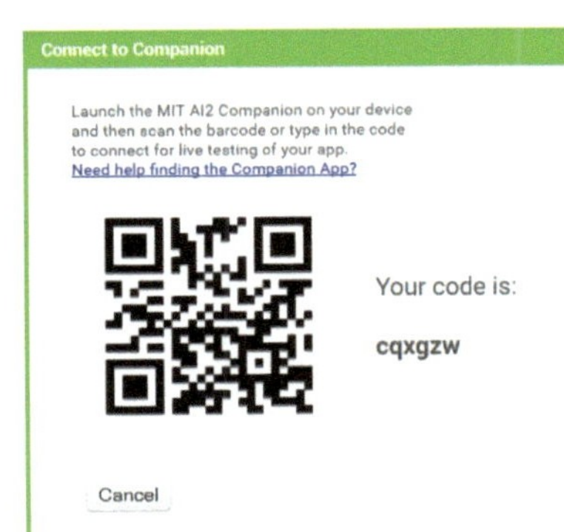


**Fig. 7.14.** Generació d'un **codi QR** per executar el programa al teu dispositiu mòbil

En el **Mode Disseny** disposes de molts i diversos components per configurar l'app.

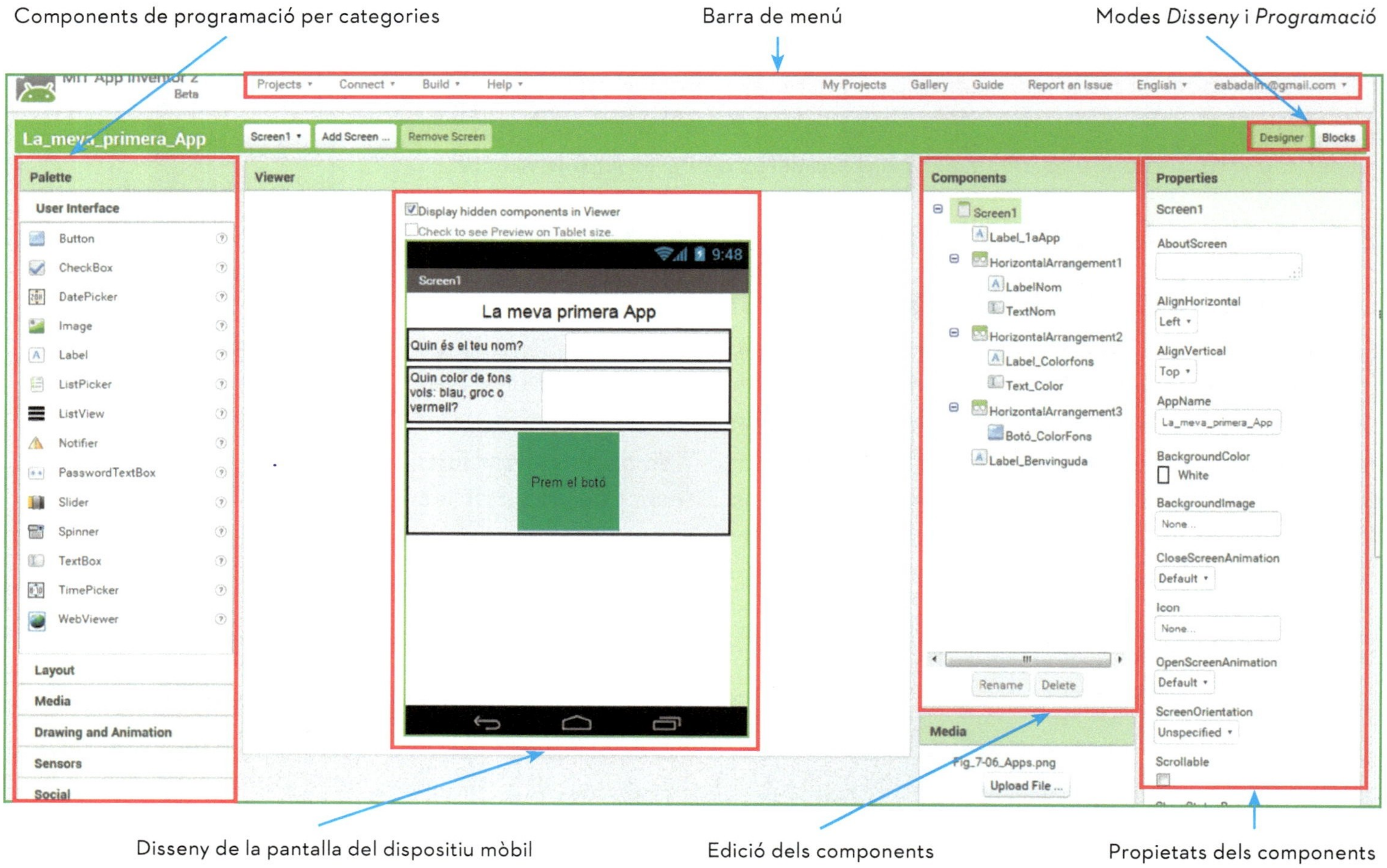


**Fig. 7.15.** Pantalla del *Mode Disseny* de l'App Inventor. En la part central es pot comprovar com es veurà l'aplicació en el mòbil.

Som-hi! Per començar, et proposem fer una app que et pregunti el teu nom, et saludi i que canviï el color del fons de la pantalla segons les teves preferències!

En primer lloc, és important entendre el funcionament de les **Caixes de text** (*TextBox*) i de les **Etiquetes** (*Labels*). Quan es treballa en **Mode Execució,** amb la *text box* l'usuari de l'app pot modificar el text en qualsevol moment; en canvi, l'etiqueta no es pot modificar (queda definida en el **Mode Disseny** o bé per programa). Tots dos components són dins la categoria *User interface* (fig. 7.15).

RECORDA!

Per fer un bon disseny és important definir bé quin és el problema o la necessitat per a la qual vols fer la teva app. A banda de resoldre una demanda concreta, les apps han de ser àgils de fer anar, pràctiques i visualment atractives. Fer un esbós de la pantalla et pot ajudar a l'hora de fer un millor disseny.

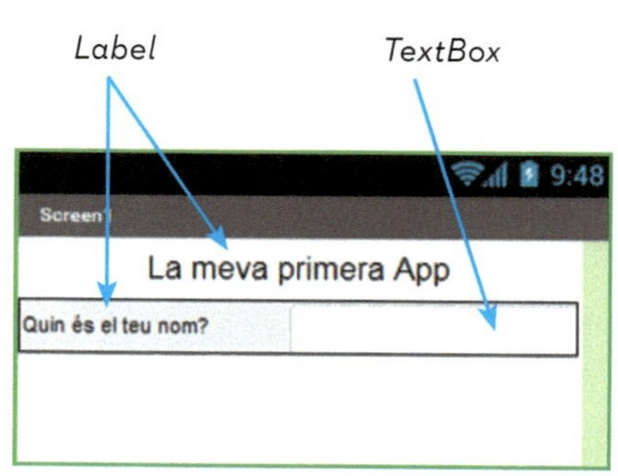


**Fig. 7.16.** Dues etiquetes i un quadre de text en el disseny de pantalla

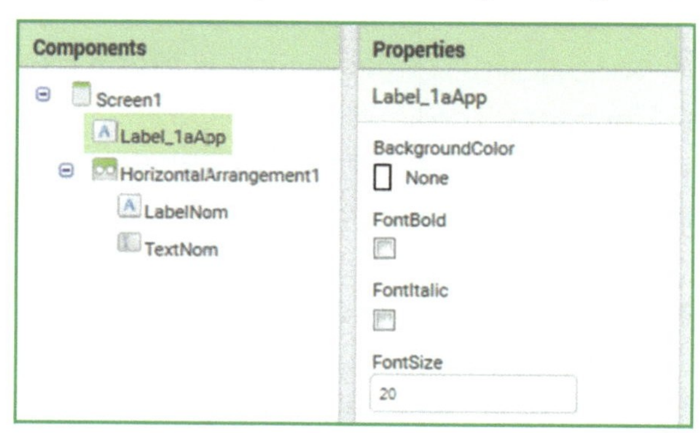


**Fig. 7.17.** En incorporar etiquetes i quadres de text és important posar-hi noms i definir-ne les propietats.

Així doncs, des del **Mode Disseny,** segueix els passos següents:

1. Arrossega una *label* fins a la pantalla principal i posa-li un nom (des d'edició de **Components**), per exemple *«Label_1aApp»* (figs. 7.16. i 7.17). Des de la barra d'eines de **propietats** tria la mida del text (20 en l'exemple); si vols que el text ocupi tot l'ample de la pantalla, hauràs de modificar **l'amplada** *(Width)* i seleccionar l'opció *Fill Parent*. Finalment, des de l'opció ***Text*** de les propietats dels components, omple el text que vols que aparegui en pantalla: «La meva primera app». És convenient que t'entretinguis a modificar les propietats de les etiquetes i vagis veient quins efectes produeix en el disseny.
2. Un cop tens el títol de l'aplicació, ara afegeix-hi una altra **etiqueta** *(Label)* i un **quadre de text** per poder escriure: «Quin és el teu nom?», però per aconseguir que l'etiqueta i el quadre de text quedin alineats, abans afegeix-hi, des de la categoria *Layout,* un quadre de **disposició horitzontal** *(HorizontalArrangement)* (fig. 7.18).
3. Per acabar el disseny (vegeu el resultat final en la fig. 7.15), incorpora-hi una altra **etiqueta** i un altre **quadre de text** per preguntar pel color del fons de pantalla. A més a més, afegeix-hi un **botó** *(Button)* i una darrera etiqueta *(Label_Benvinguda)* en què no has d'escriure cap text en el camp de propietats. Com pots comprovar, en la pantalla de disseny queda una etiqueta invisible.

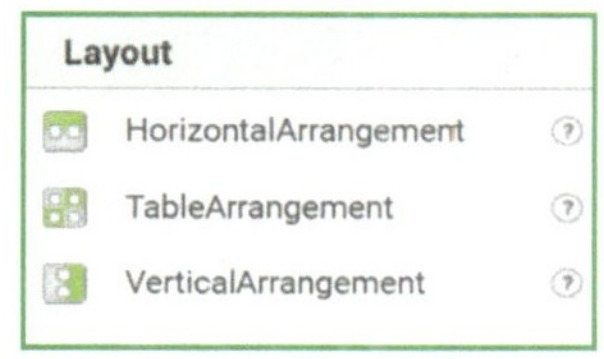


**Fig. 7.18.** *Layout* (disposició de components en pantalla)

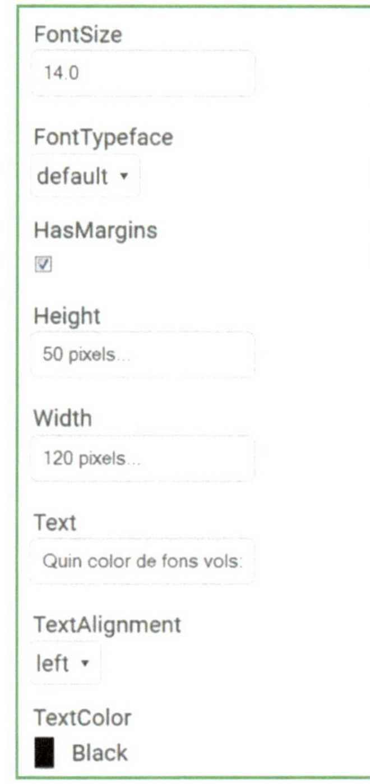


**Fig. 7.19.** Propietats de l'etiqueta: *Label_ColorsFons*

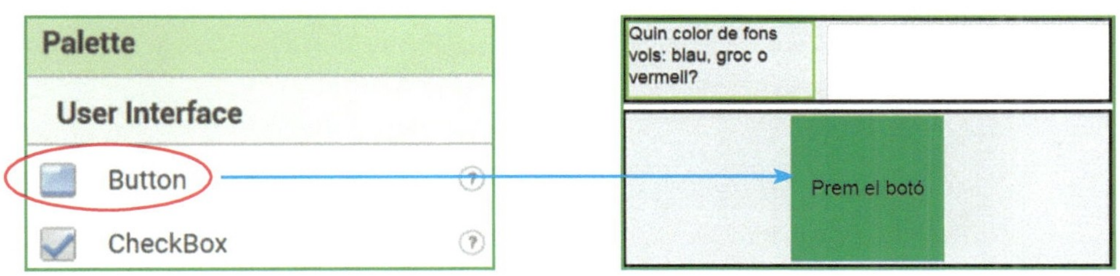


**Fig. 7.20.** Disposició en horitzontal de l'etiqueta, el quadre de text i el botó

Ja tens el disseny fet, ara toca posar-se a programar. Entra en el **Mode Programació** *(Blocks);* té una semblança a l'entorn de programació de Scratch. A banda de les diferents categories de blocs de què disposes (*Control, Logic, Colors, Text,* etc.), t'hi hauran aparegut els components que has afegit en el disseny (fig. 7.21). Comprova que per assignar un valor a un element cal fer set.

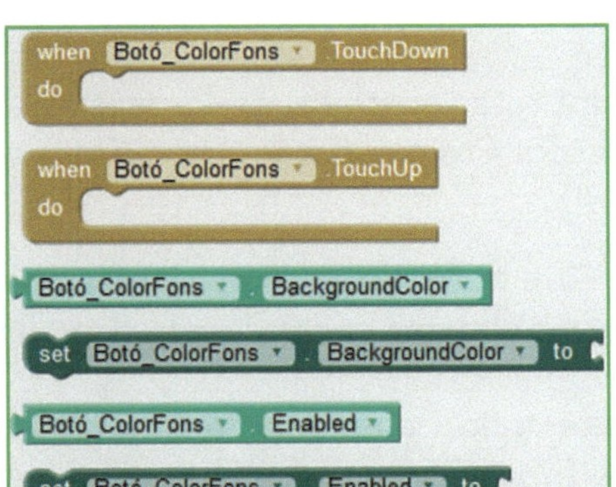


**Fig. 7.22.** Algunes de les categories de blocs que incorporen un «Botó»

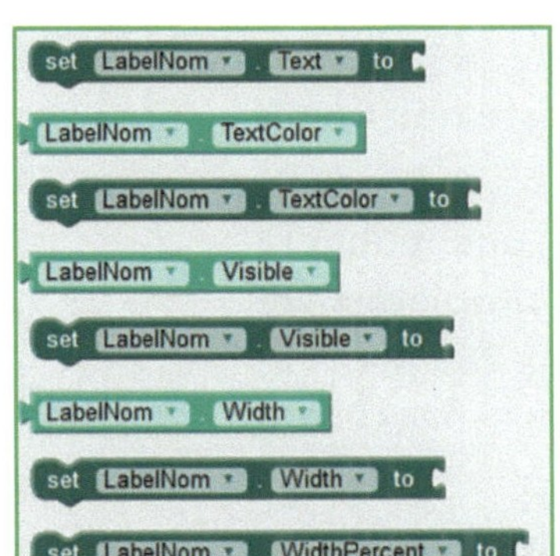


**Fig. 7.23.** Categories de blocs de les etiquetes *(Labels)*

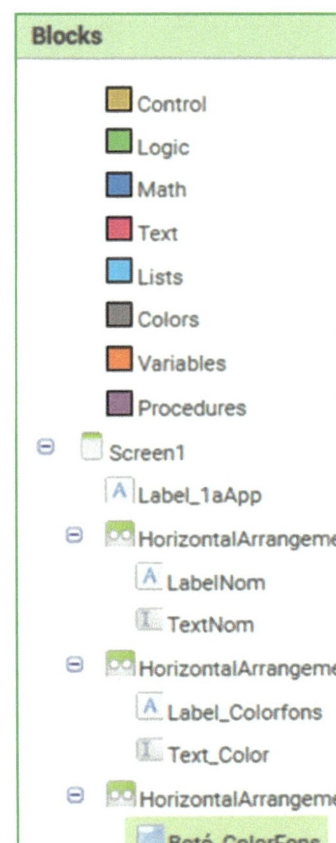


**Fig. 7.21.** Categories de blocs en el **Mode Programació**

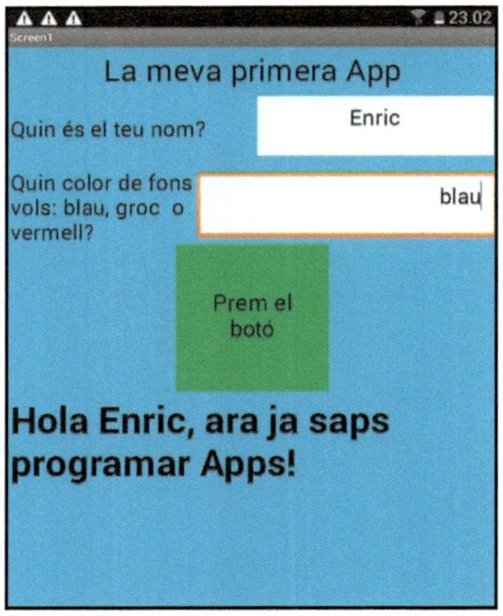


**Fig. 7.24.** Aspecte final de l'app en la pantalla d'un dispositiu mòbil

## SABIES QUE...

Com ja saps, per comprovar el funcionament de la teva app has d'estar en **Mode Execució.** Ara bé, si el que vols és descarregar-te l'app permanentment en el teu dispositiu, cal que et descarreguis l'arxiu **.apk** que trobaràs en la pestanya **Generar App** *(Build).*

El programa ha de poder fer el següent: en prémer el botó, que s'escrigui per pantalla «Hola (nom), ara ja saps programar apps» i canviï el fons de pantalla amb el color escollit. Per fer-ho, segueix els passos següents:

1. Des del bloc del *Botó_ColorFons* que t'apareix, selecciona el bloc de control **Quan premis** *(When)* i afegeix-hi el text «Hola» a *Label_Benvinguda* (fig. 7.25).
2. Agafa, de la categoria **Control,** un bloc amb l'estructura condicional «if» i afegeix-hi la condició lògica adient per canviar el color del fons de pantalla *(BackgroundColor)* segons el color escollit (fig. 7.26).

**Fig. 7.25.** En fer clic en el botó assignem «Hola» a l'etiqueta *Label_ Benvinguda.*

**Fig. 7.26.** Estructura condicional «if». Si l'usuari ha escrit «blau», llavors el color del fons de pantalla serà blau.

3. Finalment, per completar el programa, cal que hi afegeixis el nom que haurà escrit l'usuari a *Text_Nom* i la frase final «ara ja saps programar apps» i ho uneixis tot ***(join).*** A més a més, hi has d'afegir els condicionals necessaris ***(else if)*** en funció d'un dels tres colors escollits (fig. 7.27).

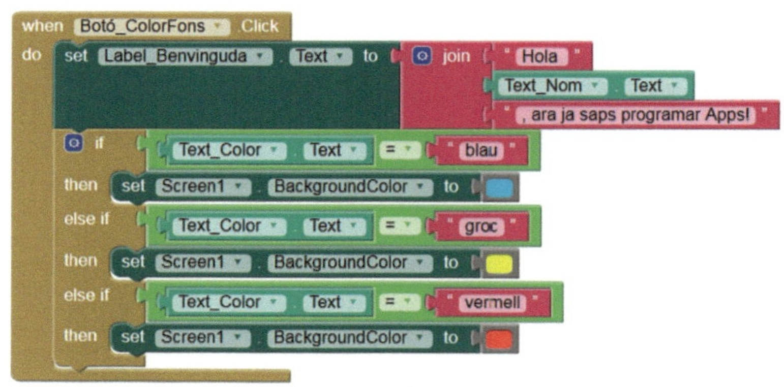


**Fig. 7.27.** Estructura final del programa

Finalment, entra en el **Mode Execució** seleccionant *Connect → AI Companion* i, des de l'aplicació MIT AI2 Companion, llegeix el codi QR generat en el teu dispositiu mòbil per obtenir l'aplicació (fig. 7.14). També pots descarregar-te l'arxiu **apk.**

## ACTIVITATS

**14. Entra a l'App Inventor, crea un projecte nou «Activitat 14» i fes:**

*a)* En el **Mode Disseny**, insereix una etiqueta amb el nom *Label_Títol* amb les propietats següents: centrada, mida de la lletra 25, que ocupi tota l'amplada *(fill parent)* i que hi hagi escrit *Botó de colors.*

*b)* Insereix una altra etiqueta dintre un *Layout* horitzontal, amb el nom *Label_PremBotó,* fes que ocupi tota l'amplada de la pantalla, i que hi hagi escrit *Prem el botó i veuràs com canvia de color!*

*c)* Afegeix un botó de 150 píxels d'amplada i 100 píxels d'alçària i centra'l en la pantalla.

**15. En Mode Execució i amb l'opció *AI Companion*, comprova el funcionament de l'aplicació de l'activitat anterior.**

## 2.2. Ús de variables i propietats avançades amb App Inventor

- **Variables.** En App Inventor pots fer ús de variables dins el **Mode Programació,** en pots crear-ne de noves o bé emprar les que incorporen alguns components com a paràmetres per definir.

**Fig. 7.28.** D'esquerra a dreta: inicialitzar, assignar valor i obtenir la variable .«name»

- **Canvas.** Per poder actuar sobre un element que tenim en la pantalla, aquest ha d'estar sobre un espai virtual, anomenat *llenç* o *tela* (*Canvas* en anglès), el qual ens permetrà dibuixar, traçar línies amb el dit, etc.

En l'exemple següent, mitjançant un *Canvas*, veuràs una pantalla per pintar.

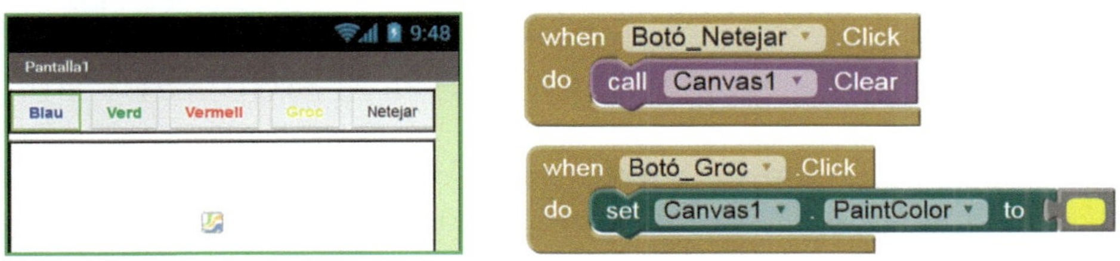


**Fig. 7.30.** En la pantalla disposem de cinc botons; en funció del botó que escullis, podràs pintar amb un color o un altre *(PaintColor)*. Per esborrar la pantalla cal cridar el *Canvas.Clear*.

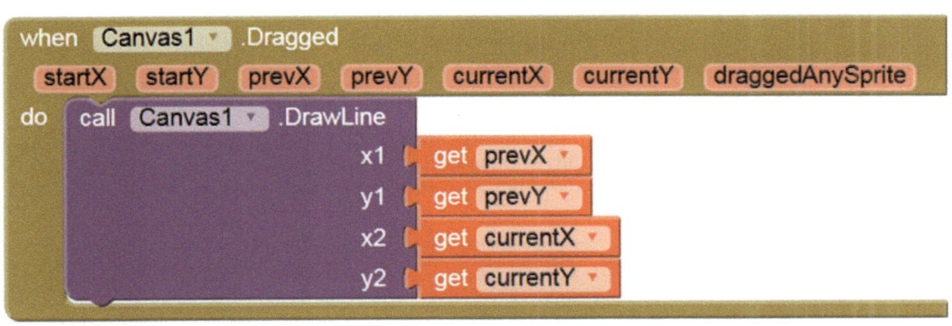


**Fig. 7.31.** Per poder pintar sobre la pantalla, en passar el dit, usem la instrucció *WhenCanvas. Dragged* (quan arrosseguem el *Canvas*), i *CallCanvas.Drawline*, per dibuixar línies (*DrawPoints* si volguéssim fer punts). Finalment, donem valors a *x* i *y*, inicial i final.

- **Sensor d'orientació.** El sensor d'orientació *(OrientationSensor)* determina la inclinació del dispositiu mòbil. En l'exemple següent (fig. 7.33) veuràs com fer una brúixola mitjançant aquest sensor i la inserció d'una imatge en moviment *(ImageSprite)* dins el *Canvas*.

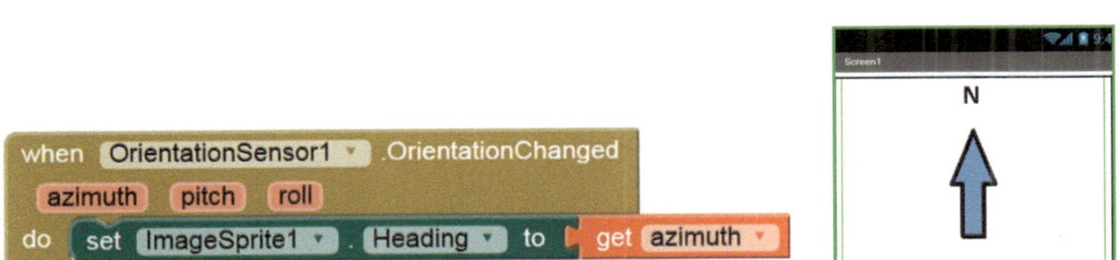


**Fig. 7.33.** Quan el sensor d'orientació es mou (en girar el dispositiu mòbil), la imatge que tenim a *ImageSprite* apunta a l'azimut (per defecte té el valor 0° i apunta al nord).

RECORDA!

Una **variable** és una zona de memòria on es pot desar un valor. Aquest valor pot ser modificat directament per l'usurari o bé pel programa.

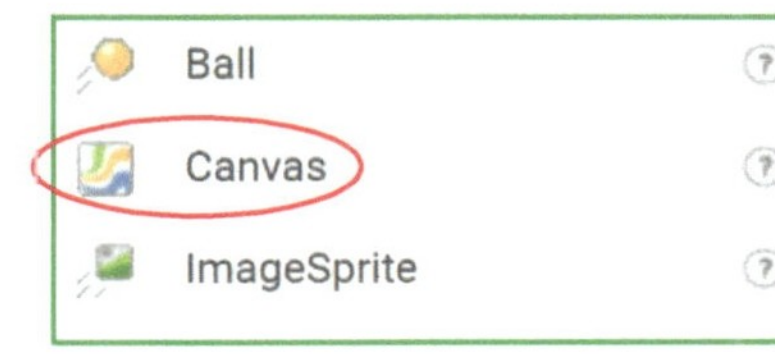


**Fig. 7.29.** Dins la categoria *Drawing and Animation* trobaràs el *Canvas*.

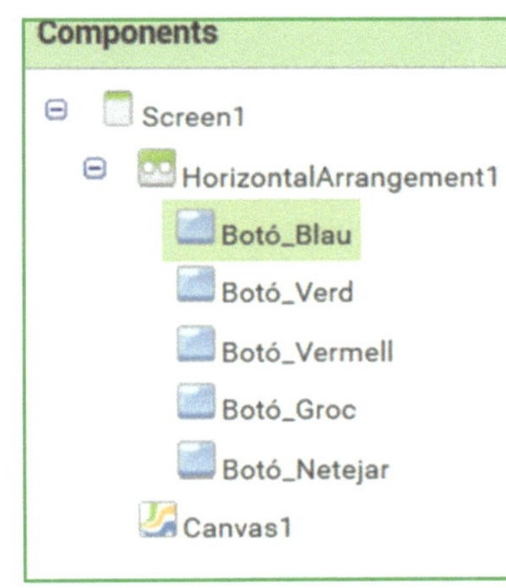


**Fig. 7.32.** Cinc botons per als colors i per esborrar la pantalla, i un *Canvas* per poder dibuixar

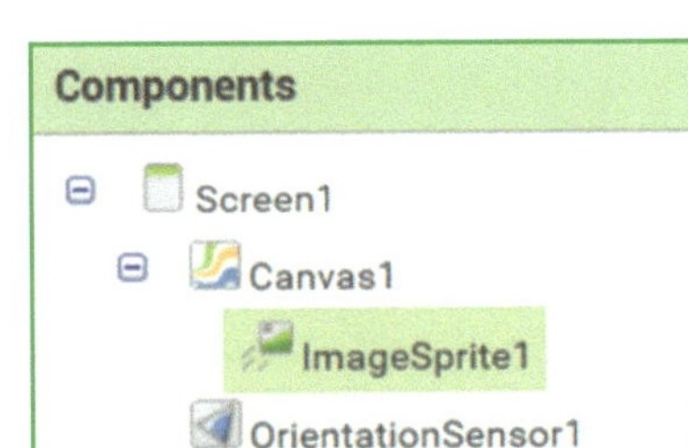


**Fig. 7.34.** *ImageSprite* et permet moure una imatge dins el *Canvas*.

## ACTIVITATS

16. Dissenya una app que, en prémer un botó, aquest canviï de color automàticament i de manera aleatòria (vegeu instruccions en figs. 7.35 i 7.36). Fes aparèixer, també, dues etiquetes *(labels)*: una per posar el títol a l'app i l'altra que escrigui *Prem el botó i veuràs com canvia de color.*

**Fig. 7.35.** Amb la instrucció *Make color* pots crear colors segons el codi RGB.

**Fig. 7.36.** La instrucció *Random integer from* permet crear un nombre enter aleatori dins un rang.

17. Crea una app per poder fer una foto en prémer un botó i, un cop feta, fes que en passar-hi el dit puguis pintar-hi a sobre *(Canvas)* fent línies o punts de colors. Per fer fotografies has de fer servir el component **Camera**.

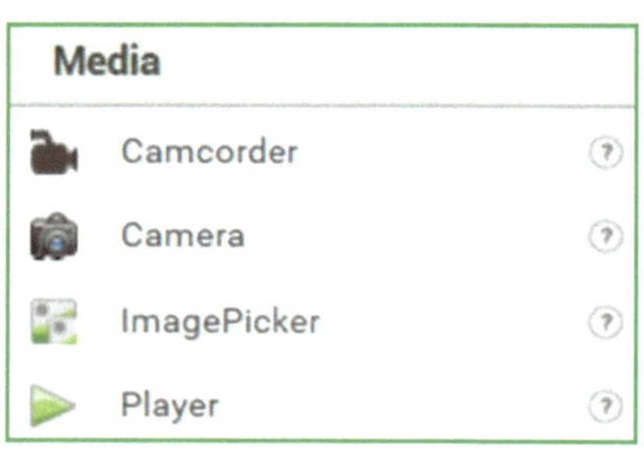


**Fig. 7.37.** *Camera* a *Media*

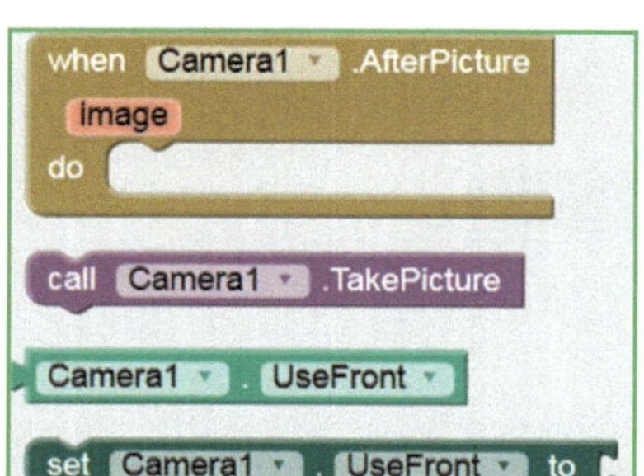


**Fig. 7.38.** Blocs de programació del component *Camera*

18. Fes una app que pregunti l'any de naixement i que un cop l'usuari l'ha posat, prement un botó, calculi i mostri en la pantalla l'edat que tindrà en finalitzar l'any actual. Necessitaràs:

    *a)* Tres etiquetes *(labels)*: *Títol App*, *Any que vas néixer* i *Edat actual* (aquesta etiqueta no conté text, serà el nombre calculat).

    *b)* Un quadre de text *(TextBox)* perquè l'usuari hi posi l'any de naixement.

    *c)* Per fer els càlculs, crea una variable per desar l'any de naixement (provinent del quadre de text).

19. Empra el sensor d'orientació per fer que una pilota, del color que vulguis, es desplaci per la pantalla quan moguis el teu mòbil o tauleta. Per dibuixar i desplaçar la pilota, utilitza el component ***Ball*** de *Drawing and Animation* dins un *Canvas*. Per a la direcció *(heading)* i la velocitat de la pilota, empra els blocs de la figura 7.39.

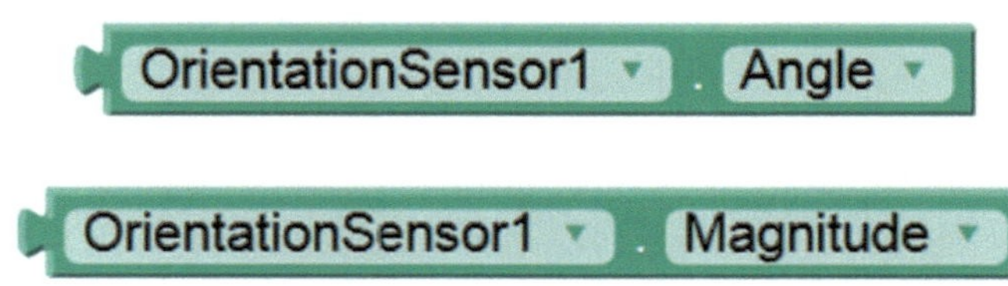


**Fig. 7.39.** Blocs de control del moviment de la pilota. Si vols un moviment més ràpid, cal multiplicar el valor de la magnitud del sensor per un nombre (per exemple, 150).

20. Dissenya una app que compleixi amb les condicions següents:

    *a)* Resolgui un problema o necessitat que tu consideris adient.

    *b)* Contingui botons, etiquetes, quadres de text, variables...

    *c)* Afegeix-li els components necessaris per tal que sigui una app fàcil d'usar i estèticament atractiva.

# 3 Creacions multimèdia

Amb les noves tecnologies tenim accés a la informació de manera ràpida, fàcil i diversificada: mitjançant una imatge, un vídeo, un missatge de text, un missatge de veu, a través d'una videotrucada, etc.

Un sistema **multimèdia** és aquell capaç de fer funcionar la informació en qualsevol format: text, àudio, vídeo, imatge, etc.

El programari multimèdia ens permet crear, editar i reproduir continguts en diferents formats. En aquest apartat aprendràs a utilitzar-ne alguns.

**Fig. 7.40.** Un ordinador, un *smartphone*, un disc dur, o un DVD són dispositius multimèdia.

## 3.1. Edició i gestió d'àudio: Audacity

El so, des del punt de vista físic, és una vibració que es propaga en un medi en forma d'ona sonora, i que és percebuda per l'oïda humana. Tota la banda de freqüències que podem escoltar l'anomenem àudio.

En format d'àudio podem desar, mitjançant un micròfon, enregistraments de música, de veu o qualsevol tipus de so. L'enregistrament el podem fer de manera analògica (en cintes magnètiques) o en format digital; aquest últim permet que les dades puguin ser tractades en diferents sistemes informàtics.

En el procés de captura i digitalització de senyals d'àudio intervenen dos paràmetres importants: la **freqüència de mostreig** (quantitat de mostres de so per segon) en quilohertz (kHz), la **resolució** i el ***bit rate*** (quantitat de bits utilitzats en cada mostra) en quilobits per segon (kbps). La qualitat del so digital serà més òptima com més altes siguin la freqüència de mostreig i el *bit rate*.

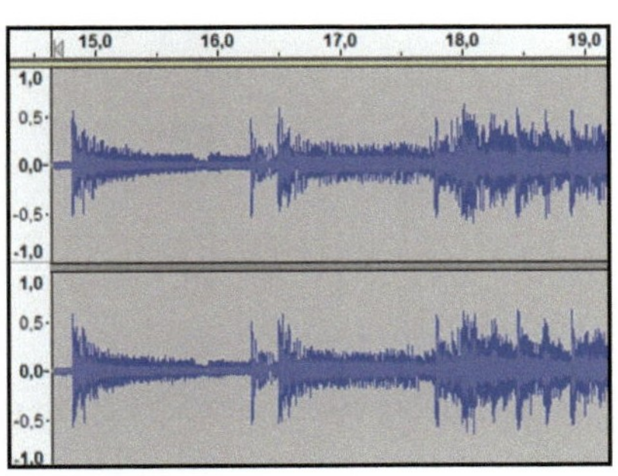


**Fig. 7.41.** Senyals digitals d'àudio

**Fig. 7.42.** Control digital d'àudio

En el procés de digitalització dels sons, els fitxers generats són grans i varien en funció de la durada i la freqüència de mostreig. Per aconseguir arxius més petits s'apliquen sistemes de compressió. Els formats d'àudio més coneguts són:

- **WAV:** format d'àudio sense comprimir. Fitxer que ocupa molt espai (entre 20 i 30 Mb per una cançó extreta d'un CD).
- **MP3** (MPEG-1 Layer-3): format comprimit que redueix la mida dels arxius (al voltant d'1Mb de dades per minut). Presenten poca pèrdua de qualitat.
- **CD-DA:** format de les pistes d'àudio que porten els CD comercials de música.
- **MIDI** *(Musical Instrument Digital Interface)*: fitxers amb música codificada segons el sistema MIDI. S'enregistren les dades d'interpretació i no pròpiament la música. És de menys qualitat que l'MP3 i ocupa menys espai.

**SABIES QUE...**

Dues de les propietats més importants de les ones sonores són: la **freqüència** (f), en Hz, que indica el nombre de cicles d'ona en un segon, i l'**amplitud** (A), en dB, que està relacionada amb el nivell d'intensitat sonor.

Fig. 7.43. Logo de l'Audacity

L'edició de so és el procés de modificar paràmetres d'un senyal sonor i/o mesclar diferents sons en brut que es combinen per fer una producció musical. En aquest procés és necessari eliminar silencis o sorolls, modificar volums, combinar arxius o aplicar efectes i filtres. **Audacity** és un programari d'edició d'àudio de lliure distribució, que pots aprendre a utilitzar.

Et pots descarregar el programari per a Mac, Windows i Linux en el web següent: **audacityteam.org.**

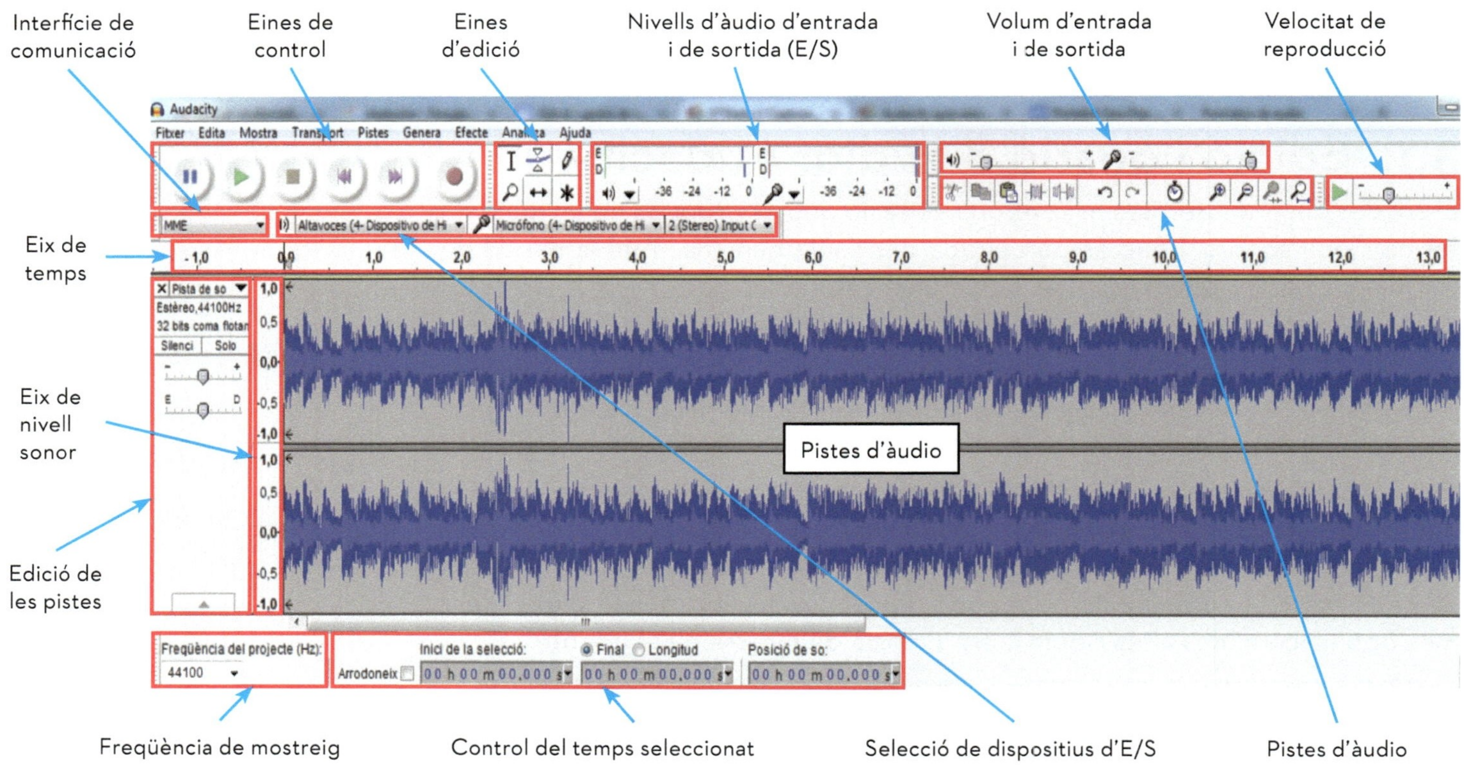


Fig. 7.44. Editor d'àudio del programa Audacity

Les sis eines d'edició d'àudio fan les funcions següents:

- **Selecció.** Permet seleccionar una zona del senyal d'àudio per al seu posterior tractament i seleccionar fragments d'àudio i punts temporals concrets.
- **Envolupant.** Permet canviar el nivell del senyal en els llocs que se l'indiqui modificant la variació de volum de la pista de manera gràfica.
- **Dibuix.** Permet canviar el valor de cada mostra quan el nivell de *zoom* permet distingir-les per canviar qualsevol punt de la pista de so.
- ***Zoom.*** Permet ampliar una zona fent-hi clic o reduir la vista, amb el botó dret. També permet acostar o allunyar dinàmicament la vista de les pistes.
- **Desplaçament o trasllat en el temps.** Permet desplaçar el senyal d'una pista en el temps per moure endavant o enrere la pista respecte del temps.
- **Multieina.** Permet l'accés a qualsevol de les altres eines en funció de la posició o del lloc en el qual hi hagi el cursor.

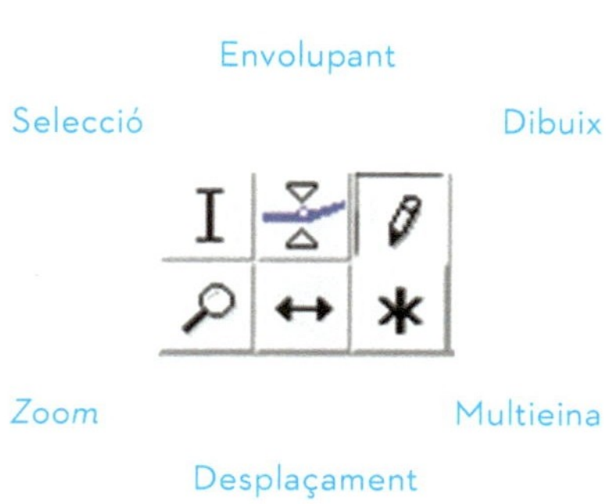


Fig. 7.45. Eines d'edició del programa Audacity

Abans de començar a treballar amb Audacity és important fer algunes configuracions prèvies, que pots fer des del menú *Edició → Preferències*.

- **Qualitat.** Has d'escollir una freqüència de mostreig, per defecte 44 100 Hz, i una resolució (format de les mostres), per defecte 32 bits; amb uns valors inferiors obtindrem un arxiu més petit, però de menys qualitat.
- **Dispositius.** Has d'escollir els dispositius de reproducció i d'enregistrament.

Un cop fets els ajustaments necessaris, a banda de les funcions d'edició comentades, amb l'Audacity pots fer altres funcions:

- **Reproduir un arxiu.** Pots fer-ho des de *Fitxer → Obre* i obriràs l'arxiu en una finestra nova, o bé des de *Fitxer → Importa;* amb els botons de control pots reproduir l'àudio. Si és un CD has de transformar, primer, l'arxiu a WAV (amb Windows Media Player, iTunes o una aplicació semblant) o bé reproduir-lo al teu ordinador i capturar la reproducció (no tan bona opció).
- **Enregistrar la veu.** Selecciona el dispositiu d'enregistrament (micròfon), monitoritza'l i ajusta el volum d'entrada i, finalment, prem el botó *Enregistrar.*

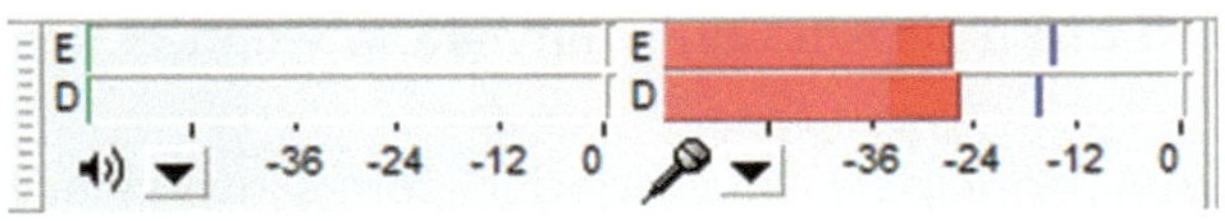


**Fig. 7.46.** Monitorització del nivell sonor. Cal evitar arribar al nivell màxim.

**Fig. 7.47.** Ajust del volum d'entrada (dreta)

- **Aplicar efectes.** Amplificar el so, canviar la velocitat de reproducció, modificar el to, eliminar soroll, **Desaparèixer** *(Fade Out),* **Aparèixer** *(Fade In),* etc.
- **Exportar arxius.** Des del menú *Fitxer → Exportar* esculls en quin format. Per exportar en MP3 cal instal·lar el codificador **LLEPA MP3.** Quan triïs l'opció *Exportar → MP3,* Audacity ja et redirigeix al web per descarregar-te l'arxiu. Un cop descarregat, desa'l en una carpeta coneguda i executa'l.

### SABIES QUE...

Pots enregistrar l'àudio que s'està reproduint en el teu ordinador, per exemple d'un lloc web (per a CD no és el més indicat). Per fer-ho has de seleccionar la interfície de comunicació amb els dispositius d'entrada i de sortida per a aquest fet. Concretament, cal que seleccionis l'opció **Windows WASSAPI,** per a Windows; **Core Audio,** per a Mac, i **ALSA,** per a Linux. Després ja pots enregistrar fent els ajustos de nivell i volum adients.

## ACTIVITATS

**21.** **Entra en el web ccmixter.org/view/media, des d'on et pots descarregar música lliurement, cerca-hi *beeKoo mix* i dins l'opció *Look for music* descarrega't l'arxiu en MP3. Llavors, obre'l amb l'Audacity, des de l'opció *Fitxer → Importar → Àudio* i comprova el funcionament dels comandaments de reproducció. Finalment, desa el projecte amb l'opció *Fitxer → Desa el projecte*.**

**22.** **Obre l'arxiu MP3 de l'activitat anterior i exporta'l en format WAV. Quin arxiu ocupa més espai?**

**23.** **Escull la cançó que més t'agradi i enregistra-la amb el programa Audacity. Recorda que has de canviar la interfície de comunicació. Finalment, exporta-la en format MP3.**

**24.** **Obre un arxiu d'àudio, en el format que vulguis, i digues què succeeix en aplicar-hi els efectes següents:**

*a)* Amb l'eina d'envoltant del so *(Envolupant),* redueix el nivell sonor d'una part de la pista.

*b)* Torna a obrir l'arxiu, selecciona tot l'àudio, aplica l'efecte *Canvia la velocitat* i modifica el valor al 75 %.

**25.** **Entra al web jamendo.com/search (cançons amb llicència Creative Commons) i importa dues cançons a Audacity. Inicia la segona pista sis segons després de la primera amb l'eina *Trasllat en el temps*. Aplica l'efecte *Fade In* a la segona pista durant els primers cinc segons, i l'efecte *Fade Out* a la primera pista durant els darrers cinc segons.**

## 3.2. Edició i gestió de vídeo: l'editor de Youtube

Quan mires una pel·lícula, en realitat estàs veient una seqüència d'imatges fotogràfiques a una velocitat prou gran per crear una sensació de moviment; aquesta velocitat sol ser de 24 fotogrames per segon (fps).

L'**edició de vídeo** és un procés mitjançant el qual s'elabora una pel·lícula que consisteix a muntar ordenadament imatges obtingudes d'un suport de vídeo, enregistrades prèviament.

Per fer una pel·lícula és important tenir planificat des del començament un bon **guió cinematogràfic.** Per elaborar-lo pots seguir aquests passos:

1. Desenvolupa una **idea,** missatge o concepte en el qual puguis iniciar el projecte. Pensa, també, quin serà el gènere i a quin públic va dirigit.
2. Decideix quin serà el **conflicte** o situació que canviarà la vida del protagonista.
3. Construeix els **personatges** (principals i secundaris) i com s'interrelacionen.
4. Desenvolupa l'argument de la teva producció, és a dir, fes la **sinopsi** de la pel·lícula: qui hi actua, què hi passa, quan hi passa, on es desenvolupa l'acció.
5. Construeix l'**escaleta,** que consisteix a fer la descripció, escena per escena, de la teva història. Hi has d'indicar l'espai i el temps en què transcorre l'acció i quins personatges hi participen. Afegeix-hi també quins efectes tècnics hi introduiràs. Et pot ser útil la creació d'una taula per estructurar-te millor.

Un cop tinguis el guió ben detallat, i abans d'editar el teu vídeo, tingues present que per obtenir un resultat òptim has de cuidar els aspectes tècnics: tipus de dispositiu d'enregistrament (compte amb les qualitats), mètode d'enregistrament, posicionament de la càmera, llum i so ambient, etc.

De programes per editar vídeo, n'hi ha molts. Aquests en són alguns:

- **Wevideo.** Permet l'edició de vídeo col·laborativa i disposa d'una llibreria de música lliure de drets. Se sincronitza directament amb Google Drive. L'opció gratuïta permet un emmagatzematge de 2GB i 5 minuts de pel·lícula.

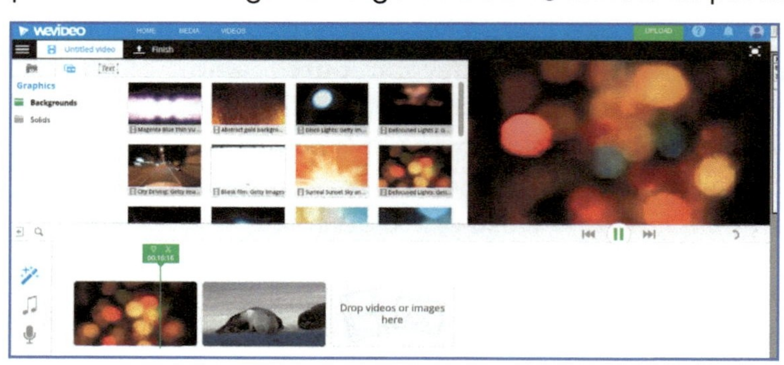


**Fig. 7.49.** Editor de vídeo Wevideo

- **iMovie.** Programa d'edició de vídeo per a Apple, inclòs dins del paquet iLife. Inclou molts efectes predefinits.
- **Movie Maker.** Edició de vídeo per a Windows. En la seva darrera versió incorpora pista de banda sonora i pista d'àudio del mateix vídeo.

SABIES QUE...

**Fotograma** *(frame)* és l'element més petit d'un vídeo.

**Mida del fotograma** *(frame size)* determina l'altura i l'amplada de la pel·lícula.

**Velocitat del fotograma** *(frame rate)* és el nombre de fotogrames per segon (fps).

**Fig. 7.48.** L'ús dels trípodes en les filmacions evita els salts i els moviments en les imatges.

SABIES QUE...

El **format de vídeo** és el tipus d'estructura i codificació utilitzat per desar l'arxiu (AVI, MPEG, MOV, WMV).

El **còdec** fa referència a l'algorisme de compressió del vídeo digital (DivX, WMV1, MPEG1).

L'editor de vídeo que et proposem és el de **Youtube;** per la seva senzillesa, facilitat d'ús i perquè només necessites tenir un compte de Gmail. Per poder accedir-hi, entra al teu correu Gmail i selecciona el servei de vídeo Youtube. Un cop dins tria l'opció *Penja* situada a la part superior-dreta (fig. 7.50), i dins d'aquesta pantalla escull l'opció *Editor de vídeo* (fig. 7.52).

> **SABIES QUE...**
>
> Un cop has editat el teu vídeo, has de clicar sobre el botó *Crea un vídeo* per publicar-lo.
>
> Pots introduir-hi millores, crear-hi subtítols, afegir-hi comentaris, descarregar-te'l en MP4 o bé gestionar-ne la privacitat des del menú *Gestor de vídeos* del teu **canal de Youtube.**

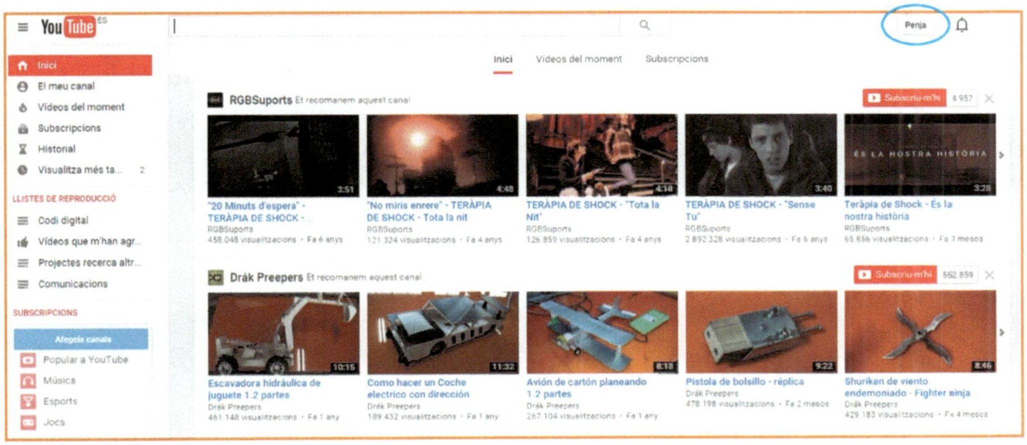


**Fig. 7.50.** Canal de Youtube. Per accedir a l'editor, primer has de seleccionar *Penja*.

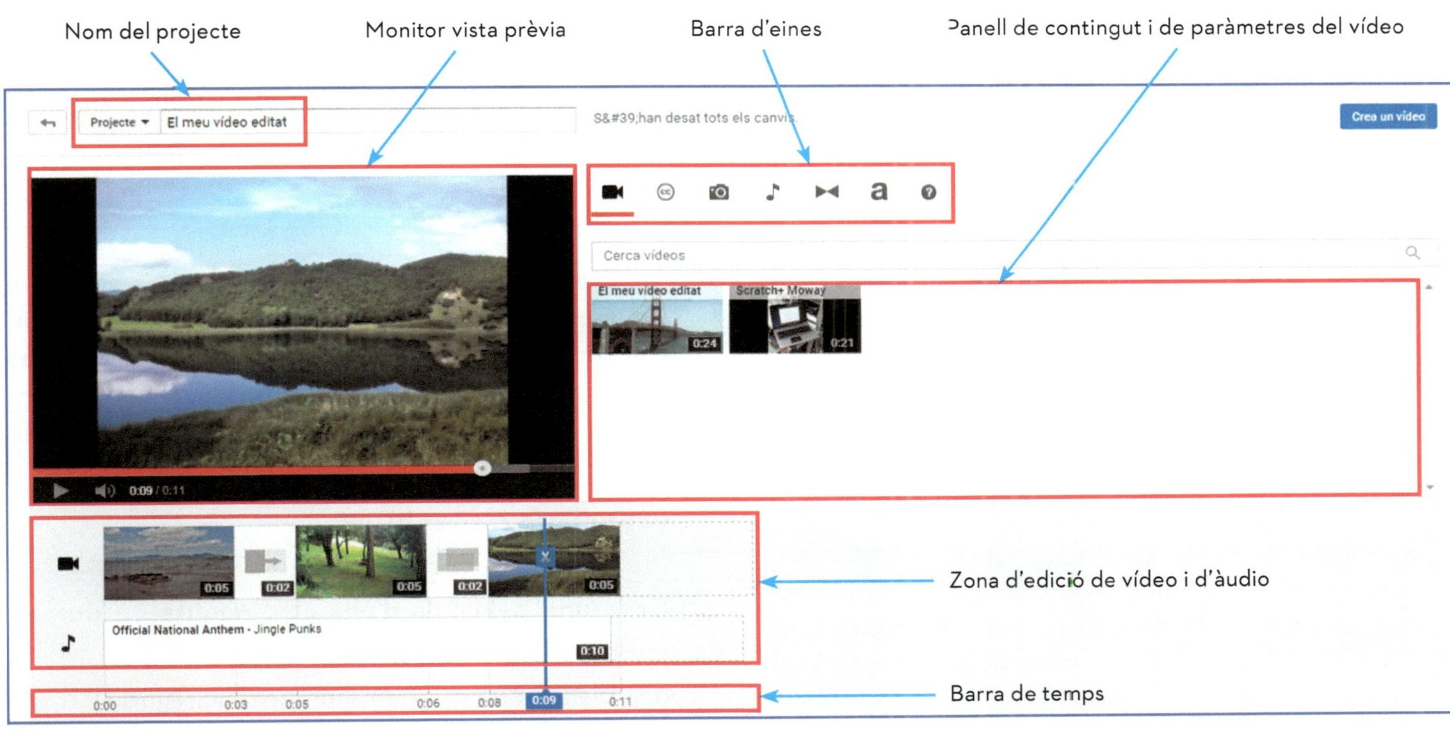


**Fig. 7.51.** Pantalla principal de l'editor de vídeo Youtube. Un cop editat, has de clicar sobre el botó *Crea un vídeo*.

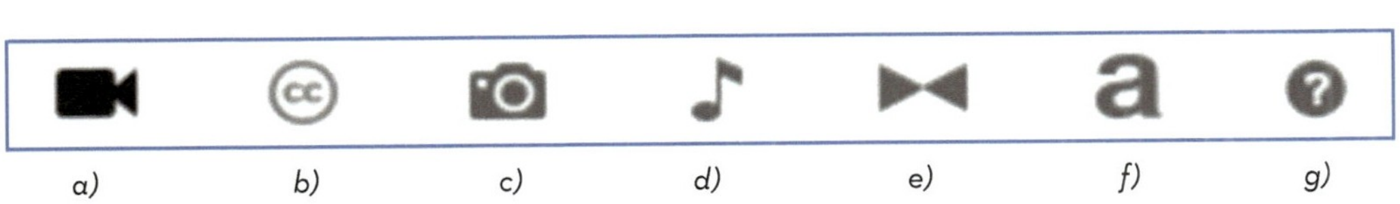


**Fig. 7.52.** Detall de la barra d'eines. *a)* Afegir un vídeo propi; *b)* Afegir un vídeo amb llicència Creative Commons; *c)* Afegir fotos; *d)* Afegir àudio de la galeria de Youtube; *e)* Inserir transicions entre vídeos i/o imatges; *f)* Afegir títols de text; *g)* Navegació amb teclat.

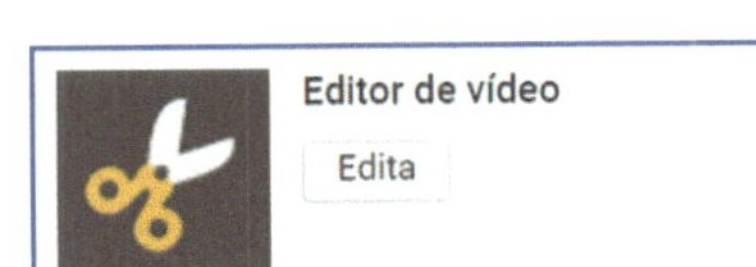


**Fig. 7.53.** Icona d'*Editor de vídeo* de Youtube

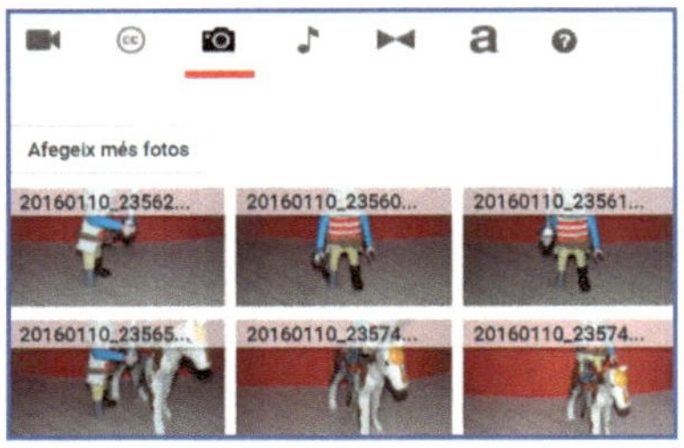


**Fig. 7.54.** Afegint imatges des de la barra d'eines.

Per començar a fer servir l'editor de Youtube, prova de crear un vídeo a partir d'algunes imatges pròpies de què disposis. Primer, posa nom al teu projecte i després, des de la barra d'eines, selecciona ***Afegir fotos*** (fig. 7.54). Un cop tens totes les fotografies que vols, arrossega-les, per ordre, a la zona d'edició (fig. 7.55). Seleccionant cadascuna de les imatges, pots canviar el temps en què es mostraran, afegir-hi filtres, text, etc.

Un cop tinguis totes les imatges ben editades, pots afegir-hi àudio, efectes a les transicions entre imatges, etc. Finalment, prem el botó ***Crear vídeo*** i d'aquesta manera hauràs acabat el teu vídeo i quedarà publicat al web. Si vols modificar els permisos de visualització, entra al *Gestor de vídeo*, del teu canal de Youtube, i fes que el teu vídeo sigui públic (per defecte) o bé privat (fig. 7.56).

**Fig. 7.55.** Incorporació de tres imatges, de cinc segons de durada cadascuna, en la zona d'edició de vídeo

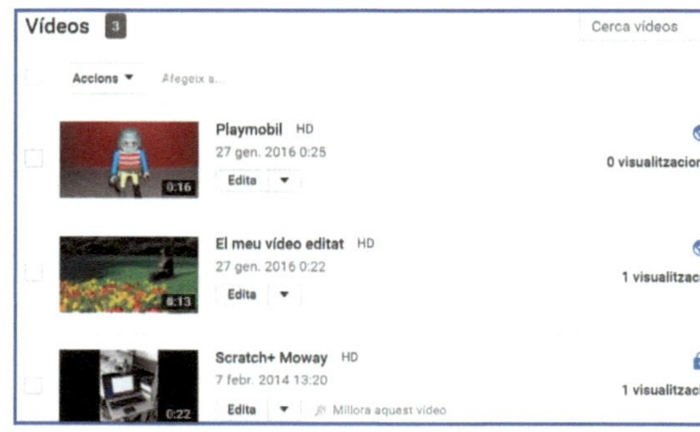


**Fig. 7.56.** Dos vídeos públics i un de privat dins l'espai *Gestor de vídeos* del teu canal de Youtube

## ACTIVITATS

**26.** **Entra a l'editor de vídeo de Youtube i, des de la barra d'eines, selecciona la icona *Creative Commons*. Tria tres vídeos i arrossega'ls, un rere l'altre, dins la zona d'edició de vídeo. Modifica els paràmetres de brillantor i de contrast de tots tres vídeos i fes que un d'aquests es reprodueixi més lentament. Finalment, publica el vídeo.**

**27.** **A l'editor de vídeo en línia, puja 10 fotografies i afegeix-les a la línia d'edició. Selecciona cada imatge i canvia la durada de temps a quatre segons. Finalment, insereix efectes de transició entre cadascuna d'aquestes.**

**28.** **Fes el muntatge d'un vídeo amb una durada màxima de dos minuts. Pots afegir-hi vídeos amb llicència Creative Commons, vídeos propis, fotografies o un muntatge variat. En acabar, afegeix-hi música de la galeria d'àudio.**

**29.** **Crea un *Stop Motion* (muntatge de fotografies per donar sensació de moviment) d'entre un i dos minuts de durada. Per tal d'aconseguir sensació de moviment, has de fer que les imatges durin 0,5 segons i, a més a més, la successió d'imatges ha de contenir pocs canvis, una respecte de l'anterior. Al web hi ha molts exemples que et poden ajudar, aquest n'és un:**

**youtu.be/646tRxpBRy8.**

**30.** **Crea una pel·lícula d'uns cinc minuts de durada amb els requisits següents:**

*a)* Elabora el guió cinematogràfic. Ajuda't d'una taula, en un document, per fer l'escaleta.

*b)* Fes les fotografies i els enregistraments segons el teu guió (recorda que la qualitat de la imatge és important).

*c)* Edita el vídeo: afegeix-hi transicions, títols i música al teu gust, etc.

*d)* Publica el vídeo.

## 3.3. Tècniques de tractament de la imatge digital: Gimp

El tractament digital de la imatge és una tècnica cada cop més estesa gràcies al gran ús que se'n fa des de diferents dispositius: càmeres fotogràfiques, telèfons mòbils o bé en programes de tractament d'imatge.

Una **imatge digital** és la representació en dues dimensions d'una imatge codificada amb codis binaris.

Hi ha dos tipus d'imatges digitals:

1. **Imatges vectorials.** Són imatges formades per línies, corbes, etc. Generades matemàticament mitjançant vectors i equacions per un ordinador. Ocupen poc espai de memòria, però no permeten el control de la imatge punt a punt. Programes de CAD *(DAO)*, com el LibreCAD, utilitzen imatges vectorials.
2. **Mapa de bits *(bitmap)*.** Les imatges de mapa de bits consisteixen en una matriu de punts sobre la qual es disposen una sèrie de bits d'informació que representen **píxels.** Els bits d'informació determinaran el color i la posició de cadascun dels píxels i el conjunt de tots aquests formaran les imatges de mapa de bits. Ocupen molt d'espai de memòria. Programes com Photoshop, Gimp o Paint usen imatges en mapa de bits.

La **qualitat de la imatge** ve donada per un seguit de valors que ens permeten mesurar la imatge digital d'una manera objectiva:

1. La **mida.** S'expressa mitjançant el nombre total de **píxels** (amplada per alçària). Exemple: una imatge de 1 024 px × 512 px tindrà 524 288 píxels.
2. La **resolució.** És la densitat de píxels que té la imatge, s'expressa en **ppp** (píxels per polzada) o **ppi** (píxels per *inch*). La resolució correspon al nombre de píxels necessari per representar una polzada de la imatge.
3. La **profunditat de color digital.** També anomenada profunditat de píxel. És el nombre de nivells de grisos o de colors que es poden representar en cada un dels píxels d'una imatge de mapa de bits. També es coneix com a profunditat de bit.

Finalment, els **formats** fan referència al tipus de codificació del fitxer.

| Format | Característiques |
|---|---|
| **bmp** | Mapa de *bits*. És un estàndard de Windows. Baix nivell de compressió. |
| **png** | Molt usat en pàgines web. Admet compressió sense pèrdua de qualitat. |
| **jpg** | A diferència del GIF, desa tota la informació referent al color. Admet compressió amb pèrdua de qualitat. Molt útil en la transmissió per Internet. |
| **pdf** | Dissenyat per Adobe, es un format que pot contenir alhora dades *bitmap*, dades vectorials i dades de text en un sol fitxer. No pensat per a fotografia. |
| **psd** | Format d'Adobe Photoshop que desa capes, canals i guies en qualsevol mode de color. |
| **raw** | Format digital de les càmeres de gamma alta. Com el mateix nom indica (*raw* significa 'cru'), és el fitxer en brut. Conté més informació que el TIFF o JPEG, però necessita un programari per processar-lo. |

**Taula 7.2.** Diferents tipus de formats d'arxius gràfics. L'elecció del tipus d'arxiu o de fitxer depèn de la finalitat a la qual es vol destinar la imatge.

**SABIES QUE...**

Un **píxel** és la contracció dels termes *picture* i *element*. Els píxels són els àtoms de les imatges digitals. Un píxel és l'element més petit de tota imatge digital, i ens marca una única tonalitat de color.

**Fig. 7.57.** DAO. Exemple d'imatge vectorial

**Fig. 7.58.** Mapa de Bits. Exemple de bitmap (https://www.flickr.com/photos/x302808)

**Gimp** és un programa de **retoc fotogràfic** i **tractament de la imatge digital** que és de programari lliure i gratuït. Te'l pots descarregar des del web oficial: **www.gimp.org.**

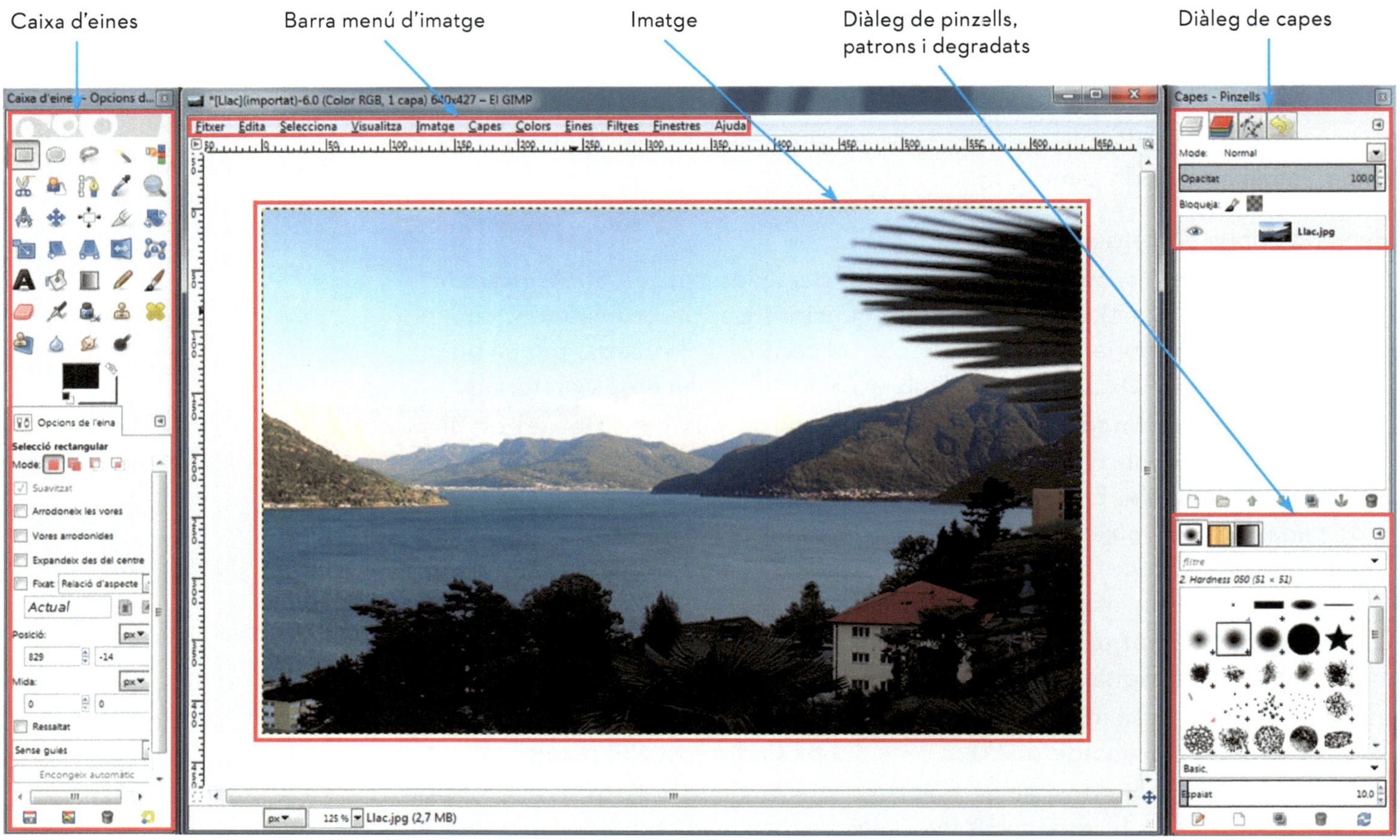


**Fig. 7.59.** Pantalla principal de l'editor d'imatge Gimp

| *Icona* | *Funció* |
|---|---|
|  | Eina de selecció lliure. Per seleccionar àrees a mà alçada. |
|  | Dissenyada per seleccionar àrees amb colors semblants. Cal ajustar l'opció *Llindar* per obtenir una bona selecció. |
|  | Eina per copiar colors. Cal fer clic en la zona de dibuix que contingui el color. |
|  | Eina *Cubell de pintura*. Omple de color les figures tancades amb el color del primer pla. |
|  | Eina per dibuixar línies a mà alçada. |
|  | Tampó de clonar. Copia de manera select va una imatge o patró. Primer has de seleccionar la zona origen a clonar prement **Ctrl,** i llavors ja pots clonar. |
|  | Eina per escriure text. Una vegada has escrit, el text es pot editar. |
|  | Eina per escalar les imatges i aconseguir diferents mides proporcionals al dibuix. |

**Taula 7.3.** Algunes de les principals eines que pots fer servir per editar les imatges amb GIMP.

### SABIES QUE...

Hi ha certs paràmetres en les càmeres digitals, com la velocitat d'obturador o l'obertura de diafragma, que et permeten fer fotografies de gran qualitat. En el web següent pots practicar:

**camerasim.com/apps/original-camerasim/web/**

Per començar a familiaritzar-te amb l'entorn del GIMP, obre una imatge d'una cara des de l'opció *Fitxer* → *Obre*. En l'exemple següent veuràs com seleccionar la cara d'un gos. L'eina escollida és l'**eina de selecció lliure,** ja que ens permet fer una selecció manual; també ho podries fer amb l'**eina de selecció de regió contigua,** però t'has d'assegurar que la cara té un color diferent del del seu voltant (en la fig. 7.60 no seria la millor opció, atès que el cos del gos és del mateix color que el de la cara i, per tant, els colors no es diferenciarien).

Un cop tinguis la cara seleccionada, fes ***Edita*** → ***Copia*** i després ***Edita*** → ***Enganxa com a*** → ***Imatge nova*** per obtenir la cara del gos separadament (fig. 7.61).

**Fig. 7.60.** Selecció de la cara del gos

**Fig. 7.61.** Imatge nova copiada

Finalment, pots omplir el voltant de la cara amb un color, utilitzant l'eina ***Cubell de pintura.*** Selecciona un color de la paleta de colors de la caixa d'eines i col·locat sobre les zones sense pintar. Vés fent clic amb el ratolí fins a omplir tot el voltant (fig. 7.62). Pots afegir-hi un títol amb l'eina ***Text*** (fig. 7.63).

**Fig. 7.62.** Amb l'eina *Cubell de pintura* es poden omplir els voltants de la imatge seleccionada.

**Fig. 7.63.** Amb l'eina *Text* pots afegir títols de diferents colors i mides a la teva imatge.

En afegir text veuràs que se't crearà una **capa** nova. Les capes són superposicions d'imatges, que pots modificar separadament, i que et permeten interactuar entre si. En l'exemple tenim dues capes: la capa enganxada (cap del gos) i la capa de text (fig. 7.64).

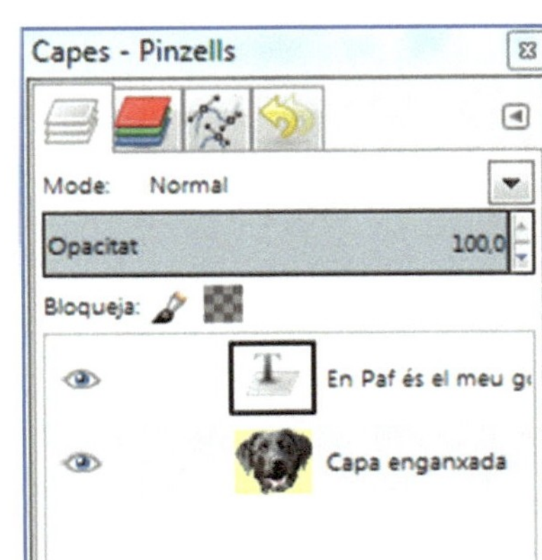


**Fig. 7.64.** Diàleg de capes. Hi ha dues capes visibles: una de text i una d'imatge.

## ACTIVITATS

**31. Tenim un arxiu d'imatge amb les mides següents: 4.608 × 3.072 px. Si tenim una càmera digital amb una resolució de 72 ppp, calcula la mida en centímetres que tindrà la imatge en paper a màxima resolució. Recorda que una polzada equival a 2,54 cm.**

**32. Obre el Gimp i crea un fitxer nou de 800 × 600 px. Fes un dibuix utilitzant les eines de pintura (llapis, pot de pintura, goma etc.) en què apareguin diferents colors i diferents mides de pinzell de l'eina *Llapis*.**

**33. Cerca una imatge d'una poma vermella, com la de la figura 7.65 descarregada de Flickr amb llicència Creative Commons. Obre-la amb Gimp i fes els retocs següents per transformar-la en una poma verda:**

*a)* Amb les eines de selecció, selecciona tota la poma. Pots fer servir l'eina de selecció lliure o la de selecció de regió contigua (des del menú *Eines de selecció*). En cas d'escollir aquesta última, hauràs de fer clic a la part blanca (exterior a la poma) i un cop estigui tot seleccionat, fes *Selecciona* → *Inverteix* (fig. 7.66).

**Fig. 7.65.** Selecció de la poma vermella

**Fig. 7.66.** Poma en escala de grisos

*b)* Un cop tens la poma seleccionada, converteix la imatge a escala de grisos fent *Colors* → *Dessatura*.

*c)* Fes que la poma es torni verda entrant a *Colors* → *To-Saturació bàsic...* i posa-hi els paràmetres següents per obtenir un resultat semblant al de la figura 7.67: To = 70, Saturació = 60, Lluminositat = 5.

*d)* Un cop tinguis la poma verda, elimina la selecció amb *Selecció* → *Cap* i desa el projecte amb el nom «poma vermella-verda». A més a més, exporta aquesta imatge a un arxiu JPG fent *Fitxer* → *Exporta*.

**Fig. 7.67.** Poma verda

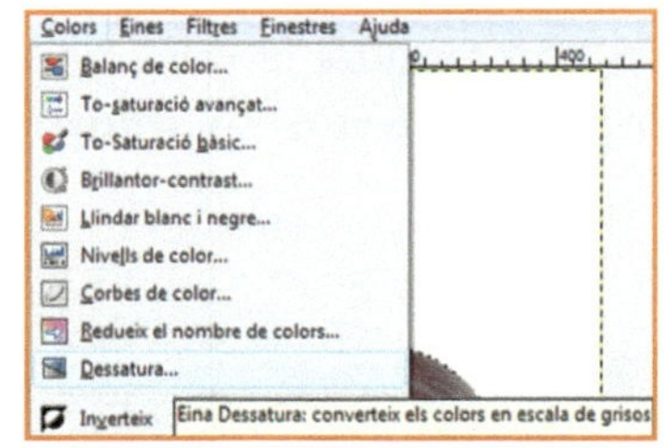


**Fig. 7.68.** Eines per modificar colors

**34. Cerca una imatge com la de la figura 7.69 extreta del banc d'imatges de Flickr, i elimina una part de la imatge. Concretament, treu una de les barques centrals amb l'eina *Tampó de clonar*. Amb el tampó de clonar seleccionat, col·locat sobre una part on hi hagi mar i amb el botó *Control* premut, fes clic amb el ratolí. Llavors vés clonant el mar sobre la barca que vulguis eliminar, fent clic amb el ratolí, fins a aconseguir una imatge com la de la figura 7.70. És recomanable que triïs una mida de pinzell de 30 i que l'opacitat (nivell de transparència de la clonació) estigui al voltant del 70 %. Finalment, prova algun filtre que millori la imatge.**

**Fig. 7.69.** Cala Varques a Mallorca

**Fig. 7.70.** Barca central eliminada

## ACTIVITATS

**35. Cerca dues imatges: una d'un llac i l'altre on aparegui un ànec i fes-hi:**

**Fig. 7.71.** Imatge «llac» (https://www.flickr.com/photos/victorvic)

**Fig. 7.72.** Imatge «ànec» (https://www.flickr.com/photos/70626035@N00)

*a)* Obre la imatge «llac» amb el programa Gimp i després fes *Fitxer → Obre com a capes* i selecciona la imatge «ànec». Per tal de poder treballar amb les capes (imatges que poden interactuar i sobreposar-se entre si), has de seleccionar de la barra menú *Capa → Transparència → Afegir canal alfa.*

*b)* En la capa «ànec» selecciona només l'ànec amb alguna eina de *Selecció*, i mentre el mantens seleccionat fes servir l'esborrador per eliminar la resta de la imatge de la capa «ànec» (fig. 7.73).

**Fig. 7.73.** Esborrament del voltant de l'ànec

*c)* Un cop hagis esborrat el voltant de l'ànec, redueix la imatge un 30 % amb l'eina *Escala*. Finalment, mou l'ànec fins on creguis oportú amb l'eina *Mou*.

*d)* Des de la caixa d'eines, tria la icona *Eina de text* i escriu-hi un títol, amb la mida i el color que prefereixis, per obtenir un aspecte final com el de la figura. Per acabar, exporta la imatge com a arxiu PNG.

**Fig. 7.74.** Imatge final amb títol inclòs

**36. Cerca una imatge d'una cara amb arrugues i obre-la al Gimp. Amb l'eina *Cicatritza* fes que desapareguin o bé que quedin molt reduïdes les arrugues. El funcionament de l'eina és com el del *Tampó de clonar.***

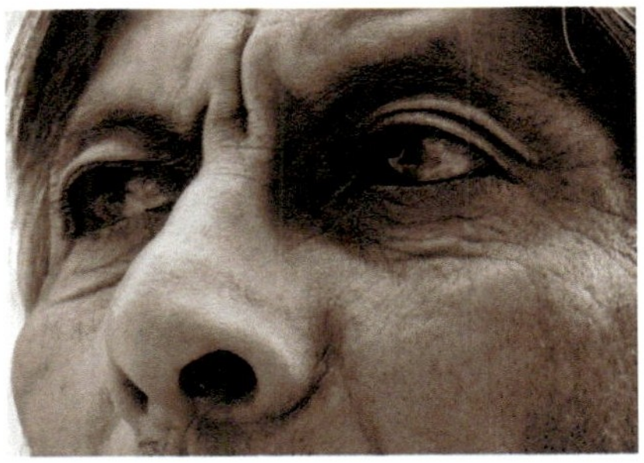

**Fig. 7.75.** Cara amb arrugues (https://www.flickr.com/photos/rufino_uribe)

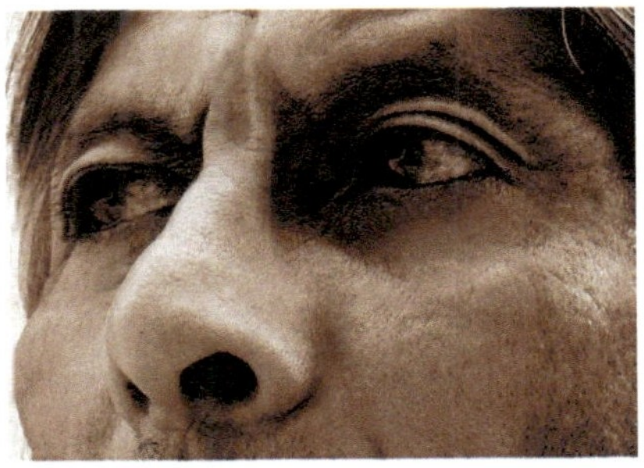

**Fig. 7.76.** Cara amb menys arrugues

SABIES QUE...

El **full de càlcul** té una funció que et permet cercar un valor dintre d'un rang de dades per files. En Excel, la funció és **BUSCARV**, en LibreOffice és **CONSULTAV** i en el Google Sheet és **VLOOKUP.**

Altres funcions que et poden ser útils per treballar amb bases de dades són **COUNTA** (compta quants valors hi ha en un rang de dades) o **COUNTIF** (compta quants valors hi ha en un rang de dades en funció d'una condició).

## 3.4. Ús de bases de dades senzilles per consultar dades i organitzar la informació: Google Sheets

Actualment, vivim en una societat on tenim un accés molt ràpid i fàcil a la informació (Internet, apps, ràdio, televisió, etc.). Ara bé, sovint es fa totalment necessari poder tenir registrada la informació per consultar-la posteriorment. Per exemple, les teves dades personals a l'hora de fer la matricula en el teu institut.

Una **base de dades** és un magatzem en el qual podem desar grans quantitats d'informació de manera organitzada per poder, posteriorment, trobar-la i fer-la servir de manera pràctica.

Hi ha programes informàtics, com Microsoft Access o LibreOffice Base, que són referents per treballar amb bases de dades bàsiques. Tanmateix, des del full de càlcul, programari que ja has vist i utilitzat en altres cursos, pots crear també taules de dades i fer-hi consultes i modificacions.

En el full de càlcul de la figura 7.77, realitzat amb Google Sheets, hi ha les dades de les despeses setmanals de tota una família. Per obtenir un resum de cada membre de la família separadament, cal crear un altre full de càlcul (fig. 7.78) en una pestanya nova. Llavors, en la columna on van els imports de cada despesa (columna E) has d'anar introduint la fórmula: **VLOOKUP(valor cercat, rang de columnes, columna a consultar).**

Despesa setmanal familiar

| Nom | Transport | Supermercat | Premsa | Roba | Altres | Totals |
|---|---|---|---|---|---|---|
| Josep | 8.00 € | 5.00 € | 10.00 € | 7.00 € | 5.00 € | 35.00 € |
| Marina | 10.00 € | 5.00 € | 5.00 € | 25.00 € | 10.00 € | 55.00 € |
| Pau | 12.00 € | 23.00 € | 10.00 € | 5.00 € | 12.00 € | 62.00 € |
| Miquel | 1.00 € | 1.00 € | 1.00 € | 1.00 € | 1.00 € | 5.00 € |
| Núria | 10.00 € | 3.00 € | 20.00 € | 23.00 € | 50.00 € | 106.00 € |
| Totals | 41.00 € | 37.00 € | 46.00 € | 61.00 € | 78.00 € | 263.00 € |

**Fig. 7.77.** Full de càlcul amb Google Sheets, «Despesa setmanal familiar»

En l'exemple, la cel·la E5 del full de càlcul «resum» conté aquesta fórmula: **=VLOOKUP(E2,'Despeses setmanals'!B:H,2).** Això ens indica que el valor que anirà a E5 serà el resultat de cercar el nom de la cel·la E2 (Josep), i dintre el rang de columnes, de B a H, del full de càlcul «despeses setmanals», es consultarà el valor de la fila «Josep» i la columna 2 (Transport).

fx =VLOOKUP(E2,'Despeses setmanals'!B:H,2)

| Nom familiar | Josep |
|---|---|
| **Tipus de despesa** | **Import** |
| Transport | 8.00 € |
| Supermercat | 5.00 € |
| Premsa | 10.00 € |
| Roba | 7.00 € |
| Altres | 5.00 € |
| Total | 35.00 € |

**Fig. 7.78.** Full de càlcul «Resum» de despeses per unitat familiar

### ACTIVITATS

**37. Obre un full de càlcul i crea-hi dues pestanyes. En la primera, fes una taula amb les dades de 10 amics; concretament ha de tenir cinc columnes: nom, cognoms, telèfon, població i edat. En la segona pestanya del full de càlcul crea una altra taula, de manera que fent cerques amb VLOOKUP, només posant el nom d'un amic en una cel·la, puguis consultar totes les altres dades de manera automàtica.**

Una altra manera d'administrar llistes de dades, en un full de càlcul, és fer ús dels **filtres.** En crear un filtre, pots localitzar informació ràpidament en un subconjunt de dades. Per fer-ho, selecciona tota la graella de dades i, des del menú ***Dades,*** selecciona l'opció ***Filtre*** (fig. 7.80).

**Llista de música**

| Número | Nom cançó | Gènere | Autor | Any publicació |
|---|---|---|---|---|
| 1 | BlackStar | Pop | Adele | 2015 |
| 2 | Someone Like You | Pop | Adele | 2011 |
| 5 | What do you Mean | Pop | Justin Bieber | 2015 |
| 6 | Always in My head | Pop | Cold Play | 2014 |

**Fig. 7.79.** Filtre del subconjunt «gènere». Seleccionant només el valor «pop», la llista queda resumida per aquest valor.

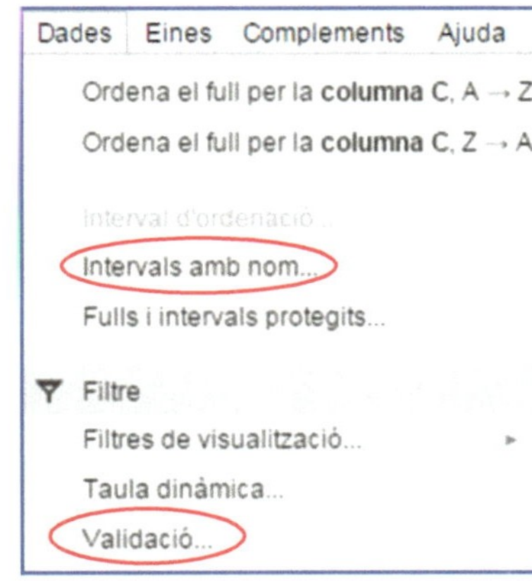


**Fig. 7.80.** Activació de filtres en el menú *Dades*

## ACTIVITATS

**38. Obre un full de càlcul i crea una graella per desar informació sobre pel·lícules. Ha de contenir 4 columnes: «Nom de la pel·lícula», «Gènere», «Any de creació», «Actor/Actriu principal» i 10 files de dades. Aplica un filtre a la columna «Gènere» i selecciona un valor (per exemple, ciència-ficció).**

# 3.5. Publicació i difusió de continguts

En l'actualitat disposem de moltes aplicacions informàtiques destinades a la publicació i posterior difusió de tot tipus de continguts. Amb l'aparició del web 2.0 (servei basat en la comunitat d'usuaris) només necessites disposar d'un navegador web o d'alguna app per poder interactuar i comunicar-te amb altres usuaris sense haver de tenir grans coneixements d'informàtica. Les xarxes socials, blogs, serveis de vídeo, *podcasts, wikis* (webs de treball cooperatiu) són, entre d'altres, formes de compartir i difondre la informació.

De xarxes socials, de blogs i webs col·laboratius ja te n'hem parlat en altres ocasions, però hi ha altres aplicacions 2.0 que et poden ser d'utilitat:

- **Issuu.** Servei en línia que converteix els teus arxius estàtics en revistes digitals interactives. Altres opcions són *Scribd* o *Calaméo.*
- **Flickr.** És el banc fotogràfic més gran de la xarxa. Aquesta aplicació permet pujar, editar, organitzar, compartir i fer cerques de fotografies i vídeos en línia.
- **Slideshare.** És una aplicació web que et permet emmagatzemar presentacions de diapositives. També permet la interacció amb els altres usuaris, compartir el contingut de qualsevol publicació i crear comunitats.

**SABIES QUE...**

Un ***podcast*** és un arxiu d'àudio que es publica a Internet.

**Fig. 7.81.** Revistes digitals

**Fig. 7.82.** Banc fotogràfic

**Fig. 7.83.** Presentacions on-line

## ACTIVITATS

**39. Comparteix, utilitzant l'aplicació col·laborativa que més s'escaigui, aquests arxius: una fotografia, una presentació de diapositives i un arxiu PDF.**

# PROJECTES TECNOLÒGICS

### Objectius

- ✓ Planificar, desenvolupar i avaluar petits projectes tecnològics.
- ✓ Integrar en projectes tècnics les diferents tecnologies treballades.
- ✓ Elaborar documents tècnics d'un projecte en suport informàtic.
- ✓ Exposar en públic projectes tecnològics amb eines digitals.
- ✓ Realitzar operacions amb les diferents eines i màquines de l'aula de tecnologia de manera adient, seguint en tot moment les normes d'ús, de conservació i de seguretat.

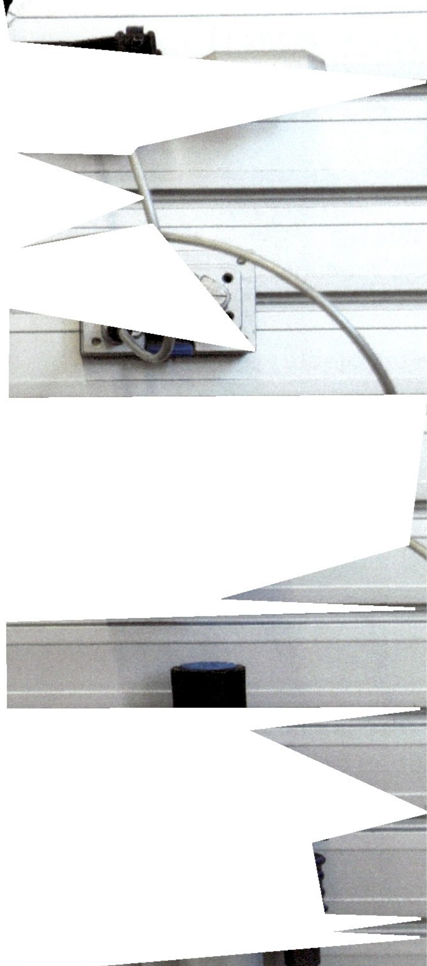

## Sumari



# ACTIVA'T!

Aquesta unitat té una estructura i una metodologia diferents de les altres d'aquest llibre. Està plantejada perquè la desenvolupis en un espai diferent, l'aula de tecnologia. És una unitat dissenyada perquè apliquis el procés tecnològic en el desenvolupament i la construcció de projectes, i posis en pràctica continguts estudiats fins ara.

En matèries tecnològiques, dins de l'àmbit de l'ensenyament secundari, és important conjugar de manera equilibrada el coneixement de caire més teòric amb l'experimentació pràctica que et permetin, de manera adequada, l'adquisició de competències i d'habilitats.

Per tant, metodologies més actives, com les que es proposen en aquesta unitat, basades en l'experimentació i en el desenvolupament de projectes, et permetran:

- Valorar la importància del treball experimental en la creació de coneixement.
- Aplicar el procés tecnològic com a mètode de treball per desenvolupar petits projectes tecnològics.
- Posar en pràctica l'aprenentatge basat en projectes.
- Valorar l'impacte positiu del treball en equip i fer-lo servir com un instrument eficaç i eficient per aconseguir uns determinats objectius.
- Desenvolupar de manera autònoma les teves idees.
- Fomentar la creativitat, la inventiva, la iniciativa personal i l'emprenedoria.
- Valorar el treball cooperatiu i col·laboratiu en l'aprenentatge i en el desenvolupament personal.

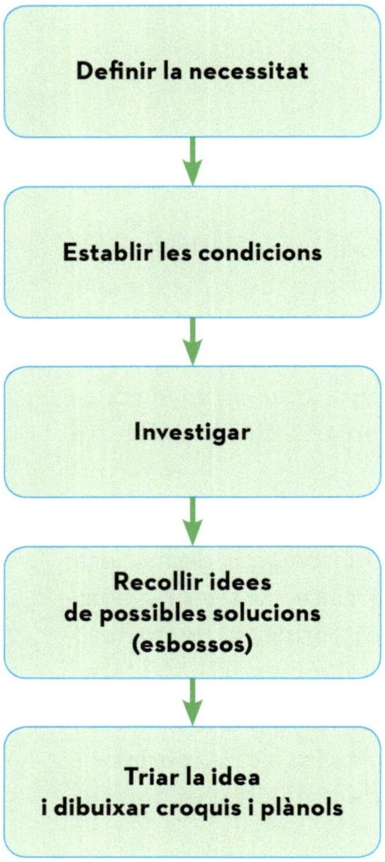


**Fig. 8.1.** Activitats de la fase de projecte

# 1 Planificació i desenvolupament de projectes tecnològics

En aquesta unitat, et proposem el desenvolupament de diversos projectes tecnològics que integren les diferents tecnologies treballades en aquest llibre i en cursos anteriors: electricitat, electrònica, informàtica, mecànica, robòtica, pneumàtica, domòtica, control i automatització, etc.

La finalitat d'aquesta unitat no és que hagis de fer tots els projectes proposats, o que hagin de ser necessàriament aquests i reproduïts fidelment. El que es pretén, fonamentalment, és que apliquis el procés tecnològic com a mètode de treball per desenvolupar petits projectes tecnològics i promoure que desenvolupis l'autonomia, la iniciativa, la inventiva, la creativitat i l'emprenedoria.

Per tant, és important que tinguis voluntat de crear, d'inventar o d'innovar totalment o parcial allò que se't proposa. La innovació pot anar des d'un disseny totalment diferent fins a la millora parcial o la realització d'uns acabats més atractius i personalitzats.

L'execució d'un projecte tecnològic requereix planificar bé la manera com es durà a terme, detallant-ne totes les tasques a desenvolupar, la seva seqüència i el temps estimat per executar-lo.

Abans d'iniciar la fase de fabricació o construcció és important fer un bon disseny en la fase de projecte i elaborar tota la documentació tècnica necessària: plànols, especejament, pla de treball, planificació, informe tècnic, etc.

| ACTIVITAT | TEMPS (setmanes) | | | | | | | | | | | | | | | |
|---|---|---|---|---|---|---|---|---|---|---|---|---|---|---|---|---|
| | 1 | 2 | 3 | 4 | 5 | 6 | 7 | 8 | 9 | 10 | 11 | 12 | 13 | 14 | 15 | 16 |
| 1 Fase de projecte | | | | | | | | | | | | | | | | |
| 2 Fase de construcció | | | | | | | | | | | | | | | | |
| 3 Fase d'avaluació i millores | | | | | | | | | | | | | | | | |
| 4 Documentació i presentació de resultats | | | | | | | | | | | | | | | | |

**Fig. 8.2.** Planificació d'un projecte tecnològic fent servir un diagrama de Gantt simplificat

**Fig. 8.3.** El desenvolupament sostenible i l'eficiència energètica són aspectes a tenir en compte en el desenvolupament de projectes tecnològics.

A l'hora de fabricar o construir un producte tecnològic, és important tenir en compte criteris de **desenvolupament sostenible** i d'**eficiència energètica,** la qual cosa implica donar la millor solució possible respectant i protegint les persones i el medi ambient.

Així doncs, en els teus projectes tingues en compte:

- Sempre que es pugui, utilitzar materials reciclats o reutilitzats i de baix impacte ambiental. Evitar fer servir materials que generin residus tòxics.
- Fer una construcció de qualitat, duradora, energèticament eficient i amb materials que es puguin reciclar o reutilitzar fàcilment.
- Simplificar el disseny i ajustar els elements constructius al càlcul realitzat per minimitzar la quantitat de material usat.
- Emprar, sempre que sigui factible, energies renovables.

# 2 Projecte de robòtica

En aquest primer projecte et proposem la construcció i programació d'un **cotxe robot** que es desplaci de manera autònoma i que permeti, fàcilment, afegir-hi millores, ampliacions o possibles modificacions.

ORGANITZACIÓ

**Treball en equip**

Per realitzar aquest projecte es recomana treballar en equips de dues o tres persones.

## 2.1. Condicions que ha de tenir

Els requisits o les condicions mínimes que ha de tenir aquest robot són:

- Ha de funcionar de manera autònoma sense la necessitat d'emprar cap sistema de comandament cablat.
- Ha d'incorporar algun sistema de detecció d'obstacles per tal que el robot sigui capaç d'evitar-los per no xocar o aturar-se.
- En fer-se fosc, s'ha d'activar automàticament algun sistema d'il·luminació.
- El cost econòmic del projecte ha de ser relativament baix.
- El disseny ha de ser funcional, amb bons acabats i una estètica atractiva.
- En les fases de disseny i construcció del robot, s'han de tenir presents criteris de sostenibilitat.

**Fig. 8.4.** Proposta de cotxe robot

## 2.2. Disseny i planificació

Abans d'iniciar la fase de construcció, penseu bé el disseny del vostre vehicle robotitzat tenint en compte els requeriments inicials i les prestacions que voleu incorporar-hi. Us pot ser d'utilitat seguir aquests consells:

- **Recerca d'informació.** Informeu-vos sobre la manera de poder controlar els motors de CC i els tipus de sensors més adequats per detectar obstacles. Cerqueu també informació sobre la placa electrònica de control que utilitzareu: Arduino, Picaxe, Imagina, Raspberry Pi, etc.
- **Disseny.** Pel que fa a l'estructura del cotxe robot, podeu fer servir o reutilitzar la base del robot polivalent proposat a 3r curs. Tanmateix, podeu optar per fer-ne una de nova o bé reutilitzar-ne alguna altra. Tingueu en compte, a l'hora de fer el vostre disseny, quins elements formaran part del sistema de control emprat, atès que hi haureu de deixar espai per poder-los instal·lar.

  Un cop tingueu clar el disseny de l'estructura, planifiqueu bé el que cal fer: plànols, esquema elèctric de connexions, llista de material, taula d'entrades i de sortides digitals i analògiques, programa de control i construcció.

  Per controlar el robot, us proposem fer servir una placa electrònica **Arduino UNO,** amb alguna ***shield*** amb placa de prototips per poder connectar-hi tots els components necessaris. Us suggerim, per al control dels motors, el xip L293D; per a la detecció d'obstacles, el sensor ultrasònic HC-SR04, i per al sistema d'enllumenat, un fotoresistor LDR.

**Fig. 8.5.** Placa Arduino amb una *Shield protoboard*

## Esquema elèctric de connexions

A l'hora de realitzar les connexions elèctriques, tingueu en compte com s'ha de connectar cada dispositiu; la polaritat dels leds i el valor de les seves resistències limitadores, el sensor d'ultrasons (SU) i el circuit integrat L293D.

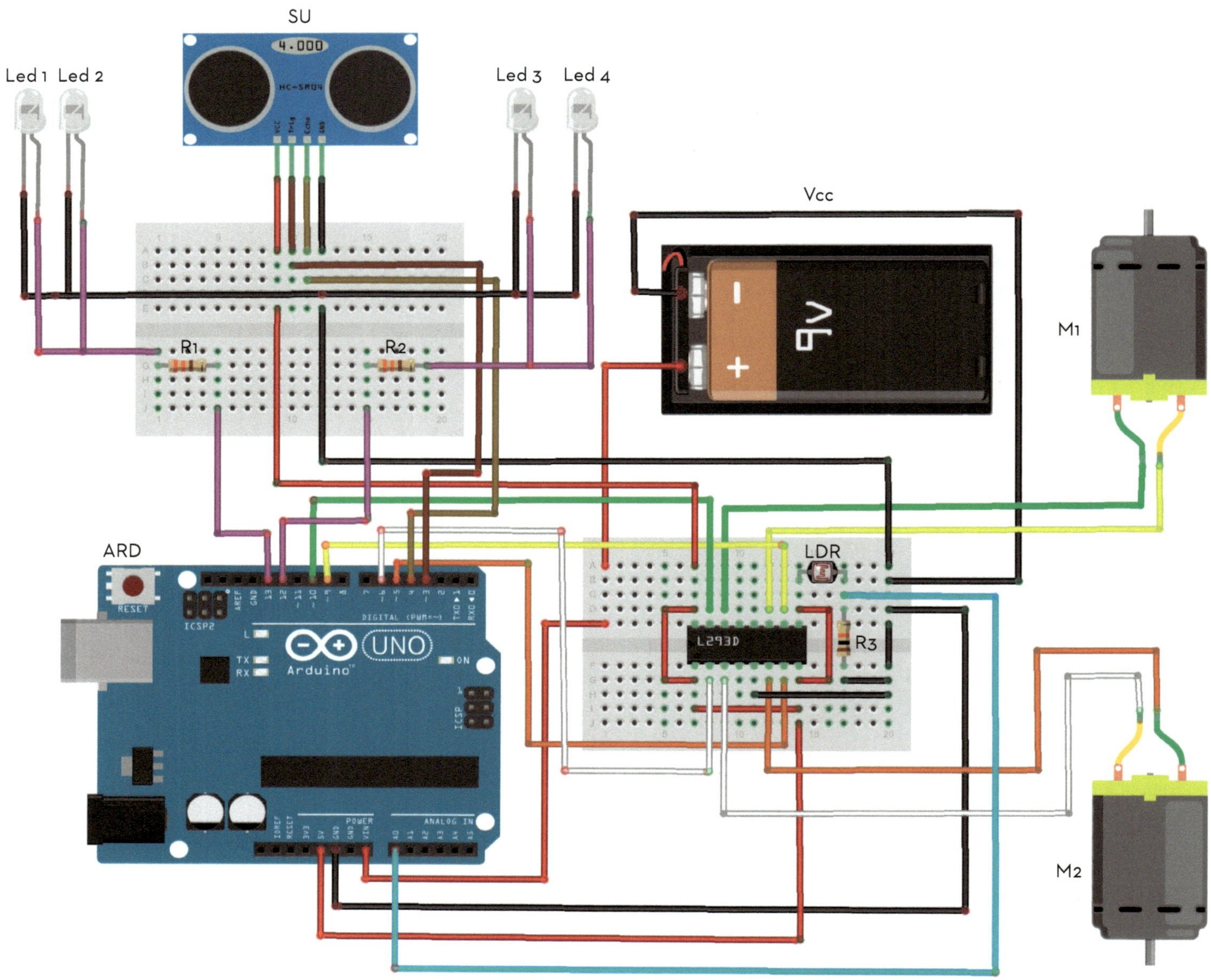


**Fig. 8.6.** Esquema de connexionat elèctric

**Fig. 8.7.** Connexions elèctriques en la placa Arduino

| | |
|---|---|
| *Led1* | Led alta lluminositat 1 |
| *Led2* | Led alta lluminositat 2 |
| *Led3* | Led alta lluminositat 3 |
| *Led4* | Led alta lluminositat 4 |
| *R1, R2* | Resistor 330 Ω ¼ W |
| *R3* | Resistor 10K Ω ¼ W |
| *SU* | Sensor ultrasons HC-SR04 |

| | |
|---|---|
| *LDR* | Fotoresistor LDR |
| *M1* | Motor 1 CC, roda esquerra |
| *M2* | Motor 2 CC, roda dreta |
| *L293D* | Circuit integrat L293D |
| *ARD* | Placa electrònica Arduino UNO |
| *Vcc* | Portapiles i pila de 9 V |

**Taula 8.1.** Relació de components electrònics

## 2.3. Procés de construcció

Un cop teniu el disseny acabat, organitzeu-vos per fer el muntatge. Primer haureu de mecanitzar els components per fer l'estructura, després realitzar les connexions elèctriques segons l'esquema i, finalment, transferir el programa.

Penseu, també, a fer una prova del funcionament dels motors i sensors, i comprovar la correcta execució del programa que haureu elaborat.

### A. Control dels motors

La placa Arduino UNO no disposa de prou sortides de potència per controlar directament motors de corrent continu (CC); el corrent màxim de sortida és de 40 mA i el recomanat és de 20 mA. Per tant, és necessari incorporar-hi algun sistema d'**amplificació de potència del senyal** per fer anar els motors de CC. El xip **L293D** (de 16 *pins*) és un circuit integrat dissenyat per controlar motors de CC que subministra un corrent de sortida de 600 mA i que permet controlar-ne també el sentit de gir. Si voleu trobar més informació, podeu consultar els *datasheets* (fulls d'especificacions tècniques del fabricant) disponibles a Internet.

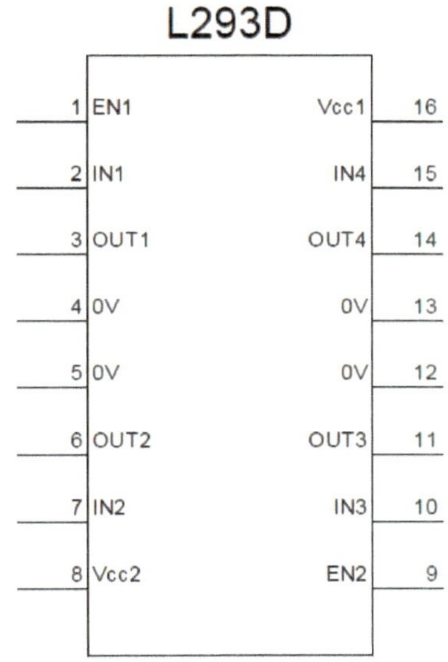


**Fig. 8.8.** Terminals o *pins* del circuit integrat L293D

Així doncs, el cotxe robot disposarà de dos motors de CC, gestionats pel controlador L293D (controlador de potència). Les sortides OUT1 i OUT2 van connectades al motor 2, i les sortides OUT3 i OUT4, al motor 1. Per al control de la velocitat de gir dels motors s'utilitzen les sortides 5, 6, 9 i 10 de l'Arduino. Aquestes sortides permeten la **modulació d'amplada de pols (PWM).**

Per fer avançar el robot a màxima velocitat (tots dos motors endavant) cal programar-lo tal com s'exposa a continuació:

```
analogWrite(motor1Endavant, 255); // motor 1 endavant  (pin 9)
analogWrite(motor1Endarrere, 0);  // motor 1 endarrere (pin 10)
analogWrite(motor2Endavant, 255); // motor 2 endavant  (pin 5)
analogWrite(motor2Endarrere, 0);  // motor 2 endarrere (pin 6)
```

**Fig. 8.9.** Exemple de programa per controlar la velocitat i el sentit de gir dels motors

Aquest fragment de codi mostra que, per controlar un motor, disposem de dos senyals que poden adoptar valors compresos entre 0 i 255; un senyal fa anar el motor endavant, i l'altre, endarrere. Per fer anar, per exemple, el motor 2 enrere a màxima potència, hauríeu de programar que la sortida 5 enviés un senyal amb valor 0 (valor mínim), i la sortida 6, amb valor 255 (valor màxim). Per fer anar el motor 2 en sentit contrari, caldria invertir els valors assignats a les sortides 5 i 6. Per al motor 1, el procediment és el mateix, però fent servir les sortides 9 i 10. Compte! Si el motor gira en el sentit previst, tal com preveieu, no haureu de tocar res. En canvi, si gira en sentit contrari, podeu fer una de les dues coses:

*a)* Intercanviar els dos cables que van al motor per invertir el sentit de gir.

*b)* Modificar el programa. Invertir els valors assignats a les sortides 5 i 6, per al motor 2, i els valors de les sortides 9 i 10, per al motor 1.

**SABIES QUE...**

La **modulació per amplada de pols (PWM)** consisteix a modificar la quantitat d'energia que s'envia a una determinada càrrega (per exemple, un motor) mitjançant la modificació del cicle de treball d'un senyal digital, de manera que el senyal resultant emuli un senyal analògic. Per exemple, si el senyal digital és de 5V i volem enviar 3V a una càrrega, haurem d'enviar 5V durant un 60 % del temps i 0V durant un 40 % del temps.

En **l'Arduino UNO** les sortides que permeten PWM són els pins 3, 5, 6, 9, 10 i 11. Tenen una resolució de 8 bits, que equival a disposar de 256 nivells diferents de senyal, on 255 vol dir valor màxim del senyal i 0 seria valor mínim.

SABIES QUE...

La velocitat del so és de 343 m/s. Per calcular la distància d'un objecte al sensor d'ultrasons cal fer:

$$\text{distància} = \frac{\text{temps} \cdot \text{velocitat}}{2 \cdot 29{,}2}$$

## B. El sensor d'ultrasons

Per poder evitar obstacles, el robot ha d'incorporar algun tipus de sensor capaç de detectar la presència de qualsevol objecte que estigui davant seu. Com a proposta, et suggerim el sensor d'ultrasons HC-SR04, el funcionament del qual es basa en l'enviament d'un impuls d'alta freqüència, no audible per l'ésser humà; l'impuls rebota en els objectes propers i és reflectit cap al sensor. Aquest mesura el temps entre l'enviament i la tornada de l'impuls sonor, el qual és proporcional a la distància entre el robot i l'objecte.

El sensor HC-SR04 disposa de 4 *pins* de connexió, dels quals cal programar el *trigger* (dispar) i el *echo* (senyal que s'envia en forma d'eco):

- **Vcc:** alimentació (5 V).
- **GND:** massa (0 V).
- ***Echo:*** genera un impuls proporcional al temps que triga a enviar i tornar el senyal sonor.
- ***Trigger:*** genera un impuls per indicar al sensor que comenci a mesurar la distància.

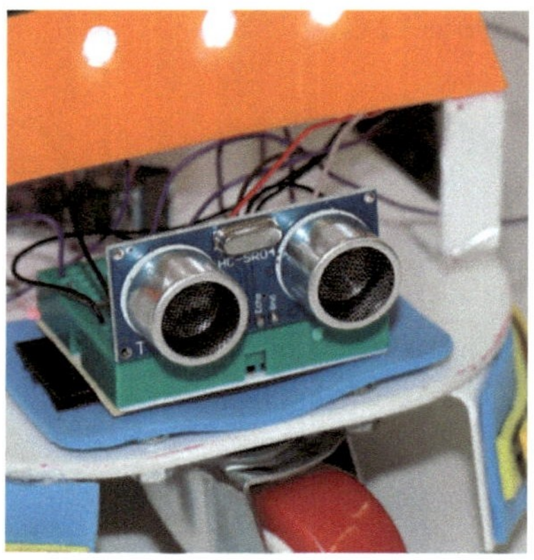

**Fig. 8.10.** Sensor d'ultrasons

## C. Control del nivell de llum

Per poder encendre els leds d'alta lluminositat en funció de si teniu llum exterior o no, cal que realitzeu un programa que comprovi el nivell d'il·luminació. Concretament, l'Arduino ha de llegir, mitjançant una entrada analògica, el valor en cada instant i comparar-lo amb el que hagueu predefinit com a valor límit per encendre els llums. El muntatge elèctric consisteix a fer un divisor de tensió amb un resistor de 10 kΩ (fig. 8.12). Es preveu emprar 2 sortides digitals per activar els 4 leds.

```
valorLDR= analogRead(pinLDR); // Lectura de l'entrada analògica
digitalWrite(pinLeds1_2, LOW);
digitalWrite(pinLeds3_4, LOW);
  if (valorLDR < 350) {
  digitalWrite(pinLeds1_2, HIGH);
  digitalWrite(pinLeds3_4, HIGH); }
```

**Fig. 8.11.** Exemple de programa per controlar l'activació dels leds en funció del nivell lumínic

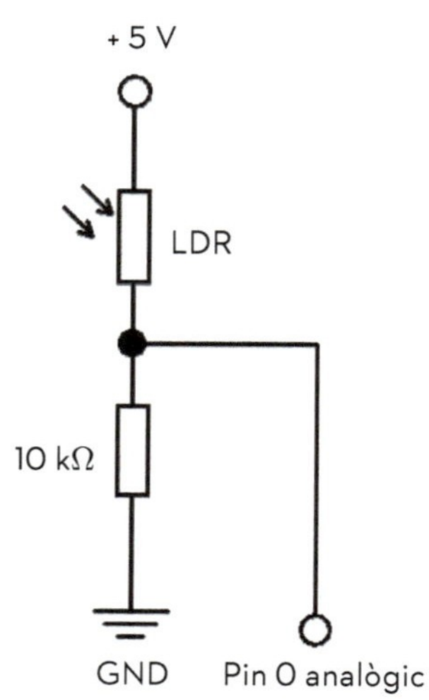


**Fig. 8.12.** Circuit per convertir el nivell de llum en un nivell de tensió, connectat a una entrada analògica.

## D. Taula d'entrades i de sortides (E/S)

La previsió d'entrades i de sortides digitals i analògiques és aquesta:

| ***Connexions E/S*** | ***Digitals*** | ***Analògiques*** |
|---|---|---|
| Entrades | – | A0 |
| Sortides | 3, 4, 12 i 13 | 5, 6, 9 i 10 (PWM) |

**Taula 8.2.** Relació de connexions digitals i analògiques previstes a la placa Arduino UNO

## 2.4. Programació

```
const int EchoPin = 4; // Pin per a la lectura del valor del senyal del sensor HC-SR04
const int TriggerPin = 3; // Pin per a l'activació del sensor HC-SR04
int motor1Endavant = 9; // Pin control PWM motor 1 endavant
int motor1Endarrere = 10; // Pin control PWM motor 1 endarrere
int motor2Endavant = 5; // Pin control PWM motor 2 endavant
int motor2Endarrere = 6; // Pin control PWM motor 2 endarrere
int pinLeds1_2 = 12; // Pin per activar leds 1 i 2
int pinLeds3_4 = 13; // Pin per activar leds 3 i 4
int pinLDR = 0; // Pin LDR
int valorLDR = 0; // variable per emmagatzemar el valor de l'LDR

void setup() {
  Serial.begin(9600); // Activar el port sèrie
  pinMode(EchoPin, INPUT);
  pinMode(TriggerPin, OUTPUT);
  pinMode(motor1Endavant, OUTPUT);
  pinMode(motor1Endarrere, OUTPUT);
  pinMode(motor2Endavant, OUTPUT);
  pinMode(motor2Endarrere, OUTPUT);
  pinMode(pinLeds1_2, OUTPUT);
  pinMode(pinLeds3_4, OUTPUT);
}

void loop() {
  long duration, distanceCm; // variables de tipus long (32 bits)
  valorLDR= analogRead(pinLDR); // Valor LDR conté la lectura de l'entrada analògica A0
  digitalWrite(pinLeds1_2, LOW);
  digitalWrite(pinLeds3_4, LOW);
  //Serial.print("Valor LDR: ");
  //Serial.println(valorLDR); // Valor mesurat per l'LDR

 if (valorLDR < 350) {
    digitalWrite(pinLeds1_2, HIGH);
    digitalWrite(pinLeds3_4, HIGH);
  }

  digitalWrite(TriggerPin, LOW); // Reset al trigger
  delayMicroseconds(2);
  digitalWrite(TriggerPin, HIGH); // Posada a 1 del trigger per activar el sensor HC-SR04
  delayMicroseconds(5); // El trigger (impuls de senyal) durant 5 ms
  digitalWrite(TriggerPin, LOW); //
  duration = pulseIn(EchoPin, HIGH); // Temps que triga el senyal per tornar al sensor
  distanceCm = (duration/2)/29.2; // Càlcul de la distància del sensor a l'objecte en cm

  //Serial.print("Distancia: "); // Escriure pel port sèrie (activar per testejar el sensor)
  //Serial.println(distanceCm); // Distància a l'objecte detectat en cm

  if (distanceCm < 30) { // si la distància detectada a un objecte és més petita que 30 cm
  analogWrite(motor1Endavant, 200); // El robot gira
  analogWrite(motor1Endarrere, 0);
  analogWrite(motor2Endavant, 0);
  analogWrite(motor2Endarrere, 200);
  }
  else{
  analogWrite(motor1Endavant, 245); // motor 1 endavant (ajustar perquè el robot
                                       vagi recte)
  analogWrite(motor1Endarrere, 0);
  analogWrite(motor2Endavant, 255); // motor 2 endavant
  analogWrite(motor2Endarrere, 0);
  }
}
```

**Fig. 8.13.** El sensor CNY70 permet detectar línies negres o blanques.

## 2.5. Avaluació i propostes de millora

Un cop heu comprovat que tot funciona correctament, és el moment en què podeu mirar d'incorporar modificacions al projecte, ja sigui al disseny estètic o funcional del robot o bé del programa. Segur que en el procés d'investigació vau recollir molta informació i alguna idea més que penseu que podríeu dur a terme. Com per exemple: fer que el robot sigui capaç de seguir una línia, fer que segueixi un llum, afegir algun motor o servomotor per incorporar nous moviments o bé que sigui controlat a distància mitjançant un dispositiu mòbil amb Bluetooh i una app.

### Control del robot amb Bluetooth

Amb una senzilla app podreu aconseguir controlar el robot. La comunicació es realitza per Bluetooth, mitjançant el **mòdul HC-06** (fig. 8.14), entre un dispositiu mòbil Android i la placa de control Arduino. Aquest mòdul té 4 borns de connexió: Vcc, GND, TXD i RXD; els dos primers són per alimentar-lo a 5 V CC i els dos darrers són per comunicar-lo pel **port sèrie.** Compte! Connecteu el TXD del mòdul amb l'RXD de la placa Arduino i l'RXD del mòdul HC-06 amb el TXD de l'Arduino, tal com podeu observar a la figura inferior.

**SABIES QUE...**

El port sèrie de l'Arduino utilitza els *pins* digitals 0 i 1, on:

***Pin* 0** ⟶ **RX** (recepció de dades).

***Pin* 1** ⟶ **TX** (transmissió de dades).

**Fig. 8.14.** Mòdul de connexió Bluetooth HC-06

**Fig. 8.15.** Esquema de connexió entre el mòdul Bluetooth HC-06 i la placa Arduino (no s'ha representat l'alimentació elèctrica de la placa)

L'app que us suggerim està feta amb l'**App Inventor,** que ja heu estudiat durant aquest curs. Necessitareu seleccionar un component anomenat ***BluetoothClient,*** que el trobareu dins la categoria ***Connectivity,*** això permetrà establir comunicació via Bluetooth amb el mòdul HC-06. També heu de seleccionar el component ***Notifier*** de la categoria ***User Interface.***

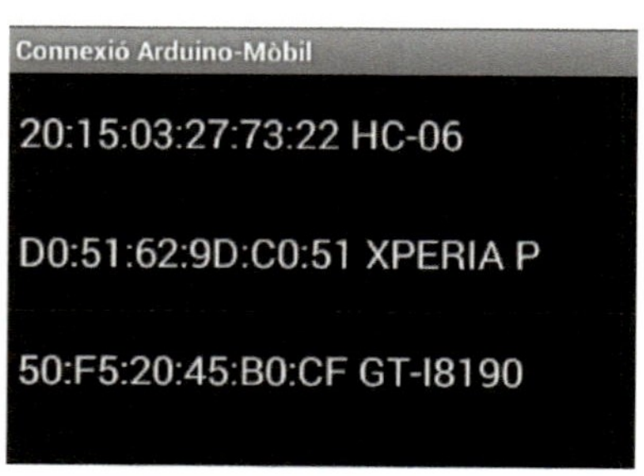


**Fig. 8.16.** Llista de dispositius amb connexió Bluetooth

Un cop tingueu els dos components seleccionats, necessitareu 4 botons (endavant, endarrere, girar i aturar) per comandar el robot, un altre botó per desconnectar la comunicació, i un botó, del tipus ***ListPicker,*** que generarà una llista de dispositius que puguin establir connexió amb el mòdul Bluetooth.

Concretament, el que us interessarà cercar serà el del mòdul HC-06. Abans de carregar la vostra app, és important que mireu d'establir connexió entre la vostra tauleta o mòbil i el mòdul Bluetooth.

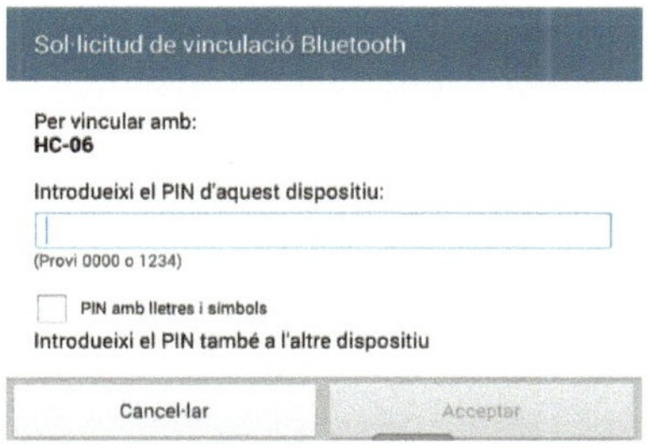


**Fig. 8.17.** Vinculació de dispositius per Bluetooth

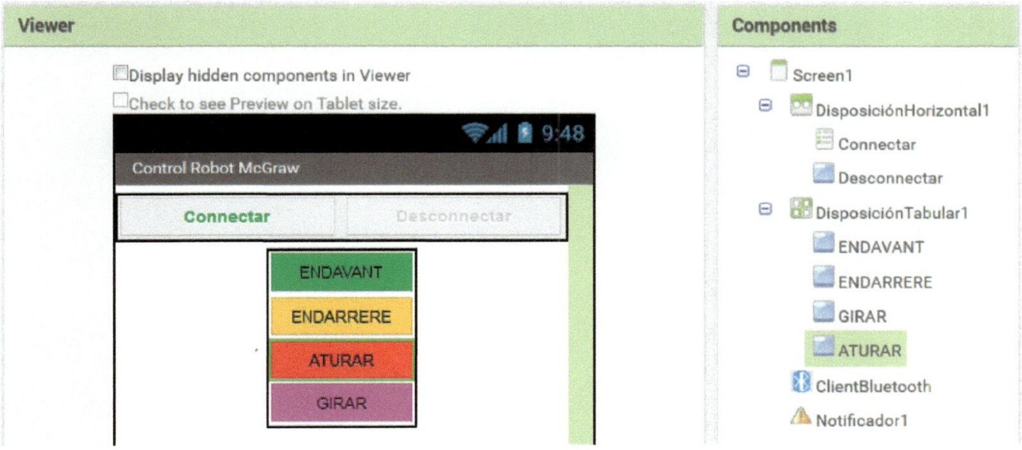


**Fig. 8.18.** Mode de disseny d'interfície de l'**App Inventor**

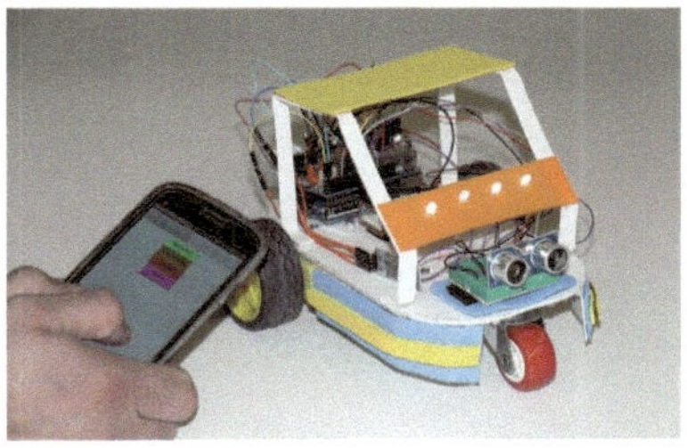

**Fig. 8.19.** Control del robot a través d'una app

Pel que fa a la programació de l'app, a continuació es mostren els diferents blocs del programa segons la funció de cadascun.

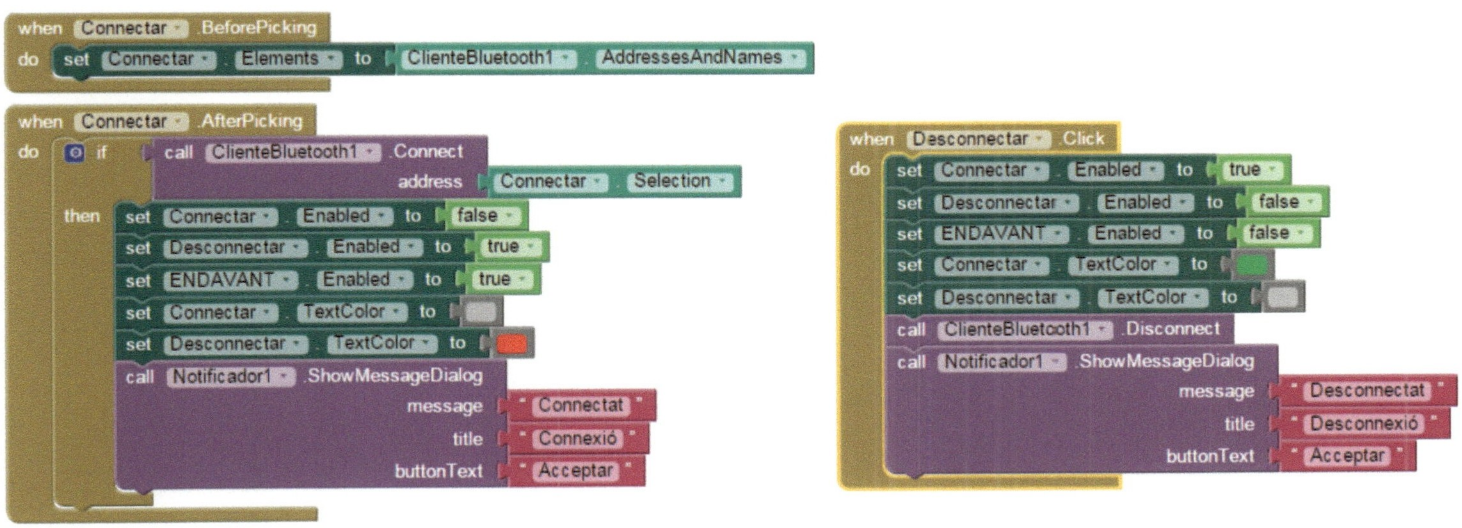


**Fig. 8.20.** Programació dels botons *Connectar* i *Desconnectar*

**Fig. 8.21.** Programació dels botons *Endavant, Endarrere, Girar* i *Aturar*

### *Programa de control de la placa Arduino per comunicar amb l'app*

El programa de control consisteix a llegir les dades que rep el port sèrie (connectat al mòdul HC-06). En funció de si el caràcter rebut és «1», «2», «3» o «4», el robot es mourà d'una manera o d'una altra.

En aquest programa podeu afegir-hi altres instruccions i millores que considereu oportunes. També fóra bo que introduíssiu variacions al disseny de l'app per tal de personalitzar-la segons els vostres gustos i preferències.

```
char num;
int motor1Endavant = 9; // Pin control PWM motor 1 endavant
int motor1Endarrere = 10; // Pin control PWM motor 1 endarrere
int motor2Endavant = 6; // Pin control PWM motor 2 endavant
int motor2Endarrere = 5; // Pin control PWM motor 2 endarrere

void setup() {
Serial.begin(9600);
pinMode(motor1Endavant, OUTPUT);
pinMode(motor1Endarrere, OUTPUT);
pinMode(motor2Endavant, OUTPUT);
pinMode(motor2Endarrere, OUTPUT);
}

void loop() {
if( Serial.available() )
num = Serial.read();

if( num == '1' ){
  analogWrite(motor1Endavant, 255); // senyal PWM motor 1 endavant
  analogWrite(motor1Endarrere, 0);
  analogWrite(motor2Endavant, 255); // senyal PWM motor 2 endavant
  analogWrite(motor2Endarrere, 0);
}
if( num == '2' ){
 analogWrite(motor1Endavant, 0); // senyal PWM motor 1 endarrere
 analogWrite(motor1Endarrere, 255);
 analogWrite(motor2Endavant, 0); // senyal PWM motor 2 endarrere
 analogWrite(motor2Endarrere, 255);

}

if( num == '3' ){

   analogWrite(motor1Endavant, 150); // El robot gira
   analogWrite(motor1Endarrere, 0);
   analogWrite(motor2Endavant, 0);
   analogWrite(motor2Endarrere, 150);
  }
  delay(200); // Gir durant 2 segons

 if( num == '4' ){

   analogWrite(motor1Endavant, 0); // El robot s'atura
   analogWrite(motor1Endarrere, 0);
   analogWrite(motor2Endavant, 0);
   analogWrite(motor2Endarrere, 0);
  }
}
```

# 3 Projecte d'electrònica

Un altre projecte tecnològic que us proposem desenvolupar és la **implementació d'un circuit electrònic** senzill, útil, versàtil i fàcil de dur a terme, que tingui aplicacions diverses i que pugui solucionar un problema o satisfer una necessitat:

- **Alarma electrònica** activada per sensor de llum.
- **Interruptor crepuscular** per controlar automàticament l'enllumenat exterior d'una casa o d'un espai públic, tendals, persianes, rètols lluminosos, etc.
- **Barrera** òptica per activar mecanismes: portes automàtiques, barreres de pas, etc.

ORGANITZACIÓ

**Treball en equip**

Per realitzar aquest projecte es recomana treballar en equips de dues o tres persones.

## 3.1. Condicions que ha de tenir

Els requisits o condicions mínimes que haurà de tenir la solució adoptada són aquests:

- El circuit pot ser muntat directament sobre una placa de proves (també coneguda com a *protoboard*) o entrenador d'electrònica, en una placa perforada verge i soldar-hi els components i les connexions, o en una placa de circuit imprès dissenyada i fabricada per a això.
- El circuit electrònic s'ha d'alimentar amb una tensió de corrent continu (CC) usual i fàcil d'obtenir, per exemple, 9 V.
- L'activació de la sortida del circuit implicarà encendre un led (senyalització lluminosa) i accionar un relé, a través d'un contacte «NO» al qual es podrà connectar qualsevol altre dispositiu o mecanisme: timbre, brunzidor, làmpada, motor, etc., a la mateixa font d'alimentació del circuit o a una altra de diferent (per exemple, 24 V).
- El circuit s'ha d'activar quan el nivell lumínic que incideix sobre l'element sensor (per exemple, fotoresistor LDR) estigui per sota d'un determinat valor preestablert, que es podrà ajustar manualment a través d'un potenciòmetre.

**Fig. 8.22.** Circuit electrònic muntat en placa *protoboard*

## 3.2. Disseny i planificació

Abans de començar el muntatge cal tenir clar el disseny de l'aplicació i la planificació per desenvolupar-lo. Us suggerim que seguiu aquests passos:

- **Recerca d'informació.** Hauríeu d'informar-vos sobre qüestions com ara: plaques perforades electròniques, com dissenyar i fabricar circuits impresos, les connexions internes d'una placa de proves *(protoboard)*, funcionament i característiques tècniques de transistors (BC337, BC547...), LDR, leds, díodes, relés i potenciòmetres.
- **Disseny.** A partir de l'aplicació concreta que voleu implementar en el vostre projecte, de la informació obtinguda i de l'esquema electrònic proposat a la figura 8.24, expresseu les vostres propostes utilitzant **esbossos** i esborranys de l'**esquema electrònic** del vostre circuit.

Entre els membres de l'equip, decidiu quina és la idea que portareu a la pràctica i quin **material** i quins **elements** utilitzareu per construir-la; això us permetrà fer l'**esquema electrònic** definitiu i, si s'escau, elaborar els **croquis** i els **plànols** corresponents.

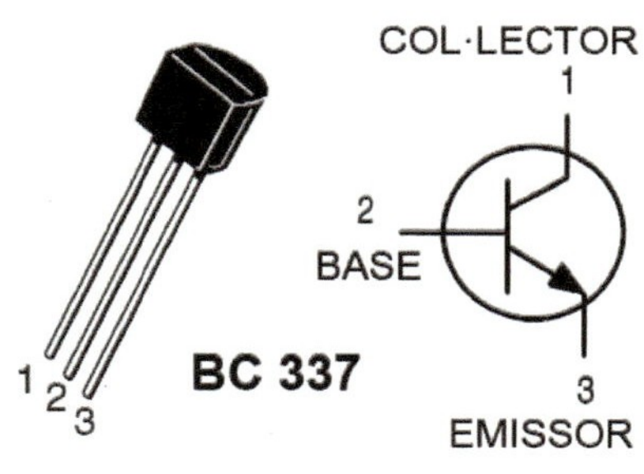


**Fig. 8.23.** Transistor BC337

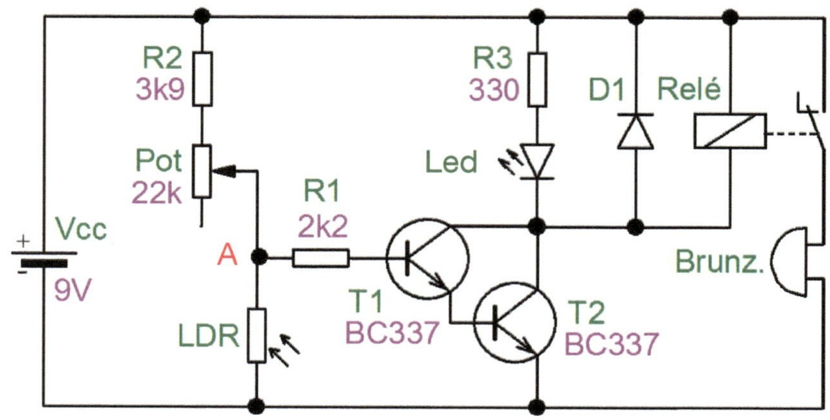


**Fig. 8.24.** Esquema electrònic del circuit d'un interruptor crepuscular o alarma electrònica que s'activa depenent del nivell de llum que incideix sobre l'LDR.

VÍDEO

**Placa *protoboard***

A Youtube (www.youtube.com) trobaràs diversos vídeos explicatius, molt útils i interessants, sobre què és una placa *protoboard* i com utilitzar-la.

## 3.3. Procés de construcció

Un cop teniu el disseny fet, és el moment d'organitzar el muntatge: fer la llista de material i d'eines necessaris, establir el pla de treball i distribuir les tasques entre els membres de l'equip.

Independentment del sistema de muntatge escollit, és recomanable fer-ne una prova sobre un entrenador o placa *protoboard*. Abans de començar a muntar el circuit, cal cercar tot el material i les eines i l'instrumental imprescindibles, així com identificar els terminals dels components electrònics, especialment els que tenen polaritat: transistor, led, pila, díode, etc.

### A. Funcionament del circuit electrònic

El funcionament del circuit electrònic proposat de la figura 8.24, correspon a un interruptor crepuscular o a una alarma electrònica activada per llum, és el següent:

*a)* Inicialment, el circuit no té activada la sortida (led, relé i brunzidor), atès que els transistors *T1* i *T2* no condueixen. En aquestes condicions de treball, el nivell de llum és prou alt i el fotoresistor LDR té una resistència relativament baixa i, per tant, la seva caiguda de tensió serà petita i el valor de tensió en el punt A també serà baix, la qual cosa provoca una intensitat de base de *T1* insuficient per fer-lo conduir, igual que la de *T2*.

*b)* Quan el nivell lumínic és prou baix, la resistència del fotoresistor LDR augmenta i també la seva caiguda de tensió, així com el valor de tensió en el punt A que provoca un increment considerable de la intensitat de base de *T1*, i per extensió de *T2*, que fa conduir tots dos transistors. En conseqüència, s'encén el led i s'activa el relé. En aquest cas, també sonarà el brunzidor connectat a través d'un contacte NO del relé.

*c)* El potenciòmetre *Pot* permet ajustar el llindar de lluminositat (o consigna) per sota del qual s'activarà l'alarma o actuarà l'interruptor crepuscular, activant tots els dispositius connectats a la sortida: led, relé, brunzidor...

*d)* El resistor *R2* actua com a element de protecció del fotoresistor LDR, evitant que es pugui «cremar», en el cas d'incidir-hi molta llum (baixa resistència) i tenir el potenciòmetre a 0 Ohm. El díode *D1* protegeix els transistors de patir descàrregues elèctriques quan es desconnecta la bobina del relé.

## B. Material necessari

| | | | |
|---|---|---|---|
| *R1* | Resistor 2,2 kΩ ¼ W | *LDR* | Fotoresistor LDR |
| *R2* | Resistor 3,9 kΩ ¼ W | *Pot* | Potenciòmetre sense eix de 22 kW |
| *R3* | Resistor 330 Ω ¼ W | *Led* | Led vermell ∅ 5 mm |
| *T1* | Transistor NPN BC 337 | *Relé* | Relé 9 V i contacte commutat |
| *T2* | Transistor NPN BC 337 | *Brunz* | Brunzidor 9 - 12 V |
| *D1* | Díode 1N4004 | *RCI* | Regleta CI de 2 elements |
| *Vcc* | Portapiles i pila de 9 V | - | Cable de connexió i estany |

**Taula 8.3.** Relació de components electrònics

## C. Muntatge en placa *protoboard*

Abans de començar a fer el muntatge del circuit electrònic en la placa *protoboard*, cal que us informeu sobre com funciona i com utilitzar-la. A Internet trobareu moltíssima informació sobre això.

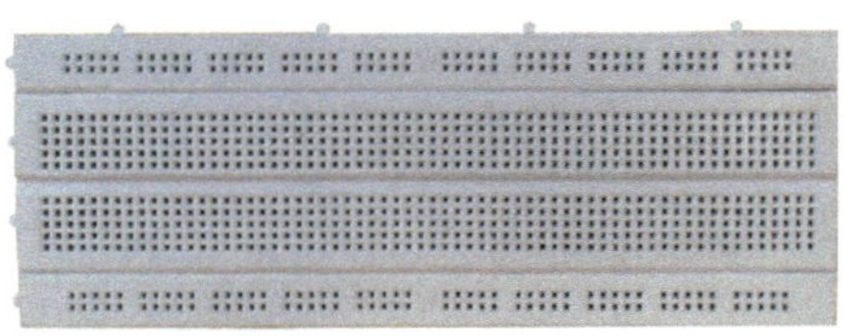

**Fig. 8.25.** Placa *protoboard*

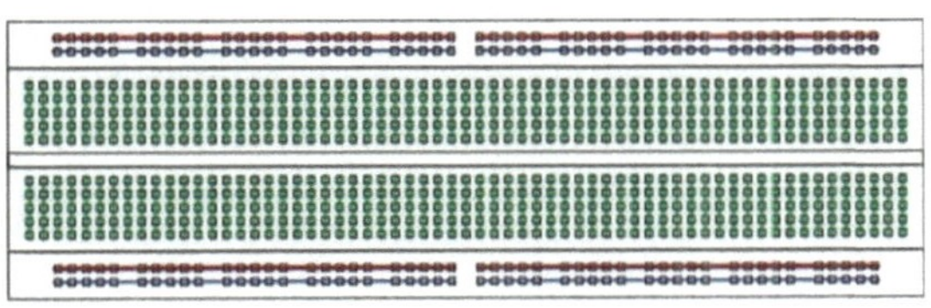

**Fig. 8.26.** Esquema de connexions internes d'una placa *protoboard*

A partir del l'esquema electrònic (fig. 8.24), i un cop cercats i identificats tots els components, procediu al muntatge del circuit en la placa *protoboard*. Si ho considereu necessari, aquestes pautes us poden servir de guia:

*a)* Podeu començar endollant el pol positiu del portapiles a la fila superior (+) i el pol negatiu, a la fila inferior (-).

*b)* Col·loqueu els transistors *T1* (emissor → C10, base → C11, col·lector → C12) i *T2* (emissor → A9, base → A10, col·lector → A12). Així, quedaran interconnectats l'emissor de *T1* amb la base de *T2* (C10 i A10), i els col·lectors de tots dos transistors (C12 i A12).

*c)* Connecteu, per mitjà d'un cable de connexió, l'emissor del transistor *T2* (forat E12) al pol negatiu (fila inferior de forats).

*d)* Inseriu el potenciòmetre *Pot* de 22 kΩ (pota central F5, i les altres dues, D4 i D6). Feu el mateix amb el relé (borns de la bobina → E20 i F20; born comú del contacte commutat → E28 i, els altres dos borns, NT → F27 i NO → F29).

### SABIES QUE...

La **placa *protoboard*** és un sistema que permet la interconnexió de components electrònics, d'una manera no definitiva, per muntar circuits amb rapidesa i senzillesa sense necessitat de soldadura. Els components es poden desmuntar amb facilitat i tornar a utilitzar, atès que no pateixen deteriorament.

La placa base, que fa de suport, té un seguit de forats organitzats en files (A, B, C, D...) i columnes (1, 2, 3, 4...). La majoria de forats estan connectats de cinc en cinc per columnes. Així, per exemple, els forats A1, B1, C1, D1 i E1 estan connectats entre si, igual que F1, G1, H1, I1 i J1. Si connectéssim el càtode d'un led al forat B4 i un dels terminals d'un resistor al forat D4, aquests dos components estarien connectats elèctricament entre si de manera interna.

**Fig. 8.27.** Muntatge del circuit electrònic en una placa *protoboard*

**Fig. 8.28.** Muntatge del circuit en una placa *protoboard*

*e)* Inseriu el led i connecteu el càtode al col·lector dels transistors (D12), i l'ànode, a una columna lliure de la placa (forat D15).

*f)* Connecteu el resistor *R1* entre la base de T1 (forat E11) i el terminal central del potenciòmetre (forat I5).

*g)* Connecteu el resistor *R2* entre el pol positiu (+) i un dels terminals laterals del potenciòmetre (A4).

*h)* Poseu el resistor *R3* entre el pol positiu (+) i l'ànode del led (A15).

*i)* Connecteu un terminal del fotoresistor LDR al pol negatiu (-), i l'altre, al terminal central del potenciòmetre (J5).

*j)* Connecteu, mitjançant un cable de connexió, un born de la bobina del relé (A20) al pol positiu (+). I amb un altre cable, connecteu l'altre born de la bobina al col·lector dels transistors (E12).

*k)* Inseriu el díode de protecció *D1* en paral·lel amb els terminals de la bobina del relé. El càtode al born positiu (B20) i l'ànode a l'altre terminal (I20).

*l)* Per acabar, podeu connectar, a través del contacte «NO» del relé, qualsevol dispositiu acústic, lluminós o d'un altre tipus que s'engegui quan s'activi el relé. Si feu servir, per exemple, un brunzidor de 9 V i utilitzeu la mateixa pila del circuit per alimentar-lo, connecteu amb un cable el born comú del contacte «NO» (A28) al pol positiu (+). A continuació, connecteu el cable vermell del brunzidor a l'altre born lliure del contacte «NO» (I29), i el cable negre, al pol negatiu (-).

Finalment, connecteu la pila i ajusteu manualment el potenciòmetre per tal que, amb un nivell determinat de llum ambiental, el sistema romangui en repòs i els transistors no condueixin. Comproveu que quan es tapa el fotoresistor LDR o la il·luminació ambiental disminueix considerablement, els transistors condueixen i el led s'encén, el relé s'activa i el brunzidor sona.

**Fig. 8.29.** Aplicació del circuit electrònic per encendre automàticament els llums exteriors d'un habitatge.

Aquest circuit electrònic el podeu millorar i ampliar incorporant-lo a una aplicació real o formant part d'un projecte tecnològic més complex. Per exemple, com a interruptor crepuscular que encengui automàticament els llums exteriors de la maqueta d'un habitatge (vegeu fig. 8.29).

## D. Muntatge en placa universal foradada

Una altra opció per muntar el circuit de l'alarma o de l'interruptor crepuscular és fer servir com a base una placa de circuit imprès universal foradada de baquelita o de fibra de vidre i soldar-ne els components i les connexions.

**Fig. 8.30.** Muntatge del circuit electrònic en una placa de circuit imprès universal foradada. A l'esquerra, vista superior (anvers) i, a la dreta, vista inferior (revers)

**Fig. 8.31.** Perspectiva del muntatge del circuit en una placa foradada

En aquest tipus de muntatge, els components es col·loquen a la cara superior de la placa foradada (la que no té coure), preferiblement seguint la distribució de l'esquema del circuit, i se solden amb estany a la cara inferior (la que té quadrats de coure). A continuació, se solden els cables que efectuen les diferents interconnexions elèctriques dels components.

Finalment, es col·loca la pila, s'ajusta el potenciòmetre i es comprova que el circuit funciona correctament.

### RECURS WEB

A Internet pots trobar molta informació útil sobre diferents mètodes per **fabricar circuits impresos**. També a Youtube (www.youtube.com) trobaràs vídeo tutorials sobre com fabricar-los.

## E. Muntatge en un circuit imprès

L'opció més «professional», i la que utilitzen tots els dispositius que incorporen un circuit electrònic, és fer el muntatge en una placa de circuit imprès (de l'anglès, *Printed circuit board*, PCB) fabricada específicament per a això.

**Fig. 8.32.** Muntatge del circuit electrònic en una placa de circuit imprès

**Fig. 8.33.** Perspectiva del muntatge del circuit en una placa de circuit imprès

Un circuit imprès és una placa de material aïllant (fibra de vidre, baquelita, etc.) que incorpora unes pistes de coure que serveixen per interconnectar elèctricament els diversos components del circuit.

La fabricació de circuits impresos (PCB) i el muntatge dels components pot ser automatitzat. Això permet produir-los en massa i fer-los més econòmics i fiables que altres alternatives de muntatge.

# 4 Projecte de domòtica

Un altre projecte proposat és el disseny, la construcció i la programació d'una **casa domòtica**, és a dir, una casa «intel·ligent» que incorpori funcionalitats amb la finalitat de millorar-ne la seguretat, el confort, les comunicacions, l'estalvi energètic o de facilitar-ne el control integral.

ORGANITZACIÓ

**Treball en equip**

Per realitzar aquest projecte es recomana treballar en equips de tres o quatre persones.

## 4.1. Condicions que ha de tenir

Els requisits o condicions mínims que ha de tenir l'habitatge són:

- Ha d'incorporar sistemes per encendre l'enllumenat exterior automàticament, en fer-se fosc i quan es detecti la presència d'alguna persona.
- Ha d'incorporar algun sistema d'alarma en cas de detectar la intrusió d'alguna persona en alguna habitació o sala determinada.
- El cost econòmic del projecte ha de ser relativament baix.
- El disseny ha de ser funcional, amb bons acabats i estèticament atractiu.
- S'han d'aplicar criteris de sostenibilitat en el disseny i en la construcció.

## 4.2. Disseny i planificació

El primer que heu de fer és pensar en el disseny de l'habitatge abans de posar-vos a construir-lo.

**Fig. 8.34.** La domòtica permet un control i una gestió optimitzada dels recursos.

- **Recerca d'informació.** Cerqueu informació sobre sistemes domòtics, quins tipus hi ha i com funcionen. Penseu en quins sensors, elements de control i dispositius us podrien anar bé per automatitzar l'habitatge.
- **Disseny.** Pel que fa al disseny, haureu de fer els plànols del vostre habitatge; feu primer esbossos de com us agradaria que fos la vostra casa (distribució interior, tipus de parets, amb moltes finestres, amb entrada de llum natural, etc.). Després, amb l'ajuda d'algun programa informàtic, feu el plànol en 2D a escala i, finalment, representeu-lo en 3D amb tot el mobiliari que penseu posar i distribuir al llarg de la casa.

  La proposta que us fem consisteix a automatitzar l'encesa de l'enllumenat exterior mitjançant un sensor de proximitat infraroig, un fotoresistor LDR, i tres led d'alta lluminositat. Si el sensor de proximitat detecta la presència d'alguna persona i, a més a més, l'LDR detecta un nivell lumínic baix, s'encendran els llums exteriors.

  Un altre sensor de proximitat, situat en la sala d'estar, en detectar la presència d'alguna cosa provocarà l'activació d'un brunzidor que actuarà d'alarma.

  En fer el disseny, també heu de preveure com fer la instal·lació dels diferents elements domòtics i del cablatge per tal que l'automatisme funcioni correctament i no quedin massa a la vista.

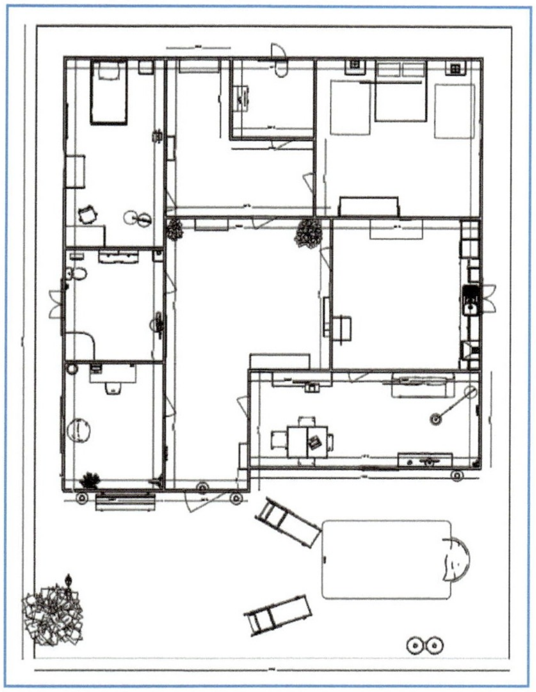

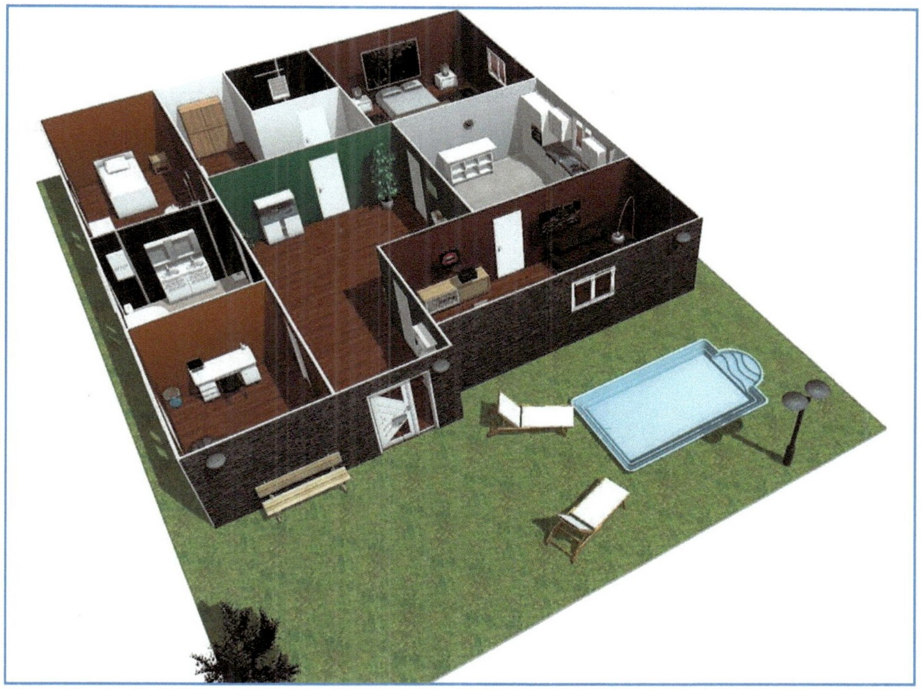

**Fig. 8.35.** Exemple de disseny del plànol de planta (a l'esquerra) i vista en 3D (dreta) de l'habitatge

## Esquema elèctric

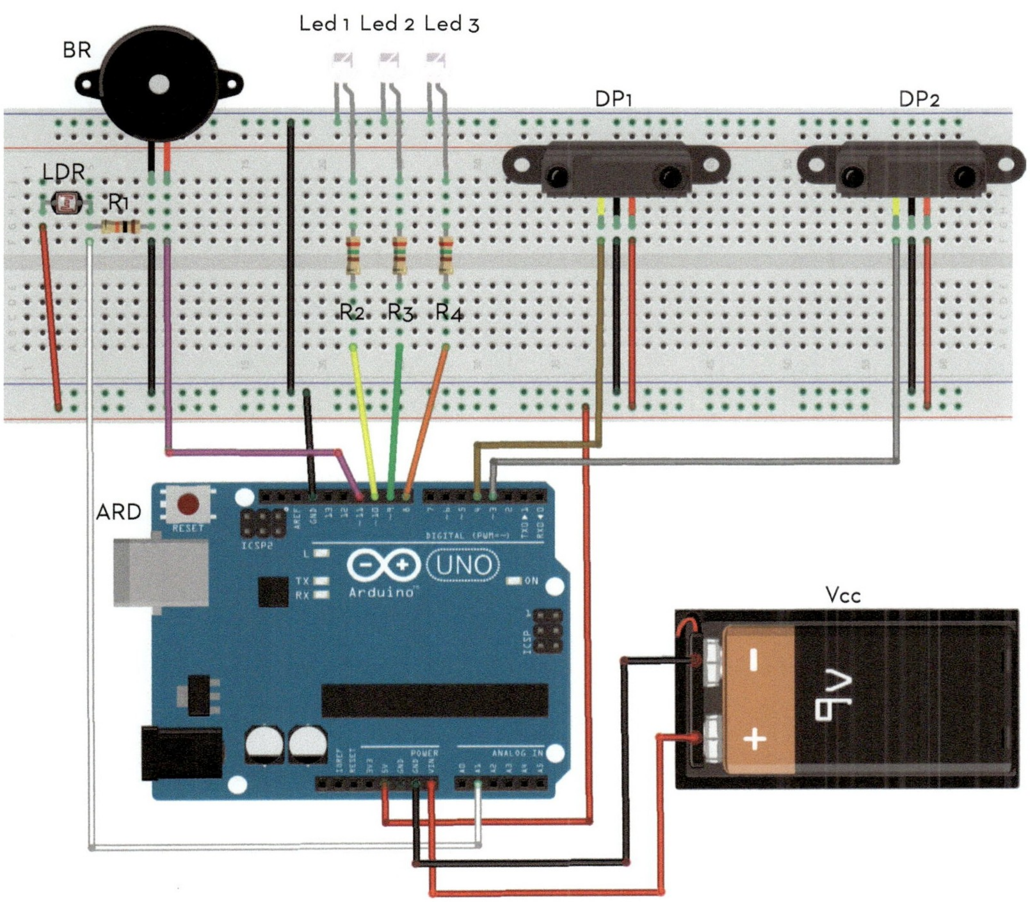


**Fig. 8.37.** Esquema de connexionat elèctric

**Fig. 8.36.** Detector de presència infraroig. Té tres *pins* de connexió (d'esquerra a dreta): sortida, GND i alimentació a 5 V. Quan el sensor detecta presència a menys de 10 cm, la sortida passa de 5 V a 0 V.

## 4.3. Procés de construcció

Després de realitzar tots els plànols i els esquemes elèctrics, podeu començar a construir el vostre habitatge. Hi ha molts tipus de materials que us poden servir per fer les parets: fusta contraplacada, DM, cartró ploma o polipropilè, o bé usar materials reciclats (fent cas dels requeriments del projecte), com pot ser el cartró.

Tingueu en compte que el disseny que heu dibuixat està fet a escala, però la vostra maqueta estarà construïda a una altra escala diferent.

És aconsellable dibuixar primer, sobre la base del vostre terreny, on aniran les parets. És convenient anar muntant-les a mesura que les teniu fetes o bé marcar-les bé per saber on hauran d'anar col·locades.

Finalment, instal·leu tots els sensors i els elements de control. En l'exemple de la figura inferior s'ha optat per posar uns tacs de fusta a la base per fer espai, i així permetre situar tot el cablatge per sota de la maqueta.

**Fig. 8.38.** Maqueta de l'habitatge. L'estructura està feta amb cartró, i la base, amb DM.

**Fig. 8.39.** Detector de proximitat i fotoresistor LDR a l'entrada de l'habitatge

| | |
|---|---|
| *Led1* | Led alta lluminositat 1 |
| *Led2* | Led alta lluminositat 2 |
| *Led3* | Led alta lluminositat 3 |
| *R1* | Resistor 10 kΩ ¼ W |
| *R2, R3, R4* | Resistor 150 Ω ¼ W |
| *BR* | Brunzidor |

| | |
|---|---|
| *LDR* | Fotoresistor LDR |
| *DP1* | Detector de presència 1 |
| *DP2* | Detector de presència 2 |
| *ARD* | Placa electrònica Arduino UNO |
| *Vcc* | Portapiles i pila de 9 V |

**Taula 8.4.** Relació de components electrònics necessaris

## 4.4. Programa de control

```
int pindetector1 = 3; // Pin lectura detector presència 1
int pindetector2 = 4; // Pin lectura detector presència 2
int pinLed1 = 8; // Pin per activar led1
int pinLed2 = 9; // Pin per activar led2
int pinLed3 = 10; // Pin per activar led3
int pinbrunzidor = 11; // Pin per activar brunzidor
int pinLDR = 1; // Pin LDR
int valorLDR = 0; // variable per emmagatzemar el valor de l'LDR

void setup() {
  Serial.begin(9600); // Activar el port sèrie
  pinMode(pindetector1, INPUT);
  pinMode(pindetector2, INPUT);
  pinMode(pinLed1, OUTPUT);
  pinMode(pinLed2, OUTPUT);
  pinMode(pinLed3, OUTPUT);
  pinMode(pinbrunzidor, OUTPUT);
}

void loop() {

  valorLDR= analogRead(pinLDR); // Valor LDR conté la lectura d'entrada analògica A0
  digitalWrite(pinLed1, LOW);
  digitalWrite(pinLed2, LOW);
  digitalWrite(pinLed3, LOW);
  digitalWrite(pinbrunzidor, LOW);
  //Serial.print("Valor LDR: ");
  //Serial.println(valorLDR); // Valor mesurat per l'LDR

  if (valorLDR < 270 && digitalRead(pindetector1) == LOW) { // si el nivell de llum és baix i el detector detecta
      presència (LOW). Quan no detecta presència, el sensor torna un HIGH

   digitalWrite(pinLed1, HIGH);
   digitalWrite(pinLed2, HIGH);
  digitalWrite(pinLed3, HIGH);
  }

  if (digitalRead(pindetector2) == LOW) {

   digitalWrite(pinbrunzidor, HIGH);
  }
}
```

## 4.5. Avaluació i propostes de millora

Un cop hàgiu comprovat que tot funciona correctament, és el moment d'introduir millores o ampliacions del sistema domòtic. Com per exemple, algun sistema per apujar o abaixar les persianes o activar algun motor perquè faci de ventilador o bé l'activació dels llums des d'un dispositiu mòbil.

També podeu utilitzar l'ordinador per monitoritzar el que està passant a l'habitatge. Es tractaria d'usar un programa, com per exemple l'**S4A** o bé l'**Snap4-Arduino**, en el qual es pugui comprovar si s'activen els llums exteriors o si s'activa l'alarma.

Per tant, des de la placa Arduino, no haureu de programar res (només transferir el *firmware*). Com a exemple veureu un programa elaborat amb Snap4Arduino.

**RECORDA!**

Perquè es pugui fer servir l'**Snap4Arduino** cal transferir el *firmware* anomenat **firmata**. Es descarrega des de s4a.cat/snap/.

El programa consisteix a comprovar l'estat dels detectors. Però cal anar amb compte, perquè, per defecte, estan donant senyal de sortida de nivell alt (CERT) i quan detecten donen nivell baix (FALS).

Quan el sensor 1 detecta presència i el valor de l'LDR és inferior a 270, s'activen els llums per pantalla. De la mateixa manera, en detectar presència el detector 2 s'activa el sistema d'alarma. En aquest darrer cas no s'activa cap brunzidor, el que es fa és canviar el fons de pantalla per tal que faci intermitències blanques i vermelles com a senyal d'alarma i, a més a més, s'activa un so.

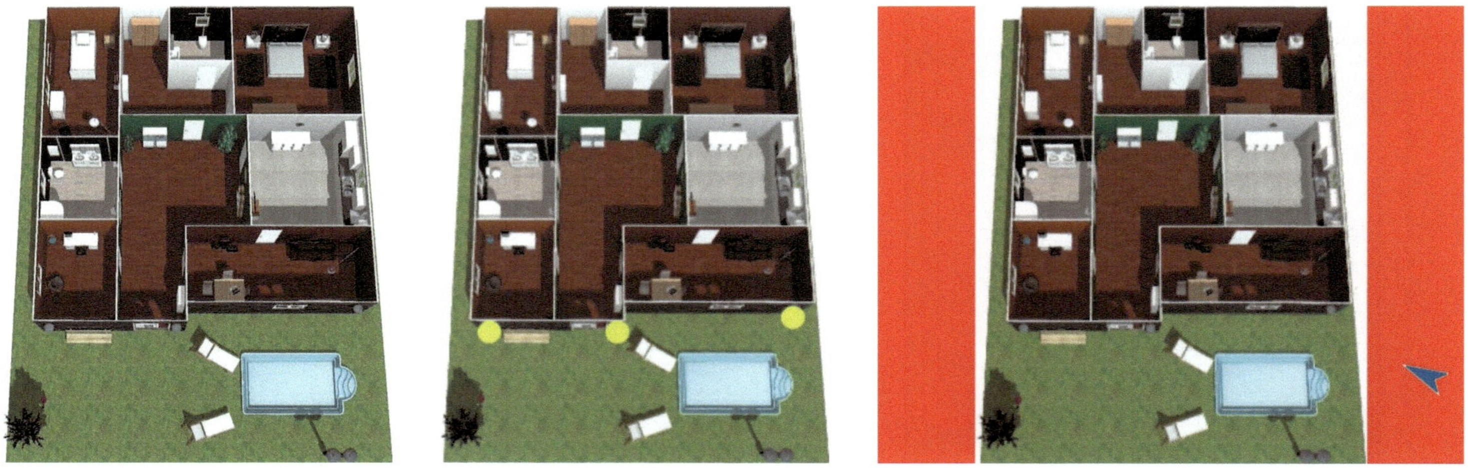

**Fig. 8.40.** Imatges de la pantalla del programa en Snap4Arduino. A l'esquerra, la casa funcionant sense cap sortida activada. Al centre, llums activats, ja que és fosc i s'ha detectat la presència d'algú. A la dreta, el sensor de la sala d'estar fa activar el sistema d'alarma.

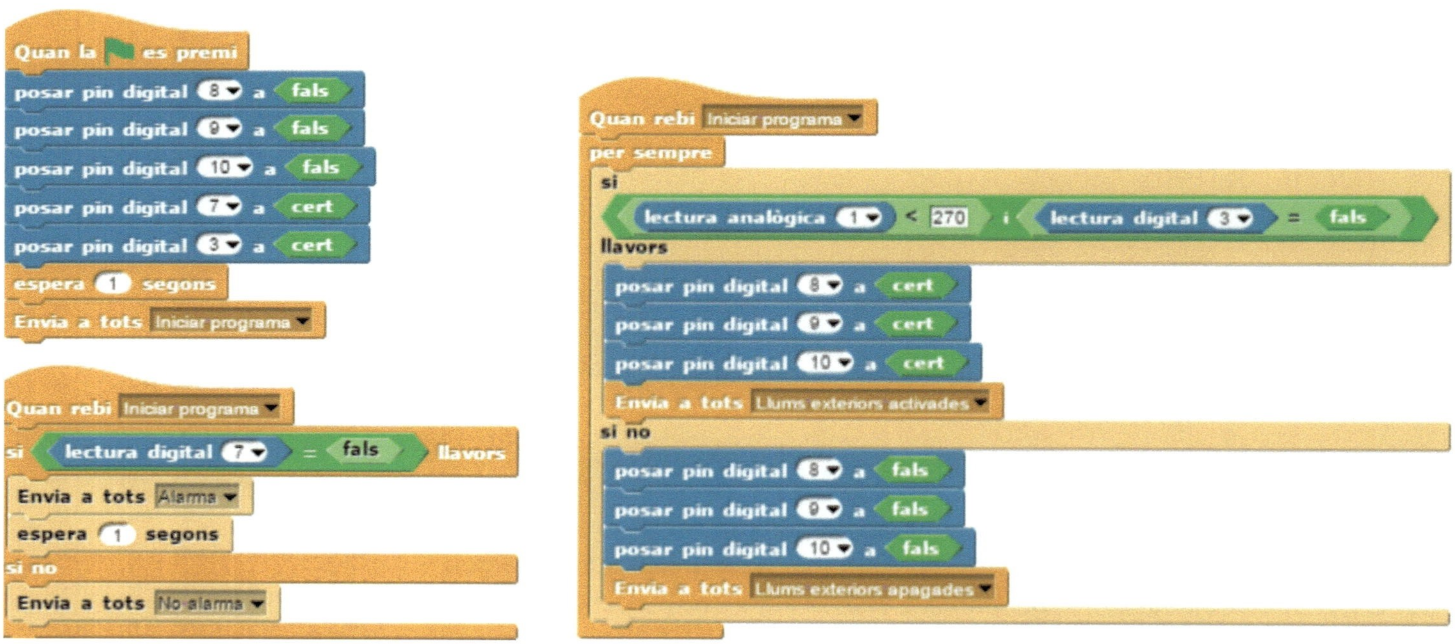


**Fig. 8.41.** Programa fet en Snap4Arduino. En clicar la bandera verda s'inicia el programa de control.

**Fig. 8.42.** En rebre *Alarma* es canvia el fons de pantalla i s'activa un so.

**Fig. 8.43.** En rebre *Llums exteriors activades* s'activen els llums.

# 5 Projecte de pneumàtica

Una altra proposta de projecte tecnològic és la **construcció d'un dispositiu que incorpori un circuit pneumàtic** per solucionar un problema o satisfer una necessitat. Exemples de possibles d'aplicacions: accionament d'una barrera de pas o porta, mecanisme per aixafar llaunes, plataforma elevadora, grapadora pneumàtica, premsa, bolquet de camió, talladora, estampadora, grua, etc.

ORGANITZACIÓ

**Treball en equip**

Per realitzar aquest projecte es recomana treballar en equips de tres o quatre persones.

## 5.1. Condicions que ha de tenir

Els requisits o les condicions que haurà de tenir la solució adoptada són aquests:

- El circuit ha d'incloure un o dos cilindres pneumàtics.
- En funció de l'equipament disponible, l'accionament de les vàlvules podrà ser pneumàtic o electropneumàtic, i el control del sistema, manual i/o automàtic.
- Opcionalment, el circuit podrà incorporar finals de cursa pneumàtics o altres tipus de sensors i detectors de senyal mecànics, elèctrics o electrònics.
- El sistema ha de permetre la regulació de la velocitat del cilindre (o cilindres) en, almenys, un dels sentits.
- El funcionament del circuit s'ha de dissenyar i simular prèviament fent servir un programa de simulació pneumàtica, com ara FluiSIM o LogicLab (logiclab.hu).

**Fig. 8.44.** L'accionament d'una porta d'autobús mitjançant un cilindre és un exemple d'aplicació pneumàtica.

## 5.2. Disseny i planificació

Abans de començar el procés de construcció del projecte i el muntatge del circuit pneumàtic, cal fer el disseny de l'aplicació i la planificació per dur-lo a terme. Seguir aquests passos us pot servir d'ajuda:

- **Recerca d'informació.** Caldria investigar i cercar informació sobre cilindres pneumàtics, vàlvules distribuïdores, vàlvules de control i regulació, sensors i detectors de senyal i tipus de comandament.
- **Disseny.** A partir de l'aplicació concreta que voleu implementar en el vostre projecte i de la informació obtinguda, expresseu les vostres idees elaborant esbossos i esquemes pneumàtics. La utilització d'un programa de simulació de circuits pneumàtics us pot ser de molta utilitat per dissenyar i simular el circuit pneumàtic de l'aplicació.

  Consensueu entre els membres de l'equip quina és la millor idea o solució per portar a la pràctica i quin material i equipament necessitareu per construir-la. Aleshores, podreu elaborar i simular l'esquema pneumàtic definitiu i, si s'escau, elaborar els croquis i els plànols del projecte.

## 5.3. Procés de construcció

Quan s'ha finalitzat el disseny i la planificació, cal organitzar el procés de construcció i muntatge: fer la llista de material i d'eines necessaris, establir el pla de treball i distribuir les tasques entre els membres de l'equip.

Independentment de l'aplicació i del sistema de muntatge adoptat, és recomanable fer-ne la simulació prèvia i, si es disposa de l'equipament adient, realitzar una prova sobre un entrenador de pneumàtica.

Abans de començar a muntar el circuit pneumàtic, cal cercar tot el material i l'equipament imprescindible i identificar els orificis de les vàlvules distribuïdores i els de les vàlvules de control i regulació.

## Circuits pneumàtics

Els diferents esquemes de circuits pneumàtics d'exemple que es mostren a continuació us poden servir de suport per dissenyar i realitzar el muntatge del projecte pneumàtic.

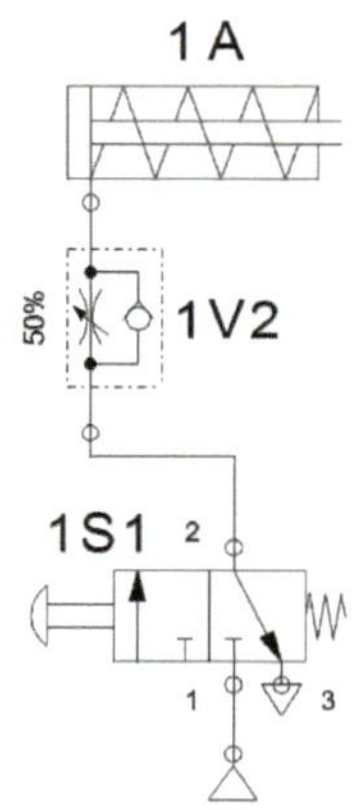


**Fig. 8.45.** Comandament directe d'un cilindre de simple efecte controlat per una vàlvula distribuïdora 3/2 amb comandament manual i regulació de la velocitat d'avanç.

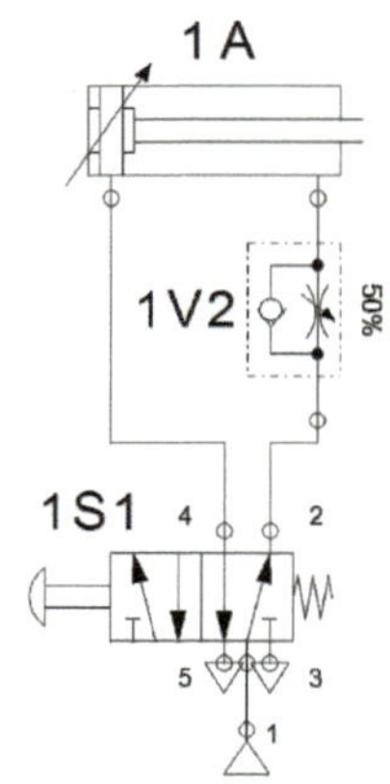


**Fig. 8.46.** Comandament directe d'un cilindre de doble efecte controlat per una vàlvula distribuïdora 3/2 amb comandament manual i regulació de la velocitat d'avanç.

*a)*

*b)*

*c)*

**Fig. 8.47.** Components pneumàtics. *a)* Cilindre de doble efecte; *b)* Vàlvula distribuïdora 5/2 amb doble pilotatge pneumàtic; *c)* Vàlvula 3/2 accionada manualment per polsador i retorn per molla.

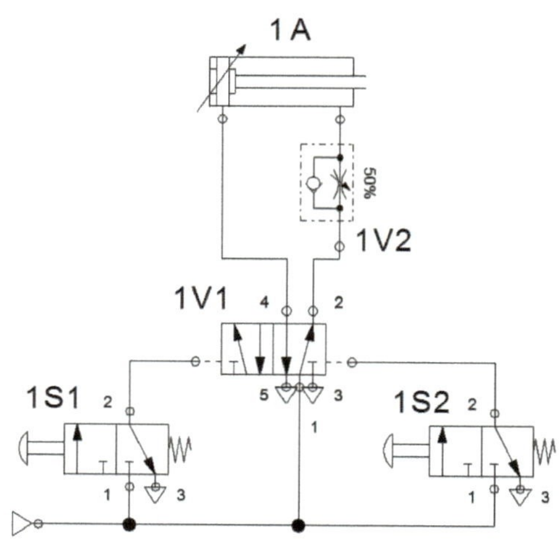


**Fig. 8.48.** Esquema de comandament indirecte d'un cilindre de doble efecte per mitjà d'una vàlvula distribuïdora 5/2 amb doble accionament pneumàtic. Quan s'acciona la vàlvula 1S1, el cilindre avança lentament. Quan s'acciona la vàlvula 1S2, el cilindre retrocedeix.

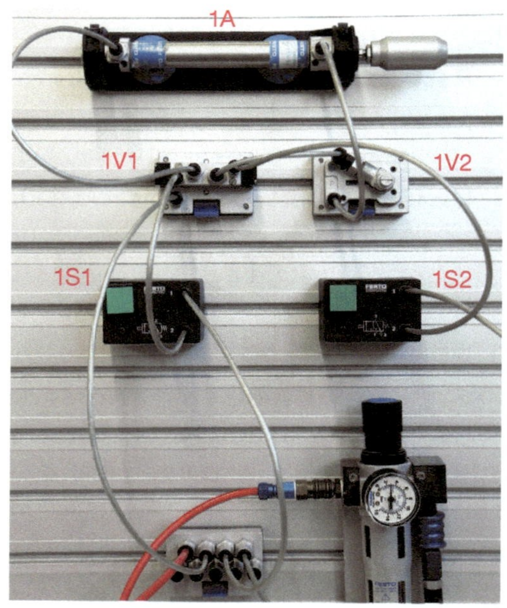


**Fig. 8.49.** Muntatge real del circuit pneumàtic, representat en l'esquema de la figura esquerra, del comandament indirecte d'un cilindre de doble efecte.

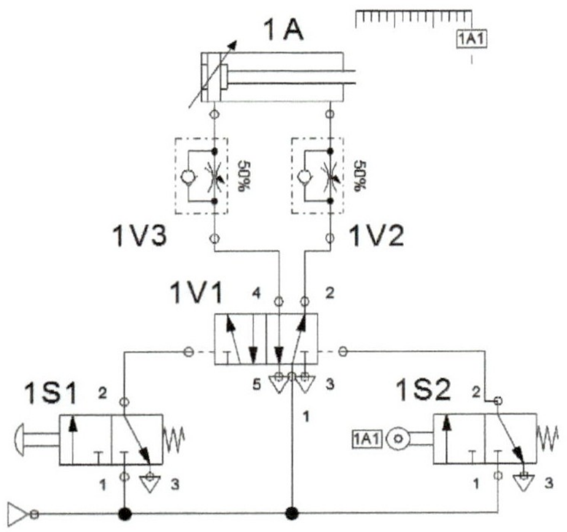


**Fig. 8.50.** Esquema del circuit pneumàtic del control d'un cicle complet d'un cilindre de doble efecte. Quan s'acciona la vàlvula 1S1, el cilindre avança lentament i, quan la tija arriba al final del recorregut d'avanç, el cilindre retrocedeix lentament.

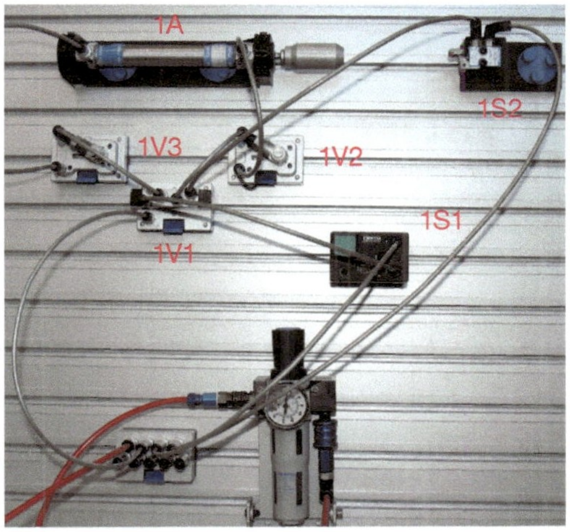


**Fig. 8.51.** Muntatge real del circuit pneumàtic, representat en l'esquema de la figura esquerra, del comandament d'un cilindre de doble efecte que realitza un cicle complet (avança i retrocedeix amb regulació de la velocitat) quan s'acciona manualment per polsador una vàlvula 3/2.

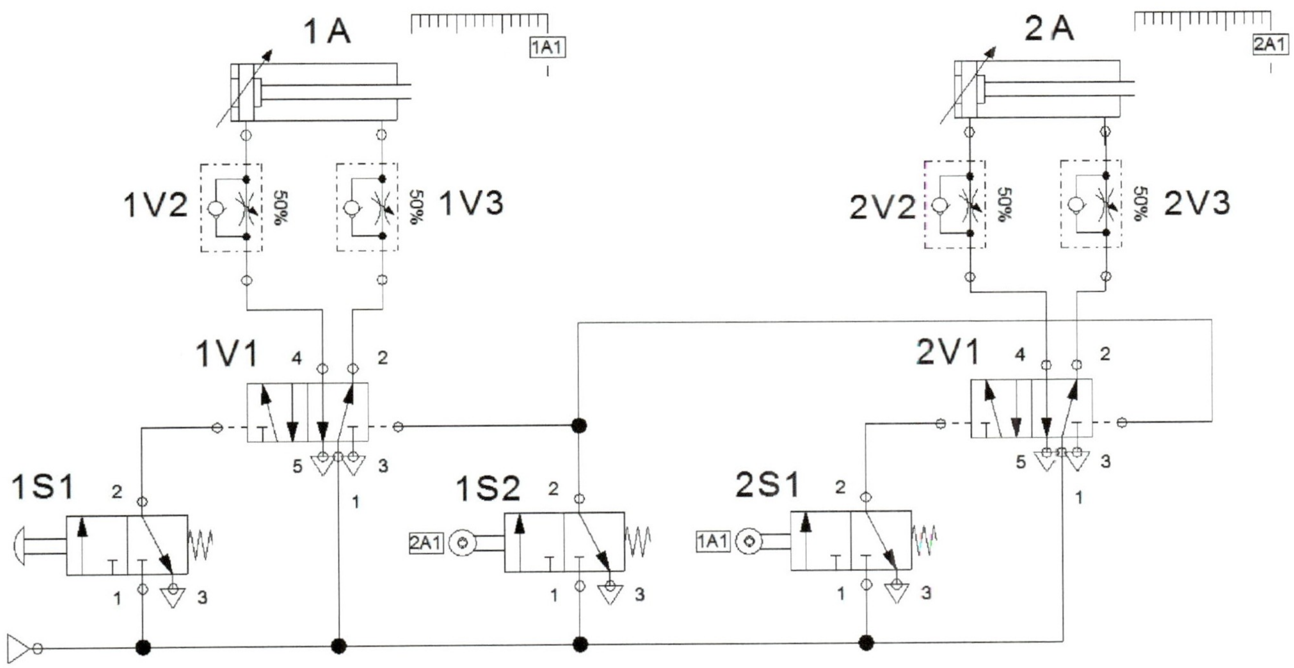


**Fig. 8.52.** Esquema de comandament pneumàtic amb dos cilindres de doble efecte.
Cicle: **1A+, 2A+, (1A- 2A-)**

El cicle de treball del circuit pneumàtic de la figura 8.52 s'inicia quan s'acciona la vàlvula 1S1, que fa avançar lentament el cilindre 1A. Quan aquest arriba al final del recorregut d'avanç (1A1), acciona el rodet del final de cursa 2S1 i el cilindre 2A avança lentament. Quan el cilindre 2A arriba al final del recorregut d'avanç (2A1), acciona el rodet del final de cursa 1S2 i tots dos cilindres retrocedeixen lentament fins a la seva posició inicial de repòs.

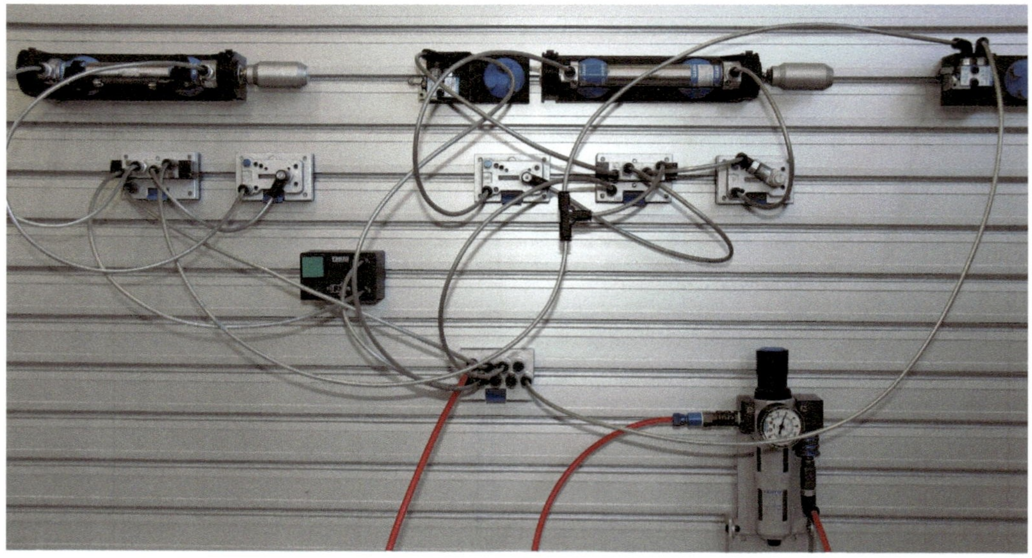

**Fig. 8.53.** Muntatge real del circuit pneumàtic del comandament de dos cilindres de doble efecte, el cicle de treball dels quals és: **1A+, 2A+, (1A- 2A-).**

Per practicar el disseny i el muntatge de circuits pneumàtics podeu fer servir l'aplicació en línia d'*e-learning* (aprenentatge a distància) LogicLab (logiclab.hu) de simulació i d'aprenentatge de pneumàtica.

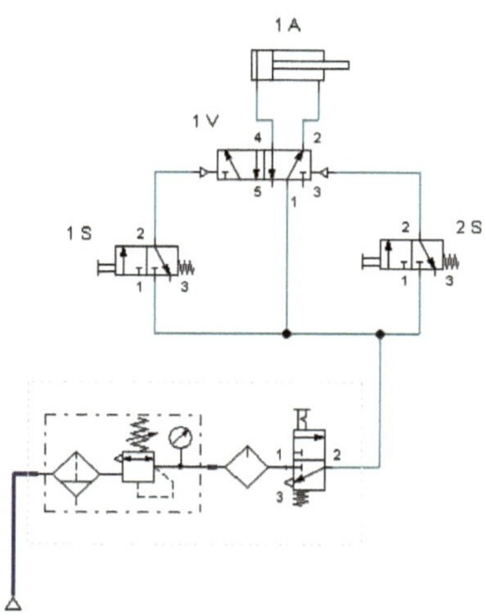


**Fig. 8.55.** Esquema pneumàtic del control indirecte d'un cilindre de doble efecte

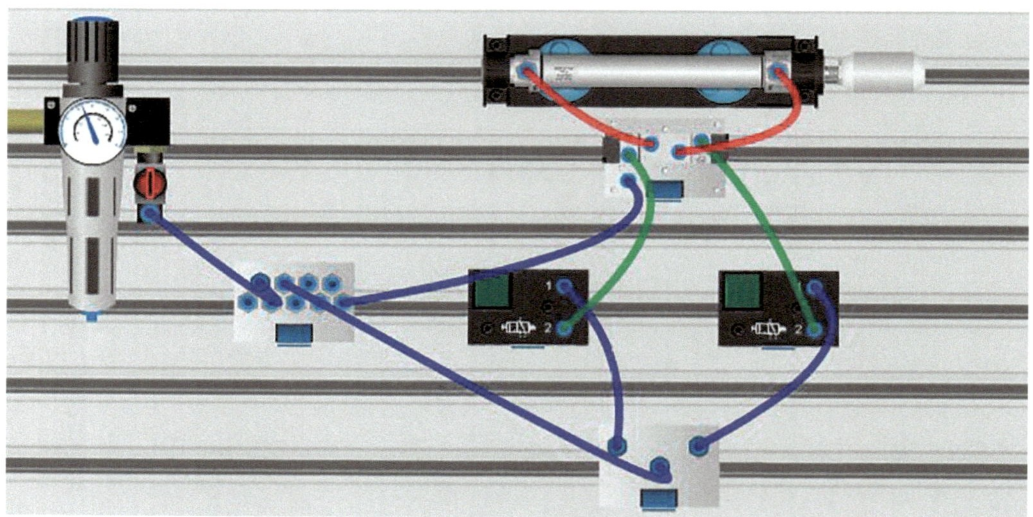

**Fig. 8.54.** Simulació amb LogicLab (logiclab.hu) del control indirecte d'un cilindre de doble efecte

Aquests són alguns exemples d'aplicacions pneumàtiques:

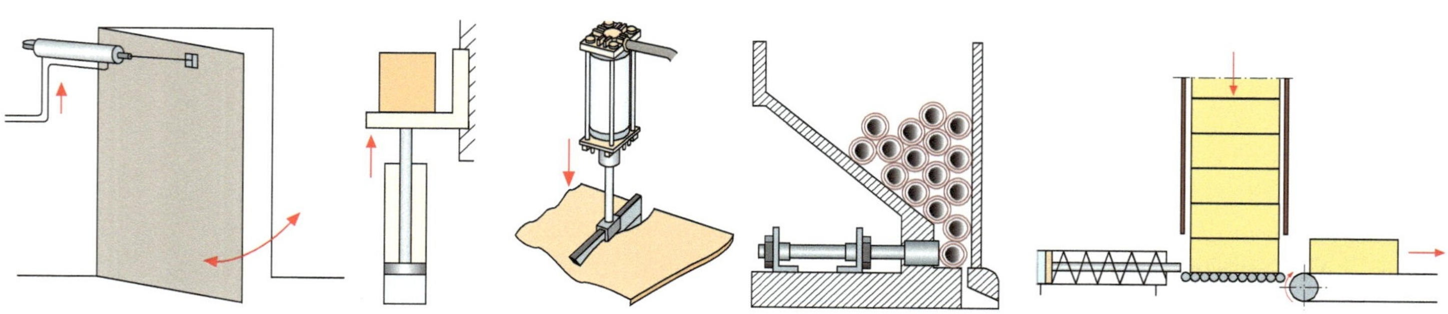

**Fig. 8.56.** Aplicacions pneumàtiques amb un cilindre

# 6 Memòria tècnica i presentació del projecte

Un aspecte molt important quan es desenvolupa un projecte tecnològic és documentar-lo adequadament i fer-ne la presentació final i la difusió que s'escaigui, utilitzant eines digitals i programari específic: presentacions multimèdia, vídeos, animacions, blogs, webs, etc.

L'**informe tècnic** o **memòria,** que és el document que recull la informació d'un projecte tecnològic, ha de descriure i concretar els detalls tècnics del procés de realització del projecte, dels materials que el componen i dels resultats.

Aquesta és una proposta d'estructura de **memòria tècnica:**

- **Portada.**
- **Índex.**
- **Introducció.** Text breu on consten els objectius del projecte, el seu context, les motivacions que han portat a la seva realització per tal de resoldre una necessitat tecnològica i altres circumstàncies tècniques rellevants.
- **Nucli de l'informe.** Constitueix la part més extensa de la memòria i inclou la informació del projecte, distribuïda en apartats: definició de la necessitat, establiment de les condicions, descripció de la solució adoptada, esbossos, croquis, planificació, càlcul de costos (si s'escau), organització i gestió de la producció, especejament, pla de treball, materials, eines, procés de construcció, normativa aplicable (si és rellevant), etc.
- **Esquemes i plànols.**
- **Avaluació i conclusions**. És l'avaluació crítica dels resultats per valorar si el resultat final obtingut és satisfactori. S'han de definir les verificacions, les proves i els assajos realitzats per tal de validar la solució final, incloent-hi els resultats obtinguts. La valoració s'ha de complementar amb una anàlisi crítica i amb propostes de millora del disseny presentat.
- **Llista de referències.** Relació de totes les fonts consultades (llibres, webs, articles, etc.).
- **Annexos.** S'hi inclouen les informacions, els materials i els documents complementaris que ajuden a entendre millor el projecte.

A més d'elaborar la memòria del projecte, usualment, en acabar un projecte, cal procedir a la seva **presentació final.** Les noves tecnologies i les eines digitals són un bon instrument per exposar i difondre el teu projecte de manera més atractiva i efectiva, atès que permeten integrar fàcilment recursos audiovisuals i gràfics.

Per fer una bona presentació i comunicació, més important que l'eina digital emprada, és triar molt bé què és vol transmetre i planificar com fer-ho. Per tant, serà imprescindible fer, prèviament, un guió o esquema de la nostra presentació, estructurant-la correctament i fent una selecció acurada dels continguts i dels recursos multimèdia a utilitzar.